谨以此丛书献给我的老师班华教授和特蕾莎博士

本书是全国教育科学“十二五”规划教育部重点课题“学前儿童品格教育实践模式研究——基于和合学习理念的探索”（课题编号：DEA110207）的研究成果之一

学前儿童品格教育理论与实务

基于和合学习理念的探索

甘剑梅 著

Character Education

学前儿童品格教育丛书
丛书主编 甘剑梅

江苏大学出版社
JIANGSU UNIVERSITY PRESS
镇江

图书在版编目（CIP）数据

学前儿童品格教育理论与实务：基于和合学习理念的探索／甘剑梅著．—镇江：江苏大学出版社，2021.6
（学前儿童品格教育丛书）
ISBN 978-7-5684-1315-2

Ⅰ.①学… Ⅱ.①甘… Ⅲ.①学前儿童—品德教育—研究 Ⅳ.①G611

中国版本图书馆 CIP 数据核字(2021)第 026015 号

学前儿童品格教育理论与实务：基于和合学习理念的探索
Xueqian Ertong Pinge Jiaoyu Lilun yu Shiwu：Jiyu Hehe Xuexi Linian de Tansuo

丛书主编/甘剑梅
著　　者/甘剑梅
责任编辑/米小鸽
出版发行/江苏大学出版社
地　　址/江苏省镇江市梦溪园巷 30 号（邮编：212003）
电　　话/0511-84446464（传真）
网　　址/http://press.ujs.edu.cn
排　　版/镇江文苑制版印刷有限责任公司
印　　刷/江苏凤凰数码印务有限公司
开　　本/718 mm×1 000 mm　1/16
印　　张/18.25
字　　数/368 千字
版　　次/2021 年 6 月第 1 版
印　　次/2021 年 6 月第 1 次印刷
书　　号/ISBN 978-7-5684-1315-2
定　　价/65.00 元

总　　序

《学前儿童品格教育丛书》（三卷）是全国教育科学“十二五”规划教育部重点课题“学前儿童品格教育实践模式研究——基于和合学习理念的探索”（DEA110207）的研究成果，是一群幼教人多年实践与探索品格教育的结晶。

这一研究源自我们对儿童健康与命运的深切关心。促进儿童完整与和谐的发展是一种古老的教育理想，从柏拉图的理想国，孔子的智、仁、勇皆备的君子，到马克思的全面发展的人都是这一追求的不同表达，在今天它仍然以全人教育、和谐教育、民主教育的理想呈现出来。不过，这还是一个远未实现的教育理想。当今社会对技术与经济的片面追求，使教育也成为技术与经济的附庸，技术与经济对道德与精神发展的忽视，伤害了孩子完满发展所需要的内在基础。这种伤害正在以儿童的种种身心问题与学习问题等形式呈现出来。对这些问题的解决，需要教育更加重视儿童发展的道德与精神基础，并用恰当的方式努力促进儿童的完满发展。基于和合学习理念的学前儿童品格教育实践研究就是促进儿童完满发展的一种尝试。

在本研究中，和合学习理念是对美国全球整合教育中心特蕾莎·汉克尔·朗格内斯博士（Teresa Henkle Langness）创立的 Full-circle Learning（FCL）模式的指称。特蕾莎博士系美国著名教育家、诗人，美国“丰富儿童项目”主任，“人类健康”委员会理事。特蕾莎博士对和合学习的研究始于对全球文化与种族冲突的反思。她看到狭隘的文化认同使不同文化背景中的人相互排斥，甚至相互残杀。然而，当今世界的科技、环境等问题已经使人类成为一个联系紧密的大家庭，在这一大家庭中，每一种文化都担负着自己独特的使命，每一个个体的日常生活都与人类大家庭的健康息息相关，每一个人的狭隘与自私的行为都会影响到人类共同的命运。由此，她认为，创造一种教育模式以帮助人类的每一个成员获得一种全球责任感，并将自己所学与全人类的健康和福祉关联起来的时代已经来临。她在吸纳东西方的美德教育传统及各种有效的学习理论的基础上，提出了 FCL 模式理念。这一理念重视利他性品格培育，但并不止步于儿童的美德教育与利他性品格的培养，而是进一步强调全球责任感的培养，强调儿童的人类文化认同意识的培养。FCL 模式理念与我国传统的“天地之气，莫大于和”“致中和，天地位焉，万物育焉”的和合思想是一脉相承的，因而，我们将其翻译为和合学习模式。

FCL 模式自 20 世纪 90 年代创立，至今已经过三十几年的实践探索。这一模式的实践证明它在提升儿童的学习动机与学习能力，丰富儿童情感，发展儿童的社会技能，培养儿童的文化敏感性与同情、利他的品格方面具有显著的积极影响。2003 年，美国教育发展科学院经过评估认为，这一模式的实践对儿童的学习态度、能力、利他认同感方面都有积极影响，并将其列为美国最有发展前景的教育改革实践项目。2004 年，FCL 模式因为帮助学生达成不同文化间的和谐关系和终身服务而获得“约翰・安森・福特人类关系奖”。FCL 模式正因其成就受到越来越多的关注，日益成为全球性的国际项目，到今天全球有三十几个国家或地区的学校在实践这一理念。2004 年，和合学习理念就被介绍到了中国。北京大学出版社出版了特蕾莎著、卢建筠翻译的《教育可以是这样的：整合教育学习模式》一书；2005 年 9 月，《中国教育报》报道了特蕾莎与时任中央教科所所长朱小蔓教授的对话《整合教育学习模式：对教育的另一种理解》。2006 年，浙江师范大学与特蕾莎博士合作将和合学习理念用于学前儿童品格教育的实践探索。

基于和合学习理念的学前儿童品格教育探索是一个艰辛的学习与成长过程。有意识的、系统的品格教育对于幼儿园的老师们来说是陌生的，如何根据品格学习目标生成与建构品格主题课程对老师们来说也极具挑战性。为了帮助老师们把握和合学习的理念与课程创设原则，2006—2009 年，特蕾莎博士每年来杭州举办一次教师培训与活动观摩研讨。在最初的培训与实践中，老师们生硬地运用着和合学习的课程模式与策略。由于美国课程文化背景与理念不同于中国，许多老师在运用中觉得与现有课程体系冲突很大，因此，虽然参与项目实践培训的老师很多，但真正能够坚持去实践的老师却很少。这让我们不得不思考，如何将和合学习理念与我们现在的课程体系和模式整合起来，我们需要结合我国幼儿园的课程生态环境，重新探索学前儿童品格教育实践的有效模式与策略。2010 年以后，我们开始了结合本土文化与课程生态的品格教育实践模式的探索，本次出版的《学前儿童品格教育理论与实务——基于和合学习理念的探索》《学前儿童品格教育的园本探索》《学前儿童品格主题案例》三本书就是这一探索的初步成果。下面简要介绍三本书的内容：

《学前儿童品格教育理论与实务——基于和合学习理念的探索》一书由浙江师范大学杭州幼儿师范学院甘剑梅撰写，作者作为品格教育项目研究的主持人，承担着研究的理论支持与实践指导任务。这本书即是对学前儿童品格教育的理论基础与实践实务的探讨。内容包括学前儿童品格教育理念与基础、幼儿园品格教育实务、家庭中的学前儿童品格教育三部分。学前儿童品格教育理念与基础部分主要就基于和合学习理念的学前儿童品格教育背景与基础、学前儿童品格及其发展的多维理解、学前儿童品格教育的内涵与目标范畴、学前儿童品格学习的特点与教育策略进行了系统阐释；幼儿园品格教育实务部分探讨了幼儿园品格学习氛围及其建构、幼儿教师的品格教育信念及其培育、幼儿教师品格主题教学实践性知识及其建构、幼儿园品格主题教学的设计与实施；家庭中的学前儿童品格教育则主要探讨了家庭中学前儿童品格教育的状况及品格教育的策略。这本书对学前儿童品格教育理论与实务的系统探讨，可为教师与家长提供理念与思路支撑，为他们的品格教育实践提供行动支架与策略指导。

《学前儿童品格教育的园本探索》一书由杭州绿城育华翡翠城幼儿园吴圣钧撰写。杭州绿城育华翡翠城幼儿园是最早参与和合学习实践的幼儿园之一，吴圣钧老师也是最早参与品格教育培训与课程实践的教师之一。吴圣钧老师对学前儿童品格教育的实践与研究伴随着她的成长，她由一名骨干教师成长为一名园长后，带领全园教师进行品格教育的实践探索。她既把品格教育定位为幼儿园特色课程的努力方向，也将品格教育的园本实践当作促进教师专业成长的路径，这本书呈现了他们的探索成果。全书主要从品格教育氛围的建构、品格教育的园本培训、品格教育课例研究、品格主题建构与实施、品格教育成效这几个方面呈现了他们的探索经验与成果。这本书对园所全面开展品格教育有积极的借鉴价值。

《学前儿童品格主题案例》一书由浙江师范大学杭州幼儿师范学院附属幼儿园编著。浙江师范大学附属幼儿园也是最早参与和合学习项目实践的幼儿园之一，该幼儿园有很好的研究氛围，注重幼儿教育实践中的各类问题研究，不同班级的教师会参与不同的研究小组，参与品格教育研究小组的有三个班级六名老师，他们的研究重点是品格主题课程的开发与实践。为协调好品格教育课程与幼儿园其他领域主题内容的平衡，品格主题课程以一学期一个的方式进行。这本书所收录的十个品格主题案例是他们多年来开发实践的成果精选。这十个主题是善良、友谊、耐心、尊重、关爱、合作、欣赏差异、创造、责任、宽容，涵盖小、中、大三个年级段。每个主题包括主题说明、主题环境创设、主题目标、主题活动一览、主题实施、主题成效与反思六大部分内容。这本书可为幼儿园开展品格主题提供详细的课程资源的参考。

本研究只是学前儿童品格教育的初步探索，学前儿童品格教育还有许多问题需要进一步探讨，学前儿童品格教育的课程资源还有待进一步完善。希望我们的研究能够起到抛砖引玉的作用，吸引更多关切儿童品格培育的研究者与实践者的加入。本丛书各分册内容由甘剑梅统稿审订，欢迎各位师友批评指正。

甘剑梅

2020 年 7 月

目录

第一部分　学前儿童品格教育理念与基础

第一部分

学前儿童品格教育理念与基础

第一章　基于和合学习理念的学前儿童品格教育背景与基础

良好品格是人性的最高表现。好的品性不仅是社会的良心，而且是国家的原动力；因为世界主要是被德性统治。

——［英］史迈尔

和合学习理念是我们基于传统的和合文化思想，对美国学者特蕾莎（Teresa Henkle Langness）① 创立的品格教育 FCL（Full-circle Learning）模式的涵纳性指称。特蕾莎于 20 世纪 90 年代初创立了 FCL 模式，这一模式将儿童品格的培养与道德的学习放在课程的核心位置，从儿童的品格陶冶出发整合教育各领域的内容学习与多元资源，在品格目标的引导下，通过多样化的学习方式促进儿童与人和环境的互动与交流，增进他们对知识的理解与应用，并使他们在争做社会服务者的同时发展同情心与利他性品格。

这一模式创立距今已有三十几年的历史，在全球三十几个国家或地区的学校中都有实践，其理念对儿童道德发展的积极影响也获得相关教育评估机构的认可与肯定。2003 年，美国教育发展研究院经过评估认为，该项目对儿童的态度、能力、利他认同感方面产生了积极影响。2004 年，这一课程因为帮助学生达成不同文化间的和谐关系和终身服务而获得“约翰·安森·福特人类关系奖”②。该模式正因其成就受到越来越多的关注，它日益成为全球性的国际项目。这一教育模式的核心是促进儿童的利他性认同，以促进人类和平。

早在 2004 年我国学者卢建筠等人翻译了特蕾莎博士的 *Habits of Humanitarians: A Full-Circle Learning Module* 一书（《教育可以是这样的：整合教育学习模式》），

① 特蕾莎·汉克尔·朗格内斯（Teresa Henkle Langness）博士系美国著名教育家、诗人，美国“丰富儿童项目”主任，“人类健康”委员会理事，全球整合教育中心顾问。主要著作有《整合教育学习模式》《全身心学习》《九点钟的忧郁》等。由于她在教育改革领域的巨大贡献，自 1987 年至今，特蕾莎·汉克尔·朗格内斯博士一直荣登《美国妇女名人录》。

② 参见 http://www.teresalangness.com/cep/model.htm.

译书中将“Full-Circle Learning”译为“整合教育学习模式”①。从整合的角度进行道德教育研究与实践也正在成为东西方学者的一种共识。在我国有学者将整体性视为新德育的基本特征②，也有学者从系统论角度思考德育整合③。在国外，追求儿童道德教育整体性与整合性也是一种普遍趋势，从重视共生的整体教育，到强调全面的品格教育都是这一趋势的反映④。但我们认为儿童道德教育的整合需要更大范围的文化合作，也需要更深层的人类目标指导，以及更深层的精神动力的支撑，才能使道德教育真正成为滋养人类精神的活动，我们认为这种滋养需要一种以“和”为价值取向的整合性思维，即将受教育者与更大的存在联系起来，并在人与不同存在的冲突和融合中寻求生长与发展。由此，我们结合中国的和合文化思想将 FCL 教育模式所表达的整合教育理念用“和合学习”来加以指称。我们将这种从品格出发，整合儿童各方面发展，并致力于儿童利他服务精神培育的教育模式，称为和合学习模式，并从中国的文化语境出发重新阐释与建构这一教育模式。

一、和合学习理念提出的背景与意义

当今儿童的成长面临全面的生态危机，这一危机的根源就是道德的沦陷。因为没有道德，儿童健康成长的物质生态被破坏了；因为没有道德，儿童健康成长的社会生态与精神生态也被破坏了。人类如果想要有积极的未来，需要从关注自身及儿童的道德开始。古希腊哲学家赫拉克利特说品格决定命运，它既决定个体的命运，也决定群体的命运。个体缺失了品格便没有立身之本；群体缺失了品格则会面临种种冲突与混乱。由此，品格的培育要从儿童开始。

（一）文化冲突与转型背景下的儿童关怀

特蕾莎博士是在对文化冲突背景下的儿童关怀与对全球问题的深入反思的基础上进行和合学习的研究与推广的，而我们则是在文化转型的背景下思考和合学

① ［美］特蕾莎·朗格内斯．教育可以是这样的：整合教育学习模式［M］．卢建筠，译．北京：北京大学出版社，2004.

② 高德胜．知性德育及其超越：现代德育困境研究［M］．北京：教育科学出版社，2003.

③ 魏贤超．整体大德育课程体系初探［J］．教育研究，1995，16（10）：48-54.

④ 参见 Clark E. T. 所著 *Holistic Education: A Search for Wholeness*（In *New Directions in Education*, Brandon, VT: Holistic Education Press）一书发表的《整体教育构想宣言》；郑富兴《德育情境的建构——美国 20 世纪 90 年代中小学校的品格教育实践》（《比较教育研究》，2001 年第 4 期）；等等。

习的实践与建构的。

1. 帮助儿童成为主动的治疗者

和合学习模式是特蕾莎在帮助心灵受伤儿童重建自我的过程中发展起来的。1992年，美国洛杉矶爆发了一场种族暴乱。当时她住在暴乱和冲突最厉害的那个街区，曾被暴徒追杀好几个小时，这个街区的许多孩子受到了很大的心灵创伤。当时有一批心理学家、教育工作者和社会工作者自愿组织起来，希望能治疗这些孩子的心灵创伤。

最初他们把这些孩子集中起来进行单纯的美德教育，但因为单纯的美德教育与孩子们的需要，尤其是与社会、生活相脱节，并没有帮助孩子在这种学习中找到意义与归属感。后来特蕾莎进一步在怀特海过程哲学的指导下，融合众多教育理论的长处，在道德教育的基础上把学科能力、审美意识、冲突解决能力和社会服务能力的培养结合起来，使孩子能够通过多种方式，深入地进行品格学习。在这种新的学习模式下，孩子们各方面的潜能与需要被调动起来，孩子们开始体验到自己存在的意义与价值，认识到自己的责任与使命，他们开始由社会的受害者，转变成为主动的治疗者和帮助者①。

孩子们的这些变化证明了和合学习模式不仅具有促进学习的效果，还具有治疗的效果。这一实践成效使特蕾莎意识到这一教育模式对当今儿童的成长有着特别的意义与价值，因此，她进一步将此教育模式推广到更多的学校中去。

2. 为儿童幸福人生奠基

东西方的古代哲人都一致认为良好的德性品格是人生幸福的根基。中国的《黄帝内经·灵枢》中说："天之在我者德也；地之在我者气也；德流气薄而生者也。"即人的生命是在天德与地气的互动蕴化中获得营养与活力的。道德是人类的精神食粮。在西方哲人亚里士多德看来，幸福根源于过一种有德性的生活。

品格是儿童幸福人生的根基。一个仁慈尽责的人，能够尽己所能而利他人；一个自私贪婪的人终究会被自己的欲望卷入痛苦的深渊。决定儿童生命高度的是他的品格与态度，而不是天资。正直的品格是聪慧之人成就伟业的基础，拙劣的品格是愚蠢之人陷入泥潭的罪因。

美国心理学家埃里克森指出，儿童人生发展的每一个阶段都有其人格发展任务，良好的品格培育从孩子的出生之初就开始了。许多心理学研究也证实，品格教育的关键时期在学前阶段。有研究指出，品格教育的实施对幼儿的社会技能学

① ［美］特蕾莎·朗格内斯，朱小蔓．整合学习教育模式：对学习的另一种理解［N］．中国教育报，2005-09-23（6）．

习、情绪发展、自我概念及品格建立都有正面的影响。品格教育在越小的年纪实施成效越大，因为年纪越小可塑性越强，随着年龄增长其成效会逐渐减弱①。

在我们的文化处境中，儿童虽然没有面临种族暴力带来的心灵伤害，但他们面临道德失序、功利主义和物质主义带给他们的精神伤害。由于道德失序出现大量的不道德现象，其带给儿童的是消极的心灵示范与影响；普遍的功利与物质追求使教育者也按照功利的需要去要求儿童，逼迫儿童拼命地去追逐与表现，透支了儿童的生命力。不良的道德示范，也使儿童面临安全与信任危机。这一切都需要学校教育扮演治疗者的角色，通过学校教育帮助儿童提升抵抗社会不良影响的能力。

我们对和合学习模式的实践也是缘于对幼儿健康成长的深切关怀。从某种意义上说，这是一项实践意义大于理论意义的项目，它期望通过项目的参与和实践建构一种新的生活方式与教育意识。

（二）对全球问题的责任意识

1. 儿童的品格培育是化解全球性道德危机的起点

当今社会及全球面临众多不同的危机，战争、暴力、道德滑坡等很多问题都引起人们的广泛重视。2009 年，哥本哈根会议的召开与越来越频繁的区域性的自然灾害，逐渐引起了人类对气候、大自然及人类生活环境的迫切关注。2020 年，全球疫情的大爆发引起的全球性危机，进一步引发人们思考：如何才能使人类、我们的国家、地球更和谐地共处。这些问题的恰当解决与众多国家、团体、民族的利益紧密联系在一起。这需要国家、政府、民众及每一个地球公民的共同努力。每个个体都渴求民族、国家的和谐相处、共同发展。为此，每一个人都有责任努力解决自己所面临的冲突和问题。要使我们的家园变得美丽、和谐、温馨，最重要的是培养出具有良好素养和优良品格的人才。

古代的智者教育我们要回顾过去，展望未来。不管我们的家园过去及现在正在遭受怎样的磨难与痛苦，我们都要相信会有美好的未来。国家的未来及世界的未来就掌握在教育者手中，确切地说，是掌握在正在接受教育的下一代儿童的手中。每一位教育者都肩负着培养有智慧、有道德的栋梁之材的任务。

科学技术的迅猛发展、物质财富的急速增长并未消除人类的道德危机、精神危机，更不用说消除由人类道德危机、精神危机所引发的各种人为灾难。全球性的金融危机也给人类带来了更多的恐惧。1989 年，联合国教科文组织召开“面

---

① 方思贞. 幼稚园实施品格教育之行动研究［D］. 台北：台北教育大学幼儿教育学系，2007：2-3.

向21世纪”研讨会，特别指出：道德、伦理、价值观念是21世纪人类面临的首要挑战，因此，各国都开始重视品格的陶冶与道德伦理价值观的重塑。品格教育作为当今教育的主流思想在世界各国迅速发展。在美国，从政府到公民都对品格教育达成了共识，这使得品格教育的发展得到家庭、学校、社区等的全力支持与协助。在我国，21世纪初启动的基础教育课程改革，倡导通过知识与技能、过程与方法、情感态度与价值观三维目标的达成促进学生的尝试学习，其中态度与价值观目标是品德教育目标。这一新的课程导向将品德教育整合到所有的课程学习中，品德教育从一个单独的领域转化为所有课程的一个维度。

各国政府对品格教育的关注、投入充分证明：培养学生良善品格是当代学校教育的重要目标之一，面对全球化的竞争，教育不只是要把学生教得有智慧、有能力，更要培养出具有良好的品格与正确价值观，对国家、对社会乃至对世界都有益的栋梁之材。

2. 培养儿童全球责任感，超越狭隘的民族文化认同

在模式的推广研究中，特蕾莎进一步将和合学习理念的实践置于对全球问题的反思之中。她看到种族冲突的根本原因在于人们的文化认同，当人们只认同自己的民族文化时，往往会产生一种狭隘的民族主义意识，狭隘的文化认同使不同文化背景中的人相互排斥，甚至相互残杀；然而，当今世界的科技、环境等问题已经使人类成为一个联系紧密的大家庭，在这一大家庭中，每一种文化都担负着自己独特的使命，每一个个体的日常生活都与人类大家庭的健康息息相关。个体的狭隘与自私的行为会影响到全人类共同的命运。由此，她认为：“创造一种教育模式以帮助人类的每一个成员获得一种全球责任感，并将所学的与全人类的健康与福祉关联起来的时代已经来临。”① 由此，她在吸纳东西方的美德教育传统及各种有效的学习理论的基础上，进一步拓展和深化了和合学习的理念与模式，和合学习理念不再止步于儿童的美德教育与利他性品格的培养，而是进一步强调全球责任感的培养。

和合学习所假设的教育理念是：“被教育的健康人是道德意义上的人，认为关心他人的幸福是履行道德义务，他们不仅关心和同情家人和同胞，还关心和同情人类社会的所有人。”② 他们自小就被鼓励形成一种人类大家庭成员的身份意识。儿童的品格学习被放在一个更大的文化视野中加以考虑，努力为儿童的健康

---

① Langness, T. Habits of Helpers [M]. The United Stated of America: Full-Circle Learning. Topanga, 2005: 9.

② [美] 特蕾莎·朗格内斯. 教育可以是这样的：整合教育学习模式 [M]. 卢建筠，译. 北京：北京大学出版社，2004: 5.

发展营造一个全球性的共同体是和合学习的理想追求。在这一理想支撑下，特蕾莎开始在全球推广和合学习理念与实践，到今天全球各大洲都有实践这一理念的学校。我们与她的合作也是这一全球联盟与全球责任感的产物。

（三）和合学习理念对于我国儿童品格教育的意义

1. 儿童品格培育是我国公民道德建设的起点

我们认为和合学习模式的意义与价值不仅仅在于它的理念本身，这一理念是对古老的和谐教育理想，以及赫尔巴特提出的道德是教育的最高目的的具体实践与发展；更在于由这一理念所推动的实践，它着力于培养助人者，培养良善的人，并通过对儿童的利他性品格的培养去影响社区、社会以至于全球。它在通过一个个具体的努力建构着良善与和谐的社会，这与我国构建和谐社会的目标追求是一致的。

2001 年中共中央印发施行的《公民道德建设实施纲要》指出，在 21 世纪全面建设小康社会，我们要“切实加强社会主义道德建设，以德治国，把法制建设与道德建设、依法治国与以德治国结合起来，通过公民道德建设的不断深化和拓展，逐步形成与发展社会主义市场经济相适应的社会主义道德体系。这是提高全民族素质的一项基础性工程，对弘扬民族精神和时代精神，形成良好的社会道德风尚具有十分重要的意义”①。2019 年 10 月中共中央、国务院印发实施的《新时代公民道德建设实施纲要》进一步指出：中国特色社会主义进入新时代，加强公民道德建设、提高全社会道德水平，是全面建成小康社会、全面建设社会主义现代化强国的战略任务，是适应社会主要矛盾变化、满足人民对美好生活向往的迫切需要，是促进社会全面进步、人的全面发展的必然要求②。《新时代公民道德建设实施纲要》强调要把立德树人作为教育的根本任务，把立德树人贯穿学校教育全过程，进一步强调学校教育要以德育为先。

我国社会道德的建设要以儿童良好品格的培养为基础。儿童既是未来社会的建设者，也是当下社会的参与者与影响者，他们的品格状况直接影响着社会道德建设的深度与高度。从当下来看，儿童良好品格的培育可以带动家长与教师品格的提升。为了培育与提升儿童品格，生活在幼儿身边的成人要以身作则，尽力提升自己的品格水平，这也有助于社会风气的转变。从未来看，儿童的品格状况影

① 人民网，时政要闻，http://www.people.com.cn/GB/shizheng/16/20011024/589496.html.

② 中共中央，国务院. 新时代公民道德建设实施纲要. 新华网[2019-10-28]. http://www.xinhuanet.com/politics/2019-10/27/c_1125158665.htm.

响他们对社会事务的道德参与，他们的品格发展将直接影响社会道德建设的水平。

和合学习模式是特蕾莎在美国种族冲突的背景中发展出的教育模式，她对儿童解决冲突、创造和平的能力寄予了特别的重视，同时，她把自己教育的最高目标放在了人性中最为利他的一面，即培养儿童利他服务的意识与能力。这一目标追求对于矫正我国儿童存在的利己、自私的社会性发展问题有重要意义。虽然在我们这里种族的冲突并不是一个重要的文化背景，但社会个体的利他与合作是我们构建和谐社会的基础。这一教育模式对我们的首要意义在于教育实践所带来的教育品质的改变。我们认为它是一种关注教育本质的实践模式，我们对它的实践也是一个追求实现本质教育的过程。

2. 探索我国幼儿品格教育有效方式与途径的尝试

我国幼儿道德教育在德育的范畴视野下也曾得到恰当的重视，但因道德教育的灌输与说教而成为新课程的批判对象。在新课程的理念下，道德教育作为社会领域教育的一个部分而存在，并且强调用渗透性与活动性的方式来进行，这对说教式的道德教育起到了很大的纠偏作用，但这种纠偏也容易带来另一个问题，那就是重社会性知识与技能的学习，忽视道德品格的培养。因为在新课程的理念下，整合的主题教学是一种主流的方式，道德品格似乎很难作为单独的主题来开展教学，它一般是渗透在其他的主题或日常活动之中。从一般的意义说，不涉及社会性或品格与道德培养的教育活动是几乎没有的，善是教育的内在价值属性，但这并不意味着凡是教育都自然是善的，都有利于儿童的道德学习与品格成长。教育的这种道德性只有在教育者有充分自觉的教育意识的基础上才可能达成。

现在重视量化评估的幼儿教育中，看得见的教育（如科学、语言、艺术教育等）因为其效果的功利价值而备受重视，不易见其功效的道德与品格教育往往因其潜隐性与迟效性，而很难被教育者放在重要位置。幼儿的道德教育也往往在渗透之名中处于一种弥散与失序状态，教育者对道德教育实质处于一种无意识状态。这一状态的结果就是，教育者的行为惯习中存在大量无意识的反教育行为，即教育目标、过程、内容与方法并不真正有益于幼儿成为一个真正健康与道德的人，这有违于“做人第一”的幼儿教育宗旨。当然也有不少教师意识到幼儿道德与品格教育的重要性，力图进行一种系统深刻的教育，但常常因为对幼儿道德与品格学习复杂规律的有限把握，不自觉地又重回到灌输的老路上去，加上环境支持的不足，也使这些努力很难有太大的成效。因此，如何培育教师的道德教育意识与有效方法成为提升幼儿品格学习成效的迫切任务。

良好品格是儿童一生幸福的基础，良好品格的形成也是幼儿道德学习的核心，如何用有效的方式去培育儿童的好品格也是一个重要的教育课题。过去，品格常常被理解为一些不变的人格特质与行为图式，品格的形成也被理解为符合品格特质要求的习惯的形成，由此，品格教育常常依赖于说教、榜样及期望行为的强化；但 20 世纪中后期以来，道德心理学家们的研究表明，品格并不是一系列可以简单预测的人格特质，而是道德同社会理解、情感、技能的整合，它对情景及个体对情景的体验与判断有着极大的依赖性①。因此，儿童品格教育也需要在一种整合的视野下，运用更丰富的形式来进行，它不仅要为孩子提供值得模仿的榜样，还要提供丰富的情景与实践机会，在其中儿童可以建构多元的道德理解、丰富的道德情感与坚定的道德意志。儿童良好品格的形成既需要教育者的有效引导，也需要有教育意义的环境与行动的支持。和合学习模式正是在建立良好的环境与行动支持的基础上，通过有效的方法与策略来促进儿童的品格学习。

改善我国幼儿道德教育的状况，既需要教育者的自觉意识，也需要新的方法和策略，尤其是能够适合当今主题教学背景的方法与策略。和合学习用于我们的实践正是这种探索的努力。道德与品格教育的文化性决定了我们无法简单照搬其内容与方法，我们需要结合自己的文化特点建构适合我国幼儿园的道德与品格教育的资源与方法。

（四）和合学习理念本土化建构的思考

2006 年，我们作为特蕾莎在中国的第一个合作伙伴，开始了和她的实践合作。这一合作力图在理论与实践的层面探索适合于我国幼儿园的和合学习方式与途径。

品格教育与知识和技能的教育不一样，它具有典型的文化性，即儿童具体品格的养成总是与具体的文化资源联系在一起的。如善良是为人类共同认可的普世性品格价值，但养成儿童善良的文化资源各不相同。这决定了品格的教育从具体的实践来看只能立足于自身品格文化资源的发掘与创造。为此，我们在实践品格教育模式时，从总的指导思想到具体的教育内容都建立在对本土文化的研究这一基础之上。

1. 以“和合思想”涵融“整合学习”

在总的指导思想上，我们提出以和合思想为幼儿品格教育的指导。“和合”是中国传统文化思想的重要范畴。中国古代先哲们通过对天地自然界、人类社会

---

① ［美］拉瑞·P. 纳希．道德领域中的教育［M］. 刘春琼，等译．哈尔滨：黑龙江人民出版社，2002：151-169.

普遍存在的和合现象做大量观察和探索，提出了和合的观念。和合思想的要义是万物各不相同，但又是有机融合的，即所谓万物并育而不害；其思维的要点是创生、关联、有机、过程、整体，即宇宙万物和社会人生被看成一个生生不息的和合体，这一和合体是由有机关联的个体在追求完善走向整体的过程中不断发展的。以此为基础的教育，也是以“和”为根本的价值取向。即教育被视为一个帮助儿童培养自我内在的和谐，并通过学习与世界的相依之道，扩大这种和谐以创造和谐世界的过程。

特蕾莎的品格教育模式也倡导和平的价值取向，强调个体与世界的相依，个体对世界的责任。在中文中最能表达品格教育模式思想的词可能就是“和合教育”。但从和合思想出发的整体与整合，不仅以“和”的价值为目标导向，而且关注教育过程中人的生生变化，它强调从生命整体的变化来考虑道德教育，在这里“和合”还意味着从生命的现实、生活的现实与文化的现实出发。整合不只是事物间的简单关联，还是以和谐存在为目标的，变化的、发展的、有机的关联。由此，我们将研究的哲学基础定位于中国的和合思想，并通过与西方整体思维、全球哲学的对话来实现传统文化思想的现代转化，以建构适合中国当代社会发展的儿童道德教育理论与实践的模式。我们不只是简单地去做西方理论的中国化研究，也实现对西方整体教育思维的一种超越。我们的实践也成为丰富品格教育模式的一种努力，因为我们可以通过发掘自己的品格教育文化为其他的国家和民族提供参考与借鉴。

2. 培育教师的品格教育意识，建构本土品格课程资源

品格教育的文化性决定了其教育内容也只能是对本土文化资源的运用，品格教育模式的教育实践涉及各种教育文化资源，包括品格故事、音乐、艺术及具体的教育榜样，这些都只能从我们自己的文化中寻找。教育的相通性与品格的渗透性使这种寻找可以通过教师们对本有课程文化的创造性与转化性运用而得以实现。即当教师有了品格教育的意识后，所有的课程文化资源都可以变为品格教育的文化资源，品格教育文化并不是一种单独的教育文化，它是教育文化的品格维度。因而，实施品格教育的关键在于教师的品格教育意识与信念的形成。这种品格教育意识就是将所有教育的最终目标落脚于品格的陶冶与养成，并自觉将所有的教育实践与品格的培养联系起来。这种意识只有在教师深刻地理解了品格教育对于孩子一生幸福的至关重要性，以及深刻把握孩子的品格学习与成长需要什么样的帮助的基础上才能真正养成。

通过多年的实践，我们发现品格教育模式的实践为教师理解孩子的品格学习与感受品格学习给孩子带来的积极影响提供了很好的平台，同时，也让教师在这

一实践中体会到更多的教育意义与价值，因为他们意识到自己并不只是微不足道的幼儿园老师，而是可以积极地影响与改变世界的人。

二、基于和合学习理念的品格教育之多元基础

和合学习的理念基础是多元的，我们主要从哲学、伦理学、心理学、教育学这四个方面来展开论述。

（一）哲学基础

1. 和合思想

“和合”是中国传统文化思想的重要范畴。中国古代先哲们对天地自然界、人类社会普遍存在的和合现象做了大量观察和探索，从而提出了和合的观念。

关于“和”的概念，早在中国春秋时期就已提出。在《左传·昭公二十年》中，晏婴指出“和如羹焉。水火醯醢盐梅以烹鱼肉，燀之以薪，宰夫和之，齐之以味，济其不及，以泄其过”。这就是说“和”是一种由不同要素所构成的和谐状态，就像鱼、肉掺和水、火、盐、梅等，经过厨师的烹调与加工，而成为食品新质的存在状态。后来，史伯进一步深化了“和”的概念。他说：“夫和实生物，同则不继。以他平他谓之和，故能丰长而物归之；若以同裨同，尽乃弃矣。”

在这里“和”这一概念包含矛盾的对立与统一，“和”是矛盾多样性的统一，是事物产生和发展的源泉，是万物存在的基础。先秦时期，出现了完整的“和合”概念。《国语·郑语》云：“契能和合五教，以保于百姓者也。”是说殷商官员“契”为使平民百姓保身立命，将五种不同的人伦之教（即父义、母慈、兄友、弟恭、子孝）加以融合，实施于社会。这里强调了“人伦和合”安身立命及社会和谐的基础。从此以后，“和合”成为不同要素融合的最为理想的结构存在形式，受到我国各派思想家的普遍推崇和重视。“和合”这一传统哲学概念从此便成为我国传统文化的精髓，广泛而深入地融合于中国文化之中，并表现于不同的思想层面。

（1）“和”是宇宙万物的化育之道。

“和”被视为宇宙万物生长变化的根本。许多典籍描述了对“和”的推崇。如：“乾道变化，各正性命，保合太和，乃利贞”（《周易》）；“天地之气，莫大于和”（《淮南子·氾论训》）；“致中和，天地位焉，万物育焉”（《中庸》）；“万物负阴而抱阳，冲气以为和”（《道德经》）。在宇宙论层面，天道的变化使

得各得其性命之正。天所赋为命，物所受为性，万物由此而具有各自的禀赋，成就各自的品性，通过万物协调并济的相互作用，形成了最高的和谐，被称为“太和”。天道的变化长久保持“太和”状态，而万物各得其性命以自全。“和”是万物彼此作用、协调一致、化育万物的精神开显。和合思想的要义是万物各不相同，但又是有机融合的①。

（2）“和”是人群互动之道。

在社会个体与群体的互动中，“和”是人伦纲常的核心。“礼之用，和为贵，先王之道，斯为美”（《论语·学而》）；“君子和而不同，小人同而不和”（《论语·子路》）；“天时不如地利，地利不如人和”（《孟子·公孙丑下》）。即个人修身养性，要讲究“心平气和”之功；与人交往，要恪守“和而不同”之法；应对潮流，要坚持“和而不流”之则；治理国家，要追求“政通人和”之理；国与国交往，要坚持“求同存异、和平共处”之规②。著名中国哲学史家汤一介先生指出：在科技信息高度发展的当今时代，人类要想永续生存和发展，就必须力争“和平共处”，必须追求“共同发展”。对此，中国哲学的“普遍和谐”理念提供了极富价值的理念资源③。

（3）“和”是教化的最高目的。

儒家教育经典《大学》以“修身、齐家、治国、平天下”为君子为学的目的。“平天下”，即让天下和平。可见“和”也是教化的根本追求所在。在基础教育中，教育目的定位在帮助儿童培养自我内在的和谐，并通过学习与世界的相依之道，扩大这种和谐以创造和平世界。在今天，世界范围的各类冲突日益加剧，足以毁灭几个地球的核战争威胁，让中国的尚和文化再一次显现独特的价值。同时，来自各种文化背景的智者所传达的共同愿望也是：教育的目标应该定位于人性中最为高尚的、最为利他的方面，以促进人类文化的和谐发展。

和合思想为和合学习提供了教育目的论的引导。和合学习理念也倡导和平的价值取向，强调个体与世界的相依，个体对世界的责任。但从和合思想出发的整体与整合，不仅以“和”的价值为目标导向，而且关注教育过程中人的生生变化，它强调从生命整体的变化来考虑道德教育，在这里“和合”还意味着从生命的现实、生活的现实与文化的现实出发。整合不只是事物间的简单关联，还是以和谐存在为目标的，变化的、发展的、有机的关联。由此，我们将品格教育的

---

① 张立文．和合学概论（上）［M］．北京：首都师范大学出版社，1996：473.

② 夏学銮．“和合”思想：文化基因与价值取向［J］．人民论坛，2015（7）：22-23.

③ 汤一介．世纪之交看中国哲学中的和谐观念［M］//季羡林，等．大国方略——著名学者访谈录．北京：红旗出版社，1996.

价值基础定位于中国的和合思想，并通过与西方整体思维、全球哲学的对话来实现传统文化思想的现代转化，以建构适合中国当代社会发展的儿童道德教育理论与实践的模式。我们不只是简单地去做西方理论的中国化研究，同时，也实现对西方整体教育思维的一种超越。

2. 怀特海的过程哲学

怀特海的过程哲学也是和合学习理念的重要哲学基础。怀特海在批判传统哲学二元论的基础上，将宇宙视为由各种事件、各种实际存在物相互连接、相互包涵而形成的有机系统。他认为，自然、社会和思维乃至整个宇宙都是活生生的、有生命的机体，这一机体处于永恒创造和进化过程之中。构成宇宙的基本单位不是原初的物质或物质实体，而是由性质和关系所构成的有机体。有机体的根本特征是活动，活动表现为一系列过程，这一系列过程则是构成有机体各元素之间具有内在联系的持续的创造过程，它表明一个有机体可以转化为另一个有机体，因而，整个宇宙表现为一个生生不息的活动过程①。这一思想为和合学习理念的实践提供了方法论基础。

（1）宇宙是一个有机的整体存在，品格教育也应当具有有机整体性。

怀特海的过程哲学强调宇宙中万物都是相互关联的。“宇宙中的每一个事项，包括其他所有的实际事物在内，全部是任一实际事物结构中的构成要素。”世界的要素是过程，过程存在于与其他事件的相互依存之中，这些事件整体上构成了更为广阔、相互包含、相互影响的共同体。宇宙的有机整体性没有办法通过简单的叠加分析的方式加以把握，它只能通过整体性的方式去认识。因此，整合性学习是发展知识和智慧所必需的，这种整体性的学习需要学习方式与学习内容的整合。在这一思想影响下，和合学习强调要将品格教育与各领域、各学科知识的学习整合起来。

（2）宇宙是一个富有节奏的过程性存在，因而，品格教育要注重把握教育过程的循环节奏。

怀特海认为事物不是静止的，而是运动、变化、发展的，是形成性的、过程性的。“一个实际实有是如何生成的，决定了该实有是什么，因此，对一个实际实有的两种描述并非是相互独立的。它的存在是由它的生成构成的，这便是过程性原理。”② 这种过程性存在有双重含义：一是指通常意义上的过去、现在、未来的时间历程，即变化、生成、增长、衰亡的过程；二是指正在发生着动态共生

① ［英］怀特海．过程与实在［M］．周邦宪，译．北京：北京联合出版社，2014：中译本序言。

② ［英］怀特海．过程与实在［M］．周邦宪，译．北京：北京联合出版社，2014：33.

活动，动态的共生活动是机体按照主体的目标和价值标准涵摄其他事物或拒受其他事物的过程，这既是一个机体之间的相互作用、相互渗透的过程，也是机体的价值选择过程。这一过程的持续就是机体的发展过程。在过程哲学看来，机体的价值就在于机体通过摄受活动所进行的自我保持、持续、重现等。从这一观点出发，品格教育的重点在于组织丰富的教育活动，让个体充分地参与及互动，促进个体生命的丰富与转变。这样，生命便成为一个日益丰富与复杂的有机体。

在怀特海看来，生命是有周期的，在儿童不同的发展阶段，儿童对事物的涵摄方式是各不一样的，教育需要关注这种差异与周期性，重视教育的周期阶段特点。在《教育目的》一书中，他将儿童的发展分为浪漫阶段、精确阶段、综合运用阶段。浪漫阶段是自由的好奇与关注阶段，这一阶段的活动是浪漫的、感受性的；精确阶段是对所知、所想、所感进行求证分析阶段；综合运用阶段是将所获得的知识运用到生活情境中去，解决生活中的各种问题，以让儿童有活跃的智慧①。这一阶段的划分既适用于儿童不同生命周期的学习，也适用于教育过程中教师对具体教育过程的节奏把握，在具体的教育活动过程中，每一个活动可以包括无数个浪漫、精确与综合运用阶段的循环。这一思想直接启发了和合学习理念循环学习历程的建立。在和合学习理念中，品格教育由品格感受、学科研究、艺术综合、冲突解决与社区服务五个循环内容组成，其中品格感受是浪漫阶段，学科研究是精确阶段，而艺术综合、冲突解决与社区服务都是综合运用阶段。

（3）审美和谐是最高的和谐，因而，品格教育要通过审美的途径达成人格的和谐。

对和谐的审美追求，也是西方的哲学传统之一。怀特海将审美价值引入过程哲学，在怀特海看来，“美”实际上是一种对现实事态“和谐”状态的追求，“美就是一个经验事态中诸要素之间的相互适应”。“完善的美可以定义为完美的和谐；完美的和谐是指在细节和整体方面均表现为完善的主体形式。”② 在他这里，“美”这一术语有两个意义：一是宇宙里完全实在的事物中实现的“美”；另一个是事物的客观内容的某些部分，可能会因为它们共同有助于整体事态主体形式的完善，而被说成是“美的”。质言之，美的本质在于和谐。怀特海在论及科学的逻辑和审美的和谐时，曾有过这样的评论：“逻辑谐和在宇宙中是作为一种恒定不变的必然性而存在的，但审美谐和在宇宙中则作为一种生动的理想而存

① ［英］怀特海．教育目的［M］．庄莲平，王立中，译．上海：文汇出版社，2012：26-51.
② ［英］怀特海．观念的冒险［M］．周邦宪，译．贵阳：贵州人民出版社，2007：296，297.

在着，并将宇宙走向更细腻、更精妙的事物所经历的残缺过程熔合在一起。”① 可见，在怀特海建构宇宙论时，审美价值是作为一种比科学逻辑更高级的因素被引入他的体系的，相比逻辑理性的力量，怀特海更欣赏“审美的和谐”的力量，因为那才是一种终极的力量。

在怀特海审美和谐思想的启发下，和合学习理念将艺术的内容与形式整合到品格教育之中，每一品格主题的学习都有相关的艺术活动内容，以让儿童在审美的熏陶与表达中，达成最高的审美和谐。

（二）伦理学基础

1. 德性伦理学

德性伦理就是指以个体或共同体品质为核心，以社会关系中的人为本位，以实现人的幸福生活为目的，以和谐为最高范畴的伦理道德体系。其典型代表在中国古代是儒家的伦理学说，在西方是古希腊亚里士多德的伦理学说。德性伦理学认为道德之为道德主要在于一个人的内在品质，只有具有了某种内在品质，他才成为一个道德的人，只有道德的人才能有道德的行为。德性伦理关心的问题是一个人应当成为什么样的人，其中心主题是德性的实现与人的自我完善②。

德性伦理学认为德性的养成需要将行为训练、习惯养成与理性指导相结合。从行为训练与习惯养成来看，德性伦理学重视榜样或道德典范的作用，人们总是从身边的或传统中的道德典范那里得到某种行动启示。我们是通过做一个有德性的人在那样的环境中会做的事而成为一个有德性的人③。同时，道德理性也是人走向自我完善的途径。道德理性既包括对自我、自然、社会环境，对满足人类需要和愿望的活动及对不同生活方式的认识和理解，也包括将理性判断与生活满意度相联系的技能，以及如何在具体的社会情境中做出判断、评价和选择的能力。如果我们只知道要诚实、不要做不仁爱之事等规则，并不意味着这些规则就给我们提供了行为指导。比规则本身更重要的是对于德性规则能够在恰当的时候、恰当的地方对恰当的人和事进行了解应用④。这就需要人的道德理性。

和合学习发展了这一观点，对儿童品格学习的指导注重榜样示范、行为训练、习惯养成和理性指导的整合与循环。

---

① ［英］怀特海. 科学与近代世界［M］. 何钦，译. 北京：商务印书馆，1959：19.
② 蔡春. 德性与品格教育论［D］. 上海：复旦大学，2010：129.
③ 龚群，邢雁欣. 德性伦理学的行为者中心论［J］. 伦理学研究，2011（2）：65-69.
④ ［美］罗莎琳德·赫斯特豪斯. 规范美德伦理学［J］. 邵显侠，译. 求是学刊，2004（2）：6-14.

2. 关怀伦理学

以美国学者吉列根（C. Gilligan）和内尔·诺丁斯（N. Noddings）为代表的关怀伦理学强调人与人、人与物、人与环境之间关怀关系的建构。他们将关怀关系视为品格教育的基础，强调首先学会去倾听与理解被关怀者的需要，在此基础上去行动与帮助，才能使善行真正成为促进被关怀者成长的资源，缺乏关怀关系的品格教育很容易成为一种道德的强加①。由此，在品格教育中关怀伦理学并不强调一定要开设关于关怀的直接课程，进行所谓的关怀品格的直接教授，而是强调教师的以身示范，以及关怀氛围的营造。他们认为学校不应只是知识复制的场所，而应注意教育关系的营建，营造家的感觉。他们强调受教育者关怀态度与关怀能力的培养，其目标是培养有能力、能关怀、有爱意的人，在品格教育课程上主张“关怀”的主题要成为每日生活的一部分，如帮助学生学习如何设身处地为他人着想，鼓励学生关怀万事万物。他们认为当学生能够学会主动地去关怀万物，他自然会为善与追求卓越，从而促进儿童成为有行动能力的关怀者。和合学习也以培养世界的关怀者为目标，强调品格教育关系的建构、品格情感的激发与利他关怀的实践。

3. 社会生物学的利他行为理论

社会生物学的中心问题是对利他行为的解释②。利他是人类的本性之一。同时，利他性也是一个群体现象。在这一现象中，一些个体更多地基于自身的需要而行动，也有一些个体会愿意为了他者的需要而牺牲自己的利益。自私的选择和利他的事实在亲缘群体选择和互惠利他性中得以调和。利他性是指由行动者所付出的包括考虑其他人的感情的行动。如果一个行动主要是为了另一个人的需要而非自己的需要，我们就称之为利他的③。利他性有三种基本形式：一是亲缘利他性，二是互惠利他性，三是纯粹利他性。

亲缘关系构成了人类生命延续的一个基本关系。每一个当前存在的人都有其非常久远的、连续不断的生命繁衍的历史亲缘系列，亲缘利他性在每一个人漫长生命繁衍的历史长河中一代又一代地不断传递着，人类生命的延续不仅是复制、继承了祖辈、父辈的基因，也继承了他们的人性特征。亲缘利他性是人性最基本的核心，人对亲缘关系的关爱和无私利他是人类道德起源的基础，“真正的人类

---

① ［美］内尔·诺丁斯. 教育道德人［M］. 朱美珍，等译. 台北：巨流图书公司，2008：1-3.

② 洪帆. 利他主义：从社会生物学到社会科学［J］. 医学与哲学，2005（6）：5-8.

③ Jane Allyn Piliavin，Hong-Wen Charng. Altruism：A Review of Recent Theory and Research［J］. Annual Review of Sociology，1990（16）：30.

道德是从我们的原始祖先的总适合度利他现象脱颖而出的"①。亲缘利他性也是个体道德生活的起点。人类的同情心和利他情感首先是从这里开始的，并在每一个人的生命过程中和漫长的人类生命的延续过程中形成一种稳固的人类的心理特征。

随着人类数量的增多，人们渐渐组成各种不同类型的生活群落，共同组成相互依赖的社会群体。生活需求的增加与个体生产能力的有限，让人与人之间需要互相支持与帮助。互惠利他性就是在这样的背景中产生的。互惠利他性是指两个无亲缘关系的个体之间通过合作交换适合度的行为。1971 年，美国动物学家特里弗斯就提出了互惠利他主义假说，认为利他者施惠的行为是为了获得受惠者将来的回报；表面看来对利他者没有任何益处的行为，实际上仍然增加了它的适应度②。互惠利他性在实现人与人之间社会合作的过程中起着非常直接的作用，是人类道德进化的桥梁和基础。"己所不欲，勿施于人；己欲立而立人，己欲达而达人"反映的就是互惠利他的原理。由亲缘利他发展到互惠利他是一种道德进步。

亲缘利他性建立在亲缘关系的基础之上，是人类道德的起点和基础；人和动物共有亲缘利他性。互惠利他性建立在期望回报的基础之上，是人类道德的扩展。

一个人纯粹是为了另一个人的利益去行动，而不求任何回报的行为，被称为纯粹利他性行为。纯粹利他性行为在一个流动的陌生人社会具有越来越重要的意义和价值，大多数年轻人都在一个远离自己家乡的地方打拼，当他需要帮助时，可能亲人并不在身边，一些突发的意外也很难让人做出即时的承诺，这时，身边的陌生人是否愿意无条件地提供帮助可能就成为一件性命攸关的事。

利他性品格的培育就是帮助儿童由亲缘利他逐步拓展到互惠利他，最后达到纯粹利他的境界。利他性品格是和合学习的终极目标，因而，对人类利他性的解释与理解是其重要基础。

（三）心理学基础

1. 埃里克森的人格发展阶段论

埃里克森是新精神分析学派的代表人物。他发展了弗洛伊德的精神分析思想，他将人视为一个三元存在，包括躯体的部分、自我的部分与社会的部分，除

① 郑慧子. 生态伦理的文化进化基础［J］. 自然辩证法研究，2002（7）：5-8.

② 洪帆. 利他主义：从社会生物学到社会科学［J］. 医学与哲学，2005（6）：5-8.

关注生理因素对儿童人格发展的影响外，还特别强调心理社会因素对儿童成长的影响。自我同一性是埃里克森人格理论中最核心、最具特色的概念之一，是指一个人对过去、现在和未来这一时空中存在的自我一致性和连续性的主观感觉或意识。埃里克森认为人的基本同一性是与实践美德联系在一起的，道德生活与道德行为就是一场对话，在这场对话中道德行为者与客体均得到了充分的实现。他认为人“自身发育的总方向是朝向一个能希望、意愿、想象、使事情做好、对信仰不盲目、爱和对爱的人及人类贡献自己以及最终成为智慧的自我”。其中“希望、意愿、目的、技能是儿童德性成长的原基，忠实是青少年的美德，爱、关怀与智慧是成人的主要美德。这些美德是相互依赖的，意志要在希望稳定之后才能训练；只有忠实可靠之后才会有相互之间的爱”①。

在学前阶段要培养的三个主要德目是希望、意愿、目的。这三种品格都是驱力性的。生命的第一年的理想目标是发展“希望”的德性；第二年主要发展“意愿”的德性；3~7岁主要发展“目的”的德性。在希望中，儿童把自己向生活环境的各种前境开放，在意愿中他能面对模棱情况采取自己的态度，在想象中他朝一定方向前进。每个人都需要在其生活中发现和注入目的的意义，在目的中，他的生活才有意义。这种目的将成为儿童生命与道德成长的一种持续动机。

埃里克森从整体人格发展的角度来理解道德成长，为和合学习整体理解儿童的品格成长提供了心理学的支持。

2. 积极心理学

积极心理学源于人本主义心理学，由美国心理学家马丁·塞利格曼（Martin E. P. Seligman）首倡，它是致力于研究人的发展潜力和美德等积极品质的一门科学②。注重人格形成中的正面积极因素，重视开掘人性真善美的潜能，也注重对促成人达成幸福、成功目标的方法的研究。积极心理学将其研究划分为三个层面：主观层面上是研究积极的主观体验，包括幸福感和满足（对过去）、希望和乐观主义（对未来），以及快乐和幸福（对现在），包括它们的生理机制及获得的途径；在个人层面上，是研究积极的个人特质：爱的能力、工作的能力、勇气、人际交往技巧、对美的感受力、毅力、宽容、创造性、关注未来、灵性、天赋和智慧；在群体层面上，研究公民美德和使个体成为具有责任感、利他主义、有礼貌、宽容及有职业道德的公民的社会组织，包括健康的家庭、关系良好的社

① Erikson，E. H. Insight and responsibility［M］. New York：Norton，1964.

② Sheldon M，King L. Why Positive Psychology Is Necessary［J］. American Psychologist，2001，56（3）：216-217.

区、有效能的学校、有社会责任感的媒体等①。积极的心理与积极的环境氛围是儿童品格养成的重要基础。和合学习重视儿童品格养成的积极心理培育与氛围建设。

3. 超个人心理学

超个人心理学兴起于20世纪60年代后期。它试图将世界精神传统的智慧整合到现代心理学的知识系统中以探究个体及其超越之路，目前还在发展和完善中，尚未形成一个完整的系统。肯·威尔伯（Kenneth Earl Wilber）是超个人心理学的主要代表。其基本主张主要有以下四种。第一，人的本性主要是精神的。人类在本性上既是心理的（psychological），又是精神的（spiritual），但人类存在的最深层动机是精神的追求。这主要表现为人有通过有意义的工作和活动实现自我的潜力，并通过进入社会和超越意识的深处而寻求合一（wholeness）的倾向。这种精神追求能为自我（self）提供支撑性的架构。第二，意识是多维的。肯·威尔伯的意识光谱理论认为人的意识是多维的，根据自我认同的广度可分为阴影层、自我阶层、生物社会带、存在阶层、超个人带及大心境界。这些阶层统合起来涵盖了人类经验的完整范围，从灵魂中那些压抑的阴影碎片，到心身有机整合在一起的更高阶层，继而超越它们进入超个人的领域②，人类的成长就是不断拓展意识疆界的过程。第三，人的内在生命是智慧之源。超个人心理学发展了荣格的思想，更明确地指出为了获得更大的心理整合，必须进入内在智慧，进入自我或有机体智慧之源。这种内在智慧就是生命深处的精神本体。因此，我们的自我（self）往往是一些生命的表象，并非生命的真相。必须沉静下来，不断地向内寻求，才能发现真我之所在。第四，生活是有意义的。我们的行为、欢乐和悲伤对我们的成长和发展是有意义的，它们不是任意的、无意义的事件。如果我们能发现生命的意义，那么生活的创伤和悲剧往往会转化为进入精神世界的动力。和合学习强调将品格学习与儿童的精神成长和内在智慧的开启结合起来。

（四）教育学基础

1. 整体课程观

整体课程观是20世纪80年代以来兴起的新人本主义课程范式，但其渊源可以追溯到柏拉图、卢梭及杜威。整体课程强调以整体主义为基础，致力于消解各种形式的二元对立，寻求复兴课程的意义和活力，实现培育“整体的人”的终

---

① 张倩，郑涌．美国积极心理学介评［J］．心理学探新，2003（3）：6-10.

② ［美］肯·威尔伯．意识光谱［M］．杜伟华，等译．沈阳：万卷出版公司，2011.

极理想①。整体课程强调以整体思维转化教育中的关系、理念与思想。整体主义认为一切事物都是联系的、动态的、发展的。事物之间是彼此嵌入、彼此包容和相互渗透的，同时事物之间的关系在参与者彼此协商与互动中转化和改变。整体课程的理念为和合学习提供了课程架构，这也意味着和合学习理念下的各学科领域内容及内涵之间是关联的、可转化的。

2. 全循环学习理论

全循环学习理论是特蕾莎博士基于过程哲学提出的一种学习思想与策略，这一理论强调以核心品格价值统整课程，创建教室文化，把儿童的校内教育与校外教育、内在生活与外在生活、心灵与头脑、精神与学术、技能训练和道德情操等充分整合起来，以引导儿童在实际行动中把利他主义与自我实现充分结合在一起，最终让儿童成为和谐文化的创造者与领导者。这是一种强调整合，追求深度与高度的学习理论。一方面，它通过日常生活与相关学科的渗透，运用艺术、想象、互动与有节律的重复，对儿童进行深入的心性熏陶，使这些积极的核心价值观深入学习者的内心。另一方面，它倡导一种世界中心的伦理，致力于学生的全球责任感、利他主义与服务精神的培养。其理念对于矫正重视智力发展，忽视情感认同与利他性品格培养的当代教育有着积极的意义。

三、基于和合学习的品格教育模式特点

基于和合学习的学前儿童品格教育模式具有以和谐为基础的教育价值导向，以品格为核心的课程目标，通过多方面的教育内容、全循环的教育策略和全身心的学习方式，引导儿童进行深入又完整的品格学习。

（一）以“和谐”为基础的教育价值取向

为了人类的和平，培养儿童和谐的人格与利他服务的精神是和合学习模式的基本追求。如前文所说，在全球化的时代，技术使人类有了更为紧密的联系。但为了个人或小群体的利益，不同种族、国家与地区之间的冲突也越来越多，减少及弥合这些冲突是人类幸福生活的重要前提与基础。人是生活的缔造者，世界的改变需要人的改变。让儿童自小就养成倾听理解、和谐互助的习性，是减少人际或族群冲突的关键。

和合学习一般从某种价值观或品格话题开始，在明确了品格主题的概念后，

① 安桂清. 整体课程：面向 21 世纪的课程愿景［J］. 比较教育研究，2006（6）：85.

教育活动将综合各学科领域和艺术领域的内容，从道德伦理的层面逐步延伸到认知性的和创造性的内容。通过品格主题与学科内容和艺术性内容的整合，儿童将获得对品格内涵与意义的深入理解和体认。接下来和合学习将继续把品格主题的概念应用到和谐相处的原则中，帮助学生将所学习的内容与个人生活中不可避免的冲突相联系，引导学生将品格主题用于冲突的解决，提升儿童协商互动与和谐相处的技巧。最终这些品格德性将被用来为群体的、当地的或者全球性社团的和平服务。

通过具体的冲突练习与服务项目，儿童可以真实地感受到自己的命运与他人及全球社会未来发展间的联系。这些孩子长大后将自觉地把习得的品格习性应用到社区的生活实践中去，为一个持续稳定的社会服务。这些实践将通过孩子们的观点和行为影响他们未来的生活，这不仅会给他们的国家而且会给人类带来和平与繁荣。

（二）品格第一的全人教育目标

品格第一，是指所有的学习都要服务于品格的滋养与培育。和合学习模式强调品格培养是教育的核心，尤其注重利他性品格的培养。项目研究发现，当孩子们的学习和利他性的服务活动联系起来时，能极大地调动孩子们学习的积极性与主动性，并通过帮助他人建立与世界的更深与更亲密的关系，使孩子获得一种归属感与意义感。只有在这个时候，教育才能为孩子的成长赋予一种灵魂，一种真正的动力。早期利他倾向的培养，会对孩子们自身的幸福感及他们未来将为之服务的社会都产生有益的影响。研究表明，那些成年后成为终身人道主义服务者的人，有着相似的童年经历，即在其早期经历中，他们总是与有社会责任感的榜样生活在一起，他们总有机会表达自己的同情心，并有着丰富的解决问题的经历。

但品格第一并不意味着品格唯一，品格发展不能取代一切，知识拓展与能力提升是品格发展的基础，品格只是为知识与能力的发展提供了方向，注入了灵魂。各科课程有自己的学科目标，但如果学科的学习没有品格的灵魂，带给孩子的只是一些新的知识而已，对孩子的生命很难产生真正的影响。如美国学者塞缪尔（Samuel）所说：“没有知识的善良，是脆弱无力的；没有善良的知识，是危险的。两者若能紧密联结，则可形塑高贵的品格。”① 具有爱心，富有想象力、创造力与行动力是我们对全人的期望。

---

① ［美］Thomas Lickona. 品学兼优标杆学校：成就卓越的品格教育［M］. 刘慈惠，等译. 新北：心理出版社，2013：28.

和合学习中品格发展是核心，服务是目的，学科学习是它们的伴随物。

（三）全方位的教育内容

和合学习模式强调从品格出发的整合学习，其内容不只包括品格教育，还包括学科教育、艺术教育、冲突调解教育、人道主义服务的教育，其课程内容的选择是多方面的，强调教育内容的全方位整合。但需要注意的是，这里所说的整合不仅仅意味着跨学科的课程内容（将两个不同的课程领域的内容，如数学和音乐或者文学和历史结合到一起）。跨学科的课程可能帮助学生将他们的学习进行有机联系，但是基于和合学习的整合教育还将走得更远，它将为教育提供更深远的意义和更高的目标，它通过将参与者与人类家庭中的其他成员联系到一起，将参与者的个体感觉与人类整体的幸福和最终命运联系到一起，赋予学生更丰富的生命意义与价值感。和合学习包含了这样一种观念：当人格的发展成为学习的动力，并且为世界文明发展的服务变成学习的结果时，从短期看，学生的学习动机会得到加强，从长远看，这个世界及生活在这一世界中的人们都能从中获益。

这种教育模式帮助学生明确他们的道德信念，并在此基础上激发他们的服务行为。它帮助学生进行知识建构，发展他们的技能，并通过服务的项目去激发他们的创造性和好奇心。在学习的内容中，良好心灵习性的培养是线索，利他服务的精神是最后的目的所在。这里的整合强调的是整合的深度而不是广度。它既拓展儿童的知识面，启发儿童的思维，也培育儿童美好的人性。

（四）全循环的教育策略

我们认为孩子的品格学习及美好的心灵习性的形成，都需要持久的练习与深入的渗透。这里的全循环既包括品格学习主题随着年龄的变化循环出现，也包括核心心灵习性在同一主题中的循环渗透。在和合学习模式中特蕾莎博士把品格发展、协调技能、艺术和音乐的丰富性、人道主义服务与学科学习整合起来。她把这一模式用一个坐在轮中有头、臂、腿的学生来表示。每一个部位都代表了一个不可分离的焦点领域。头的部分意味着品格或道德教育，它提供学习的动力以获取技能，使其为人道主义或我们所居住的地球服务。左手代表了学术及应用品格目标的技能。左脚是同艺术、音乐能力的加强及向公众的讲演能力联系在一起的。右脚则代表了解决冲突方面的技能。右手是基本的人道主义服务部分，通过它，其他部分被用于真诚地服务于社区或全球的其他个人或群体。

对于不同年龄段的学生，每一个品格单元都包含品德教育、学科教育、艺术教育、使人和睦或者冲突解决技能的教育和人道主义教育这五个因素。品格教育是整个教学的核心，所有的环节都从不同的侧面，并以不同的方式在加强它。从品格教育到最后的人道主义服务是一个圆满的循环。

这一完整的循环可以表示为图 1-1①。

图 1-1　和合学习全循环模式

每一单元的学习通过多元的途径与策略，让儿童对品格主题的内在意义及其与儿童自身生命及生活的关系进行深入理解与体认。每一个品格主题学习都将为儿童深深地埋下一颗良好的心灵习性种子。

（五）全身心的学习方式

和合学习模式的步骤能充分调动儿童的感官和想象力，从而激发儿童在生活技巧和性格特点方面的兴趣。这种全身心的学习方式可以归纳为以下几个基本原则。

1. 多感官的感受

即呈现一个引人注目的情境，以引起儿童的好奇心或是联系先前的经验，唤起学生对品格学习主题的兴趣。要尽可能让孩子运用多种感官去感受这一品格的内涵与意义。在充分的感官感受中，儿童对品格会有一个更丰富与全面的理解。

2. 故事的深化

故事的叙述性与情境性，可以帮助孩子更深入地理解品格的内在精神，帮助

① Langness, T. Habits of Helpers [M]. The United Stated of America: Full-Circle Learning. Topanga, 2005: 11.

孩子在听故事的过程中深入感受其中所呈现的心灵习性。和合学习模式中，每一品格主题都有相关的品格故事，这些品格故事有的来自相关儿童读物，有的来自教育者根据本班儿童特点所创编的特别故事。对于年龄较大的儿童，则可以指导儿童自己创编品格故事。故事的倾听与故事的创编既是发展孩子语言能力的好方法，也是陶冶儿童品格的好方法，在故事的倾听中孩子学会理解他人，而在故事创编中孩子可以学会设身处地地扮演他人。

3. 行动性的创造

即将学习方案与社区的需要联系起来，并在基本的知识领域，如语言艺术、数学、科学和社会研究的基础上运用知识解决问题，寻求技能发展，或者建构新的知识。也可以给儿童提供角色扮演的机会，让孩子将他们学到的内容运用到生活中的问题解决中去，学以致用。既实现孩子由头、心到手的全身心的学习循环，从而使心灵习性通过多种方式深入孩子的内在；也通过这种行动让儿童明白，学习的最终目的是服务社会，创造生活。

4. 服务性的演唱与赠送

每一主题都有相应的品格主题歌谣，让儿童在歌曲的演唱中进一步内化品格主题的内涵。儿童学完后要经常地练习它，既娱乐又表演，同时还可以将他们学到的音乐作为礼物来赠给其他人。为了培养孩子的给予意识，每一品格主题都有一个赠送的环节，即孩子们将所学到的知识和技能与所制作的各种艺术品赠送给需要的人，以让孩子意识到自己的学习与劳动能帮助他人，从而增强他们的助人意识。

整个的主题活动通过吸引孩子头、心、手的全面参与，既充分训练了孩子的感官与想象，也使孩子得到了身、心、灵的和谐发展。

和合学习模式既强调教育的广度也强调教育的深度，正因为以上的几个特点，特蕾莎将她的这一模式命名为“Full-circle Learning”，它既有整合之意，也有完满、全面、深入与不断循环发展之意。

四、和合学习模式与相关品格教育模式的比较与分析

自20世纪80年代美国新品格教育①兴起以来，美国各文化阵营就从不同理论或目的出发进行了丰富多元的品格教育模式探究。其中影响比较大的模式主要

---

① 所谓新品格教育，是指相对于传统的以德目灌输为主的品格教育，强调通过社群支持，注重儿童品格认知、情感与行为综合发展的品格教育。

有以下几种。

（一）“品格第一”（Character First）及其品格训练模式

20世纪70年代，品格教育再度重回美国。这一时期科尔伯格的道德认知发展理论和瑞斯的价值澄清法为主要道德教学理论，二者都倡导进行价值观的传授与教导。但在急速变化、价值多元的社会中，传统的价值、美德的传授不能适应现实生活的需要。到了90年代，由于美国个人主义与多元价值观的盛行，美国青少年道德问题层出不穷，道德滑坡严重，国家政治、经济、文化、教育呈现多方面危机。其归根结底是因为缺少社会共同的价值标准与规范。在这种形势下，美国国家、政府、学校强烈要求重新重视核心价值的教导与传授，“品格第一”课程在此形势下应运而生。

“品格第一”最早出自一本名为《品格质量》的书，作者为比尔·高达（Bill Gothard）。最初这本书是用于企业员工的培训的，后来，高达根据《品格质量》一书整理出一套适合学校使用的、用于训练学生品格的方法，即“品格第一”。首先在中小学推行这一课程的是一位校园安全的警察，他目睹了这一计划为校园带来的正面影响，这位警察不断向宗教团体和商家呼吁，终于使商家和宗教团体都投入了这一让道德教育重回校园的运动。现在这一课程计划主要由美国品格训练机构负责推动，以协助企业、学校、家庭及社区迈向“真正的成功”。这个方法首先在俄克拉荷马城市的八所学校开始使用，如今“品格第一”课程已推广到全球各国。

“品格第一”课程内容主要是进行系列核心美德（主要包括专注、顺服、诚实、感恩、慷慨、井然有序、饶恕、诚恳、美德、勤奋、忠贞、好客、敏锐、热诚、能屈能伸、明辨、慎重、勇敢、可靠、周全、决心、节俭、随时待命、尊重、同情、善劝、智慧等）的教育，它依循品格教育的认知、情感、实践三个层面架构品格课程的内容。其课程结构主要包含三个部分：品格重视的层面、品格要求的层面、品格赞许的层面。品格重视的层面包括教室的课程、学校的集会活动、品格导生的指导；品格要求的层面包括领导者的示范、品格教育的内化、平日的增强、抓住随机教学时刻；品格赞许的层面包括日常的赞美、在公开场合加强学生对良善品格的认同、品格的示范、家长的支持①。

该课程常常将普遍认同的品格用动物来表示，使用儿童喜爱的动物卡片，正

① 苏芸慧．小学教师品格教育课程实施之个案研究［D］．台北：台北师范学院课程与教学研究所，2004：63-72.

面是动物，背面是品格的表述。如用大象表示顺服。在品格中列出训练的口诀，如：我愿意完成所有的工作，我期望去做；我不会抱怨；我将超额完成任务；等等。学生有卡片在手，在“品格教练”带领下重复大声念出，并在生活中去实践，教师还鼓励学生回家与家长分享。由于这套方法针对了儿童的特点，并且让儿童学习的品格又具有较强的可操作性和实践性，因而取得了很好的教育成效。

这一模式提出的“品格第一”的思想也成为和合学习理念的观点之一，将品格培育作为教育的核心，但在教育的价值取向上，和合学习指向的是社区与人类的和平，而不只是儿童个人的成功。

（二）托马斯·里克纳的品格教育整合模式

托马斯·里克纳（T. Lickona）是美国 20 世纪 80 年代品格教育复兴运动最重要的推动者。他对品格教育的理论与实践做了一系列的深入研究。他指出教育的目的是培养儿童的完善人格，完善的人格是由道德认知、道德情感和道德行为三部分构成的，一个完善的人是一个知善、欲善、行善之人，因而，学校必须承担完善人格培养的任务。他呼吁通过学校、家长、社区的配合，建立积极的校内外道德文化，帮助学生了解尊重、责任、诚实、公平、忍让、谨慎、自律、助人、同情、合作、勇敢、民主等核心价值，接纳与承担道德规范，并将道德规范落实于日常生活实践中①。为实现这一目标，他建构培养全人教育的整合教育模式（图 1-2）。此模式共提出了十二项策略，其中包括三项学校层次的策略和九项班级层次的策略②。

里克纳强调多元整合的思想，他认为“一旦我们有了品格的综合性概念，我们就需要一个综合性方法”③。因此，品格教育课程的设计及品格教育方法与策略都要体现于兼顾品格及品格教育的道德认知、道德情感及道德行为三个层面。同时，因为品格的养成是潜移默化的，品格教育应注意教育方法的渗透性和全方位性。这一实践模式集中体现“综合统整”的方法，要求品格教育方法具有全面渗透性和方法的丰富多元性。

里克纳强调品格教育的途径整合，和合学习理念也强调品格教育途径的整合；但和合学习模式进一步强调运用品格主题的方式进行品格教育，帮助儿童对核心品格进行深度的体验与学习，在这一点上，和合学习有更为深入的探索。

---

① 袁桂林. 当代西方品格教育理论［M］. 福州：福建教育出版社，2005：233-265.

② Lickona，T. Education for Character：How Our School Can Teach Respect and Responsibility［M］. New York：Bantam Books，1991：13-22.

③ Lickona，T. The Return of Character Education［J］. Education Leadership，1999，51（3）.

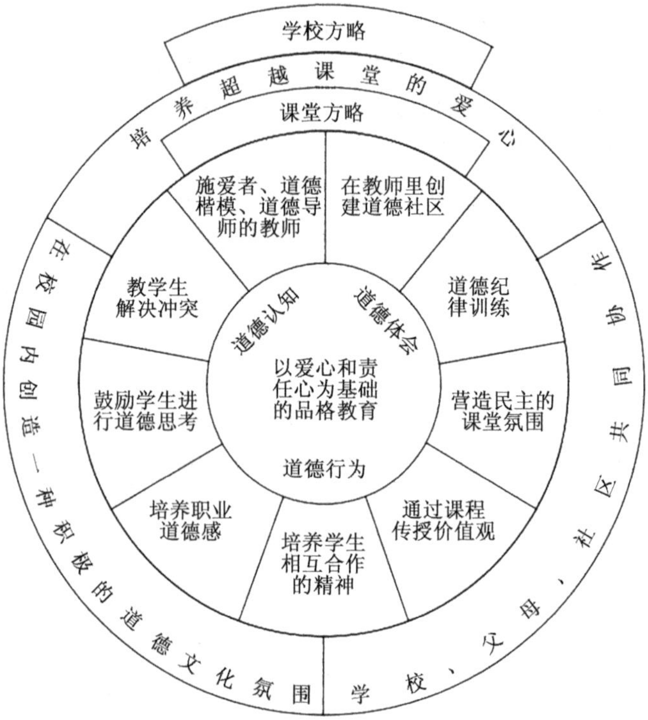

图 1-2　价值与品格教育的整合模式（Lickona，1991）

（三）国际理解教育与生活价值教育模式

生活价值教育模式是在国际理解教育和终身发展教育的背景下由美国学者戴安·泰尔曼和德国学者戴安娜·许共同提出和推广的全球品格教育项目①。国际理解教育是第二次世界大战后联合国教科文组织为了促进世界和平与人类和谐发展而提出的一种教育理念。到 20 世纪末，国际理解教育已成为一种重要的教育思想，并形成了国际教育思潮，不断促进各国教育的改革与发展②。国际理解教育是在世界呼唤和平、急需解决世界问题及面临全球化的冲击这一背景下产生的。其目的是培养学生具有国际理解、合作及尊重不同文化与民族的意识和思想，呼吁人们建立一种和谐的社会生活关系，弘扬积极向上的生活价值，开拓德育实践的新境界。其中国际理解和民族认同是国际理解教育的价值核心，也是教学的重点。生活价值教育模式以传递和传导全球共同的 12 种核心价值为主要内

---

① ［美］戴安·泰尔曼，［德］戴安娜·许．3—6 岁儿童生活价值训练广场［M］．北京：北京师范大学出版社，2003：6．

② 黄志成．国际教育新思想新理念［M］．上海：上海教育出版社，2009：91．

容，这12种核心价值是合作、自由、快乐、诚实、谦虚、爱心、和平、尊重、责任、简朴、包容、团结。生活价值教育把全球的12种价值寓于主题活动和生活行为中，在想象练习、安静的学习、艺术表现及自我发展的活动中使学生认识到个人的价值是由道德、智力、情感和精神等多个部分构成的，激发儿童为拥有更加美好的世界而分享共同的人生价值，积极为建立一种和谐的社会生活关系而努力。

生活价值教育主要是通过教师与家长的参与合作，凭借一系列有计划的、系统的教学计划和主题活动，通过游戏与多种感官互动的形式，让儿童在愉快的活动中习得相关的品格和品质。它强调培养一个健康和谐的社会人和全球公民。生活价值训练广场是围绕具体的全球12种价值进行相关课程的学习和培训的，把道德和美德的内容通过具体的品格价值展开实施，把每一种品格落实到学与做的过程中，具有较强的实效性。这项教育目前已经在全世界70多个国家近6000所学校中展开，为儿童、青少年的健康成长与发展做出了无法估量的贡献。

国际理解教育注重运用核心价值观教育的方式，注重和平理念的引导。在对和谐的关注上国际理解教育与和合教育是一致的，但和合学习在和谐引导的基础上，还进一步强调利他服务及人类身份的认同，它已不止步于价值观的教育了。

（四）和合学习理念对已有品格教育模式的拓展

以上品格教育模式在内容、方法与途径上都有独特的探索，至今对美国品格教育的实践仍起积极的推动作用。和合学习理念在以下两个方面拓展了已有品格教育模式。

1. 进一步强化了儿童人类认同感的培养

人类认同感，即意识到自己是人类大家庭中的一员的一种身份感，这是一种高级的认同感。它和家庭认同感不一样，很难从我们的日常生活中自然获得，而需要我们在家庭认同感的基础上，有意识地扩大认同范围才能获得。当今时代教育的一个重要任务就在于逐步提升儿童对世界的认同深度：从家庭的认同、社区的认同、民族的认同、人类的认同直到对整个宇宙的认同。这是因为科学与技术的发展已使当代儿童生活在一个联系日益紧密的世界之中，在这一世界中，每一个人的行动都会给人类的命运带来不可忽视的影响，培养儿童的一种全球责任意识、一种人类认同感是当今世界健康发展的一种需要，也是儿童品格教育的新使命。

然而在科学主义思想影响下的现代教育，偏重人们运用专业技术的癖好，而忽视情感认同的培养，尤为忽视培养孩子们一种全球性的利他态度。由于我们的这种忽视行为已经渐渐地影响到整个星球的命运了，因此，“创造一种新的教育模式，以帮助人类的每一个成员获得一种全球责任感，并将自身所学与全人类的健康与福祉关联起来的时代已经来临”①。因为仅仅发展儿童的自尊并不能确保他们在群体中与持有不同意见的人一起协作，或者认识到不同选择的后果，他们需要发展一种与人类大家庭休戚与共的责任感，才能更好地意识到自己的行为对他人或对人类的影响所在。应当在幼年就培养儿童学会去倾听不同的意见，去思考各种不同的选择，并获得共同解决问题的意识，这样，人类的和平才会有真正的基础。

2. 拓展了儿童品格教育的思维广度与深度

儿童品格教育应当致力于儿童完整人性的培养。完整的人性强调儿童发展的深度与广度。即从广度来说，儿童应当学会关心与参与自己、身边及生长于整个地球的物种与生灵；从深度来说，儿童应当学会面对物质、心智与精神各个层面的问题。而这一切都要以孩子对世界的善良意愿为基础。由此，对孩子利他善性的培养是儿童品格教育的基本价值追求，实现这一追求需要我们将儿童的发展置于人类整体存在的联系中来理解。在这一视野中，儿童品格教育不再只是限于对自身社会处境状况的知识性了解与适应，最根本的是要引导孩子体验自身生命与宇宙万物的根源关系，追求一种与宇宙整体存在的融合之道，即通过超越个人的有限，而走向与自然、文化和宇宙的无限融合。儿童品格教育要实现这样的使命，需要走出当下功利狭隘的价值取向，走出碎片化与形式化的教育思维，从一个更整体、更有深度的视野来把握儿童的品格学习与成长，确立一种全球意识与整合意识。

① Langness, T. Habits of Helpers [M]. The United Stated of America: Full-Circle Learning. Topanga, 2005: 9.

第二章　学前儿童品格及其发展的多维理解

品格可能在重大的时刻中表现出来，但它却是在无关重要的时刻形成的。

——［英］雪莱

一、对品格内涵的整合性理解

关于品格的内涵从不同的角度有不同的理解，为了建立对品格的丰富理解，我们分别从词源、不同学者的解释、相关词义辨析三个方面来阐释品格的内涵。

（一）品格的词源考察

在西方，品格（character）一词，来自古希腊文“charassein”，其希腊文字原意是雕刻、铭记、切割；中古英语中“charecter”，是指“区别性的符号，灵魂上的印记”，意思是持久而不可磨灭的记号，引申为行为的典型和道德的规范，指形塑良善的德行，好的特质必须持续地去形塑，进而展现出符合社会规范的行为①。在今天的英语用法中，作为名词的“character”有17种含义和用法，其基本含义：事物的特性、性质、特征的总和；人的品质、性格、特征、人物、角色等。国内对character一词有多种译法，如品性、品格、人格、品质、德性、品德等，多数学者译为品格。从中文字义看，品格有以下四重内涵：一指人的品性、性格；二指文学、艺术作品的质量和风格；三指物品的质量和规格；四指官品、爵秩。

总体来看，品格的词义有以下三重内涵：一是对事物独特存在的标示；二是对事物质量和规格的呈现；三是强调品格是形塑的结果。

---

① 李佩环. 品格教育培养［D］. 台东：台湾成功商业水产职业学校，2008.

（二）不同学科视野中的品格

品格，也是一个受多学科关注的话题，不同学科对品格有不同的阐释。

在德性伦理学中，品格是美德、德性的同义语。亚里士多德指出，德性是使一个人好，又使其功能卓越的品质。美德即人们发挥理性卓越，做出正确的行为选择，实现人特有的善。他从公平与正义的视角，将品格视为关乎别人和关乎自己的正当行为①。德国哲学家布贝尔则从关系的视角，认为品格是介于一个人的本质与他的外表之间的特殊纽带，介于他为人的统一性与他的一连串行动和态度之间的特殊联系②。在心理学的视野中品格被定义为一个人的一系列心理特征，它会影响个人进行道德操作的能力和倾向。在教育学的视野中，人们倾向于从认知、情感、行为整合的角度分析品格。美国品格教育专家托马斯·里克纳（Thomas Lickona）认为，品格是一个包含思维、情感和行为在内的综合性概念。他认为品格由三个互相联系的部分构成：道德认知、道德体验和道德行为。他强调好的品格必然包括知善、向善与为善这三个部分③。美国学者凯文·瑞安进一步将其诠释为品格是人们的理智习惯和道德习惯，知道什么是美好的事物，并去热爱这些美好的事物，同时尽量去做美好的事情④。

国内大多数研究者也倾向于从整合的角度理解品格。如丁锦宏认为品格又可以称为“性格”，“品格教育”中的品格在相当程度上等同于“德性”（道德品性）⑤。王阳安认为品格是人们头脑里内在的对一定社会普遍公认的核心道德价值观的选择认同及其在个人道德行为实践中的外在行为化表现。品格有好坏之分且具有显而易见的可实践性、可操作性与可评价性。内在道德价值观的选择与外在道德行为实践是否一致统一，是判断评价品格好坏的主要标准⑥。

在和合学习模式中，特蕾莎将品格界定为心灵的习性（Habit-of-Heart），它主要是一种通过行为表现出来的道德人格倾向，这种倾向是需要不断地实践练习才能形成的⑦。

---

① Thomas Lickona. Educating for character：How our schools can teach respect and responsibility ［M］. New York：New Times Company，1991：47-48.

② 布贝尔．品格教育［M］//任钟印主编．世界教育名著通览．武汉：湖北教育出版社，1994：1315.

③ Thomas Lickona. Educating for character：How our schools can teach respect and responsibility ［M］. New York：New Times Company，1991：47-48.

④ Madorma M. MurPhy. 美国“蓝带学校”的品性教育：应对挑战的最佳实践［M］. 北京：中国轻工业出版社，2002：8.

⑤ 丁锦宏．品格教育论［M］. 北京：人民教育出版社，2005：47.

⑥ 王阳安．论品格与品格教育［J］. 石家庄法商职业学院教学与研究（综合版），2008（4）：29.

⑦ Langness，T. Habits of Helpers［M］. The United Stated of America：Full-Circle Learning. Topanga，2005：22.

（三）相关词义辨析

概念是对客观现象的抽象和描述。德国学者布列钦卡在分析、研究教育科学中若干概念的模糊性和不确定性的过程中认为，“无论是明确地表述问题，还是检验假设，一个根本性的前提，就是需要清晰的概念”①，“单个概念只有在与其相关的概念框架体系内才能获得其准确的意义”②。所以，我们必须将“品格”这一概念放置在与之相关的概念框架中进行比较，才能进一步揭示其丰富内涵。

1. 品格与美德、德性

美德（virtue）从其词源来说是指功能的卓越发挥。在亚里士多德那里，卓越是指功能的适当发挥，美德就是指人作为道德主体，对情感和欲求给予正确处理而造就的那种卓越呈现状态③。在当代文献中，美德常常被用来指称高尚和优良的道德品质，也指具有正向社会评价意义的心理品质④。美国学者里克纳认为，美德是以一种善的方式对情境做出回应的、可靠的内在倾向，品格是美德的行为表现，美德是具有正面道德价值的品格。

德性在希腊文中，由“arete”（战神）一词派生而来，指事物的特长、用处和功能，后拉丁文译为“virtus”与美德同义，指使事物变好的所有特性、品格、功能等。中文中，德性主要指人的道德品性。综合来看，德性是指人内在的一种以道德为核心具有卓越特质和生命力的品质，是一种引导成功的好品质⑤。

德性与美德的区别：德性代表主体的某种意愿性和实现这一意愿的可能性，而美德代表德性中那些体现道德理想的东西，代表主体为实现道德理想而进行的实践努力。不是所有德性都可以称为美德，只有好的德性才能称为美德。

2. 品格与人格

“人格”源自希腊字“personna”，意指一个人内在自我的对外表现。而心理学在解释人格时，通常不包括道德的评价，认为人格是一个人在适应社会生活中对人与物所表现出的感受或反应，此感受与反应乃由个体、遗传、环境、学习成

---

① ［德］沃尔夫冈·布列钦卡. 教育科学的基本概念［M］. 胡劲松，译. 上海：华东师范大学出版社，2001：11.

② ［德］沃尔夫冈·布列钦卡. 教育科学的基本概念［M］. 胡劲松，译. 上海：华东师范大学出版社，2001：15.

③ 李义天. 美德伦理学：核心概念与主要任务——从亚里士多德主义的视角看［J］. 唐都学刊，2009（1）：55-59.

④ 沐守宽. 美德形容词量表的建立及其应用研究［D］. 上海：上海师范大学，2007：2-4.

⑤ 蔡春. 德性与品格教育论［D］. 上海：复旦大学，2010：46-48.

长等因素交互作用而形成，如兴趣、情绪、害羞、信仰、理想等。品格的意义常常与人格相混，事实上人格仅是个体个性的行为表现，不含价值判断；而品格较注重个体人格特质的价值判断，故可说品格是人格结构的主要部分。美国教育心理学界的传统观点将人格划分为禀赋、品格和自由意志。其中禀赋是一个人与生俱来的、不可改变的、属于天性的东西；品格是后天培养的、可以改变的部分，一旦获得便相对固定，属于人的“第二天性”或“第二禀赋”①。因此，人格中的禀赋是不可教育的，而品格是可以教育的。

3. 品格与品德·道德

从某种意义上，品格更多被视为一个复杂的心理学概念，它包括思考是与非、体验道德情感、参与道德实践、坚信道德善，以及展示出一种习惯性趋势，即坚持践行诚实、利他精神、责任感等支持道德功能实现的优良品质。品德即道德品质，是道德在个体身上的体现，是指个体依据一定的社会道德准则和规范行动时，对社会、对他人、对周围事物所表现出来的稳定的心理特征或倾向。

在现代，道德常常被界定为大多数社会成员所接受的、用于评价对或错的一系列社会和文化规则。道德是判断一种行为正当与否的观念标准。一个社会一般有社会公认的道德规范，不同的时代，不同的社会，往往有一些不同的道德观念。有研究者指出，品格并不都与道德直接相关，例如，儿童对道德标准的觉知、道德判断和推理等与道德有直接关联，但自制、自尊、勤奋等与道德的联系就不那么紧密了，它是个体的一种身心状态。所以，品格并非都具有道德的特质，品格同时也包含了非道德的特质②。品格的外延比道德更广，这种观点和我国道德教育界关于大德育和小德育的争论相似。

4. 品格与价值

另一与品格密切相关的词是价值。对价值一词人们也有多元的理解。“价值”源于拉丁文“valere”，演变为英语中的“value”，它最初是指“强壮、有力与健康”之意，后在不同的学科中对其有不同的理解。在哲学的意义上，多数人将其界定为：价值是客体（事物或人）满足主体（个人主体或集体主体）需要的关系。满足的程度越大，客体对主体的价值也就越大。而在伦理学和教育学中人们往往将价值定位为德性价值，即指人类一些公认的优秀价值原则或价值规范，用于规范人们的生活，指引人们实践的方向③。此处的德性价值正是个体品

---

① 孙英．品德与德性：概念辩难［J］．上海师范大学学报（哲社版），2001（2）：27-29.

② 刘春琼，杨韶刚．儿童品格发展与教育策略［J］．当代教育科学，2005（18）：11-14.

③ 魏宏聚．何为价值：价值教育中价值的内涵、特征与分类辨析［J］．教育理论与实践，2013（19）：8-11.

格中需要去内化的美德内容之一。因而，德性意义的价值是个体德性品格建构的文化与理念基础。

从以上的词义辨析可以看出，品格与美德、德性、人格、品德、道德、价值这些术语有密切的联系，但品格的建构与形成有比它们更为宽泛的内涵。

综上所述，品格涵盖了人的品行、道德和人格等多方面的内容。它是一个包含多种成分的复杂心性与行为倾向系统，是通过个人身心与环境交互作用逐渐形成的，其基础是人格，核心是道德，品行则是道德人格的外在表现。对于学前儿童来说，品格常常表现为良好的心灵与行为习性，相对于需要终身建构的德性，习性的培养是其重要基础。

二、对学前儿童品格发展的多维阐释

学前儿童品格的形成与发展是儿童的生命潜能与环境互动的结果。不同方面的内容有不同的发展线索与节奏。根据我们对学前儿童品格内涵的界定，下面我们从人格、道德、品行这三方面来呈现其发展。

（一）儿童人格发展

关于儿童人格的发展，精神分析学派有深入的研究。此处，我们主要介绍弗洛伊德与埃里克森的观点。

1. 弗洛伊德对儿童人格发展的分析

弗洛伊德将人格分为本我、自我、超我三个部分，认为人格发展主要受生死本能与性驱力的影响。根据性本能驱动中心的变换，他将人格发展分为口腔期、肛门期、性蕾期、潜伏期、生殖期。学前期各阶段的发展特点如表 2-1 所示。

表 2-1　弗洛伊德对儿童人格发展阶段的分析

年龄	发展阶段	表现
0~1 岁	口腔期	本能的需求经吸吮吞咽等口腔活动来满足。若口腔需求受到严格控制，未得到适当满足，则可能形成口腔人格。长大后，儿童的性格会倾向退缩、依赖、悲观的处事态度。
1~3 岁	肛门期	本能的需求转为肛门区的满足，重点是大小便的训练。若需求未得到适当满足，可能形成肛门人格。若父母态度过于放任，则儿童长大后性格将倾向浪费、放肆；若父母过度严格，则儿童长大后易刚愎自用、小气吝啬。因而，大小便训练不宜太早、过于严格。

续表

年龄	发展阶段	表现
3~6岁	性欲期	本能的需求以玩弄性器来得到满足，开始表现出恋父或是恋母情结。这一时间是幼儿性别角色发展重要时期，若发展不当，会形成性别认同障碍。若幼儿出现性好奇或玩弄性器时，可转移其注意力，勿严厉责骂，以免幼儿产生自卑心理。

弗洛伊德的研究表明，不愉快的早期经验会导致心理冲突，引发情绪困扰，造成人格异常。他强调早期家庭生活经验在儿童人格发展中的重要性，其研究对世人重视儿童早期经验支持与辅导起了积极作用，但他过分强调性本能对人格发展的影响。

2. 埃里克森对儿童人格发展的分析

埃里克森发展了弗洛伊德精神分析学的思想。但他不认为儿童的人格发展仅受性本能的控制。他强调自我与社会的互动对儿童人格发展的影响。他认为人生的每个阶段有不同的发展危机，这些危机源自自我需求与社会规范适应之间的冲突。这些冲突是否能够顺利解决将影响儿童后续阶段的发展。埃里克森认为人格的发展将终身持续，根据不同时间的冲突危机，他将人格发展分为八个主要的阶段（信任对不信任，自主对羞怯与疑虑，主动对退缩内疚，勤奋对自卑，自我认同对角色混乱，亲密对疏离，生产对迟滞，统整对绝望）。其中学前期儿童要经历的重点阶段是：

0~1岁：信任对不信任。这一阶段的主要任务是通过需求的被满足，与主要照顾者发展出依恋感与信任感。照顾者对儿童需求的回应关系到个体对世界的基本态度。如果照顾者以拒绝或不一致的态度对待儿童，儿童会产生不安全感，将来会不易信任别人。如果儿童在这一阶段建立了安全依恋，那他会获得希望这一美德。希望是儿童对别人和世界采取宽松与开放态度的力量和品德。它在生命方面的经验是放松，在社会方面是对世界和其他人的开放性，在认知方面是在易受伤害的情况下能否看到可能性的问题①。

1~3岁：自主对羞怯与疑虑。这一阶段的主要任务是发展自主。因生理成熟使大小便控制能力出现，幼儿开始想要独立探索外在环境，常说“我”，喜欢自己动手做以获得自主感。因而，要给幼儿做事的机会，若限制与代替太多，幼儿会不自信。这一阶段的危机若能很好地解决，儿童能发展出良好的意志品质。在埃里克森这里意志是一种力量，它是对自身控制和被控制的某种反应方式。在意

① ［美］马克林，诺尔士．道德发展心理学［M］．方能御，译．台北：商务印书馆，1993：308.

志行为过程中，既能控制自身，又能在一定程度上控制世界，而且能够根据意愿召唤这种控制。生命开始找到自己的立足点，并开始尝试与其他对象对话，具备了初步的控制感与自由感。纪律与自由最初平衡经验也伴随这一体验开始建立，“我”是能够自由意愿的①。

3~6 岁：主动对退缩内疚。主要任务是发展主动性，儿童喜欢帮忙，尝试承担责任，但常常也会做力所不能及的事，一旦不符合期待，会造成内疚感和退缩性人格。别人的认同与支持对儿童人格发展有很大影响。在不同的尝试与互动中幼儿对自我也有更深的理解和认识，他们开始发展出目标感，这种目标感将成为儿童持续成长的动机。

6~12 岁：勤奋对自卑。主要任务是发展勤奋感。儿童进入学校学习知识与技能。如果常常获得鼓励与赞赏，则会发展勤劳积极的工作态度，并获得一种能力感。如果常常受挫，会变得自我放弃，不求上进。这一阶段，同伴及重要他人的认同与积极支持，仍是儿童人格健康发展的重要支持力量。

埃里克森的人格发展八阶段如表 2-2 所示。

表 2-2　埃里克森的人格发展八阶段②

年龄	发展危机	发展重点	重要他人	适应模式	适应成功	适应失败
0~1	信任对不信任	依恋与信任	母亲	安全依恋	希望	不安全感
1~3	自主对羞怯与疑虑	自我概念	父母	模仿	意志	怀疑
3~6	主动对退缩内疚	性别认同人格发展	家庭、同伴、幼儿园	认同	目标	退缩
6~12	勤奋对自卑	友谊、学业、社会关系	邻里、教师、学校	学习	能力	无成就
12~18	统一性与角色混乱	自我认同	同伴群体、理想“英雄”	社会化	忠诚	自我怀疑
18~40	亲密与孤独	成就、社会关系	朋友、异性伙伴	社会化	爱	冷漠
40~65	生殖与停滞	承担责任、回馈社会	配偶、子女	社会化	关怀	自私
65 岁以后	自我整合对失望	人生回顾，接受过去	自我与他人的对比	统整	智慧	后悔

① ［美］马克林，诺尔士．道德发展心理学［M］．方能御，译．台北：商务印书馆，1993：311-313.
② 何薇玲．幼儿发展与辅导［M］．台北：高点文化事业有限公司，2013：8-10.

埃里克森对儿童人格发展的研究，具有深刻的道德意义。在他看来，寻求自我发展需求与社会规范需求的协调与平衡，获得人格上的和谐发展就是美德。学前期儿童主要应发展的美德是希望、意志、目标与能力。在希望中，儿童把自己向生活的各种环境开放，不断进入各种可能世界；在意志中，儿童能够面对各种复杂的挑战；在目标中，儿童获得了生活前进的意义与方向，这种意义将成为人格持续成长的动力。

（二）儿童的道德发展

道德的心理成分主要包括道德认知、道德情感、道德行为三个部分。

1. 儿童道德认知的发展

皮亚杰与科尔伯格对儿童品格认知发展做了深入研究，此处，我们对他们的观点做简要概括。

（1）皮亚杰关于学前儿童道德认知发展阶段的分析①

皮亚杰是一位系统考察儿童道德规范形成与认知发展的心理学家。他通过临床访谈法，根据儿童对游戏规则的认识及执行情况，以及对过失和说谎的道德判断及儿童的公正观念等方面的反应，概括出儿童品格认知发展的三个阶段：前道德阶段、他律道德阶段和自律道德阶段。具体内容详见表 2-3。

表 2-3　皮亚杰对儿童品格认知发展阶段的概括

阶段	年龄	发展特点
前道德阶段	4、5 岁之前	这个年龄段的儿童对规则极少关注或缺乏意识，其行为直接受行为结果支配，尚不能对其行为做出一定的判断。
他律道德阶段	4、5 岁至 8、9 岁	5 岁左右，儿童开始表现出对规则的注意与尊重，他律性道德成为这一阶段儿童道德认知的核心特征。这一阶段儿童倾向于把规则看作权威人士传下来的，并视其为一个永久的、不可改变的、需要严格遵循的存在。同时，他们只重视规范与结果，不考虑动机。这一阶段也被称为客观道德主义阶段。
自律道德阶段	9、10 岁以后	儿童不再盲从权威，开始认识到道德规范的相对性。对行为对错的判断除看结果外，开始考虑行为动机与意图，试图寻求更为公正平等的公理。

① 秦金亮，主编．儿童发展概论［M］．北京：高等教育出版社，2008：248-249.

在皮亚杰看来，儿童由他律道德向自律道德的转化，主要得益于认知的进一步发展和同伴交往。尤其同伴交往中以相互受益的方式解决冲突，有益于发展他们的互惠性公平意识。

（2）科尔伯格关于学前儿童道德认知发展水平的分析

科尔伯格继续从认知结构变化的思路去考察儿童道德认知的发展。他用道德两难故事法对儿童的道德认知进行了研究，提出了 3 水平 6 阶段的道德认知发展阶段说。即：前习俗水平（服从与惩罚定向；朴素的快乐主义与工具定向。即关心事情对自己的外在的具体的结果）；习俗水平（好孩子道德；权威性与维持社会秩序的道德。即关心如何去满足外在的社会期望）；后习俗水平（契约、个人权利和民主承认的法律的道德；个体内在良心的道德。即关心是否信守自己选择的道德准则）。其中学前儿童的道德认知发展处于前习俗水平阶段。

水平 1：前习俗水平（学前至小学低中年级）。主要着眼于自身行为的具体结果。

阶段 1：服从与惩罚定向。这种定向是为了逃避惩罚而服从于权威或有权力的人，通常是父母。其无意识的道德假设是强权出真理，权威所赞赏的就是好的，受到惩罚的就是坏的，违背规则就会受到惩罚。

阶段 2：朴素的快乐主义与工具定向。儿童认为每个人都有自己的需要和观点，人与人之间交往遵循互惠性原则。即他会为了获得好处而去行善。

（3）社会领域理论关于道德发展阶段的分析。

20 世纪 80 年代，图里尔（Turiel）等人在科尔伯格道德认知发展理论的基础上提出了社会认知领域理论，将社会规则或事件分为道德、社会习俗和个人三个领域。儿童早期的社会领域发展特征如表 2-4 所示。

道德的概念不同于社会习俗。道德所涉及的问题会影响他人的幸福。儿童的道德中心在于关心、帮助他人，避免伤害和保证公平。道德的发展是儿童对公平和幸福的理解及道德推理能力的提升。社会习俗是团体协作所必需的，它为群体成员提供了可预见性，不同的文化群体有不同的习俗。个人领域的发展由个人、自我和同一性概念构成。

在努力理解各类道德经验的过程中，儿童建立了自己的道德知识。当儿童将自己作为道德事件的受害者、侵害者、混合观察者的经验与有相同体验的人的观点放在一起时，儿童便建构起他们基本的道德观念。道德的复杂性源于领域重叠与信息假设。我们的信息假设影响着我们对行为道德意义的判断。

表 2-4　儿童早期的社会领域发展特征①

领域	领域发展特征
个人	对个人的控制与可观察到的自我的身体和行为方面有关。认同感和自主性用外显的行为表现出来。
社会习俗	与社会互动过程中可观察到的规则相关。习俗与事物本来的样子联系在一起。如由群体认同的性别角色、饭桌礼仪、问候方式等。如在中国直呼长辈的名字会被认为是不礼貌的。
道德	认识到对他人有基本的义务，但在同时协调多人需要时存在困难。分配正义意味着至少分享一些东西。还完全不理解公平意味着平等。评价行为时，视行为对他人的影响来定，但还不能很好地整合情境信息。

儿童的道德判断是在儿童掌握言语以后才产生的。其中儿童与成人的交往经验，特别是成人对儿童行为的反馈在儿童道德判断中起了重要作用。3 岁的儿童已经能把人分为好人和坏人两类了。

学前初期，儿童的道德判断带有很强的具体性、情绪性和受暗示性。只要是成人说好的或自己感兴趣的，就认为好，反之则认为坏。儿童的道德和社会判断通常是从行为本身的特征推断而来的，而不是来自关于禁止某些行为的知识②。因而，他们常常只从行为结果来判断好坏。到学前晚期，儿童开始注重人的动机和意图，开始从社会意义上来判断道德行为。

2. 儿童道德情感的发展

道德情感是人的道德需要是否得到满足所引起的一种内心体验，它反映、伴随并影响人的道德认知和道德行为。与道德有关的情感包括移情、羞愧感与内疚感等。

（1）移情

一般认为，移情是对他人状态的一种替代性情感反应和体验，即由他人的情绪情感引起的与之一致的情绪和情感反应，是一种重要的社会性情感。移情与品格行为和攻击性行为有密切的联系。研究者一致认为，移情是维系积极的社会关系的重要社会动机因素，它作为帮助、抚慰、合作与分享等行为的动机基础，能激发、促进品格行为的发展，而且对攻击性行为的产生有一定的抑制作用。经过

① ［美］Nucci，L.“好”远远不够：促进儿童的道德发展［M］. 冯婉贞，等译. 北京：机械工业出版社，2015：21-30.

② ［美］梅拉妮·基伦，等. 道德发展手册［M］. 杨韶刚，等译. 北京：教育科学出版社，2011：136.

研究，霍夫曼等人把人的移情能力大致分为五个阶段，详见表 2-5①。

表 2-5 儿童移情发展的阶段

阶段	具体表现
新生儿的反应性移情	在婴儿期我们会发现，当婴儿听见另一个婴儿哭泣时，他们就开始哭泣。这种哭泣是移情的早期先兆。但他们的移情是被动的、不随意的。来自母亲或其他人的痛苦或快乐线索，会使他们感到不适、惊恐或高兴、微笑。也有学者把这种现象称为“情绪传染”。这些反应类似于先天性的。
自我中心移情	儿童对另一个人的忧伤做出反应，就好像他们自己处在忧伤中一样。但他们对自我和他人仍缺乏明确的区分。儿童的移情是以自我为参照系的，还不能理解别人内在的想法，不能用恰当的方式去安慰、关心别人。
准自我中心的移情	儿童能够认识到忧伤的是他人，而不是他们自己，但却把他人的内在状态和自己的内在状态相混淆，并能够尝试为他人提供一些安慰与帮助。
真实的移情	儿童逐渐意识到他人是独立于自己而存在，并且具有与自己不同的情感、需要、思维等内部状态的实体，开始运用关于他人和周围世界的信息来推测与判断，从他人在此情境下产生的相应情绪表现来理解和体验他人的情绪情感，根据情境的要求，表现出对他人更为有效的共情性行为。
超越情境的移情	到了童年期或青春初期的儿童，角色获取的能力日益提高，能准确地评估他人的情绪状态及其起因，移情不再拘泥于具体的、直接的情境，而是扩展到更抽象、概括的情境。甚至幼儿也已能理解超越现实情境的他人的生活经历。开始能对一个完整的群体（如无家可归者）发生移情。

总体而言，婴幼儿时期，移情并不是很普遍，但儿童的移情能力也不是随着年龄的增长而自然发展的，需要教育者通过有针对性的方式进行引导。品格教育的重要任务之一就是促进儿童的移情拓展。

（2）羞愧感

羞愧感是个人知觉到自己在一定情境中的行动与这种情境要求的合理的、道德的或公认的行动标准相背离时产生的情感体验。它是道德良知发展的基础。

儿童只有形成了个人自尊感受，理解自己的各种品质，弄清了什么是对与错，才能从道德角度对自己进行评价，并为自己不当的行为感到羞愧。因此，儿童的羞愧感与道德认知有密切的联系。研究者通过实验研究表明，学前儿童的羞愧感有以下一些特点。

3 岁儿童已出现萌芽状态的羞愧感，这种羞愧感还没有与恐惧感完全分离，常常与难为情、胆怯交织在一起，它并不是儿童自身认识到自己的错误而产生

① ［美］马丁·L. 霍夫曼. 移情与道德发展：关爱和公正的内涵［M］. 杨韶刚，万明，译. 哈尔滨：黑龙江人民出版社，2003：72-106.

的，而是由于成人对其行为的态度而产生的，其表现方式也是比较外露的。

4~5 岁儿童已不需要成人的刺激，能自己认识到行为不对而感到羞愧，恐惧感已与羞愧感分开。

小班和中班儿童只在成人面前才感到羞愧，大班儿童在同伴面前也会感到羞愧，表明集体舆论开始发挥作用。随着年龄的增长，儿童羞愧感的范围不断扩大，但外部表现在减少，对其的体验在加深。儿童还会逐渐记住产生这种情绪的条件，以后再遇到类似的情境，便会努力克制可能使自己再做错事的行为和动机，将成人对他们的要求逐渐变为自己的要求。

随着社会交往的增多和自我意识的发展，幼儿的羞愧感、友谊感、同情感、妒忌等都已经发展。1986 年，乌克兰心理学家库尔奇茨卡娅对幼儿的羞愧感的发展进行了实验研究。结果发现，3 岁前儿童具有接近于羞愧感的情绪反应，在与陌生人接近时，表现出窘迫和难为情，这是接近害怕的一种反应。幼儿则能为自己的错误行为感到羞愧，并且这种羞愧已经不包含恐惧成分。随着年龄增长，羞愧感表现为越来越多地和他人交往相联系。

美国儿童发展心理学家舒尔指出，在婴儿成长的过程中，借由一些小小的羞耻感来促进其社会化是很重要的。但很重要的一点必须记住，要赶快让孩子从羞耻感中复原过来。长久的羞耻感会让孩子自我封闭、易怒，甚至产生暴力倾向。

（3）内疚感

内疚感是个体对自己的过错或过失的感知。当个体的行为违反了内部道德准则时，就产生了悔恨自责的内疚情感。内疚感与羞愧感的差别在于内疚感的产生主要是在个体行为达不到自己内心理想要求时产生，而羞愧感更多是在达不到外部要求时产生。

研究者通过研究发现，内疚感在个体身上的发展，经历了一个从模糊到深刻的过程。

① 基本的内疚感可能很早就出现，因为婴儿不能分清自己和他人，当看到他人处于困境时，不能肯定其起因，可能模糊地归因于自己，从而产生类似于内疚感的反应。

② 随后的发展中，儿童能较好地区分自我与他人，并能更好地做出归因。当他理解他人观点并将自己的行为看作他人困境产生的原因时，就产生内疚感。

③ 随着儿童抽象思维的发展和群体共情范围的扩大，儿童可能超越现实情境将自己的某个行动看作他人痛苦的原因，内疚感的来源也更为复杂。

事实上，学前儿童道德感的发展并不是某个方面的线性发展，而是在多种维度之间交织发展的。它与道德认知、道德行为相互影响，协同发展。

3. 儿童道德行为的发展

学前儿童道德行为主要体现为各类建设性的亲社会行为。亲社会行为是指人们在社会交往中对他人有益或对社会有积极影响的行为，如谦让、帮助、合作、分享等行为。

（1）亲社会行为的发生时间及产生机制

① 亲社会行为的发生时间

亲社会行为要求个体能体验到他人的需要和处境，需要儿童具备一定的观点采择能力，并自觉做出分享、合作、谦让、援助等行为。因此，亲社会行为的出现与儿童的自我意识、品格认知能力的发展密切相关。对于这两个方面的发展都处于较低水平的学前儿童是否产生了亲社会行为的问题，长期以来是有争论的。如皮亚杰就认为0岁至六七岁儿童是极为缺乏亲社会行为的；而另一些人（如我国学者王振宇）认为3岁后儿童逐渐产生亲社会行为。西方的研究者赞-威克斯勒等人的研究表明，3岁前儿童，尤其是20个月以上的儿童已产生某种形式的亲社会行为。目前，多数研究认为，3岁前是亲社会行为的萌芽期，3~6岁是亲社会行为的正式发生期。

② 亲社会行为的产生及发展阶段

美国亚利桑那州立大学的心理学教授艾森伯格在科尔伯格道德发展理论的基础上对儿童亲社会行为的产生与发展进行了系列研究。她认为亲社会行为的产生分为三个阶段：

初始阶段——对他人需要的注意阶段。即确认他人有某种需要和愿望。观点采择能力会影响到对他人需要的理解和注意，而他人需要的明晰程度也会影响助人者的注意。

亲社会行为意图确定阶段。意图的确定在不同情景下会受不同因素的影响。紧急情况下，情感因素在助人决策中起主要作用；而在非紧急情况下，个体认知和人格因素可能起主要作用。

意图和行为建立联系阶段。当人有了助人意图以后常常采取相应的助人行为，然而，二者并不总是一致的，因为将意图转化为行为会受很多因素的影响，如个人的能力、情景因素等。但亲社会行为的实施会强化以后的亲社会行为。

艾森伯格还对亲社会道德推理的发展进行了研究。她运用亲社会两难故事对儿童亲社会的道德判断进行了研究，划分了儿童亲社会道德判断的5个阶段①：

阶段1：享乐主义的、自我关注的推理阶段。助人或者不助人的理由包括个

① 俞国良，辛自强. 社会性发展心理学［M］. 合肥：安徽教育出版社，2004：364.

人的直接得益、将来的互惠，或者是由于自己需要或喜欢某人才关心他。

阶段 2：需要取向的推理阶段。他人的需要与自己的需要发生冲突时，儿童对他人身体的、物质的、心理的需要表示关注。儿童仅仅是对他人的需要表示简单的关注，并没有表现出自我投射性的观点采择、同情的言语表达等。

阶段 3：赞许和人际取向、定型取向的推理阶段。儿童在证明其助人或不助人的行为时所提出的理由是好人或坏人、善行或恶行的定型形象，他人的赞扬或许可等。

阶段 4：自我投射性的移情推理阶段。儿童判断中出现了自我投射性的同情反应或观点采择，他们关注他人的人权，注意到与一个人的行为后果相连的内疚或情感。过渡阶段：儿童选择助人或不助人的理由涉及内化了的价值观、规范、责任和义务，对社会状况的关心，或者提到保护他人权利和尊严的必要性等。

阶段 5：深度内化推理阶段。儿童决定是否助人的主要依据是他们内化了的价值观、规范或责任，尽个人和社会契约性义务、改善社会状况的愿望等。此外，儿童还提到与实践自己价值观相联系的肯定或否定情感。

我国学者程学超和王美芳参照艾森伯格的亲社会道德两难故事，对我国儿童的亲社会推理水平进行了研究，研究结果显示，我国大班儿童主要处于阶段 2 的水平，即需要取向的推理阶段。

（2）亲社会行为的发展内容

学前儿童的亲社会行为有着一定的发展阶段，也包括不同的内容。

① 助人与分享

刚刚出生的婴儿都是自我中心主义者，进入幼儿期之后（2~5 岁）儿童开始发展从多种角度、多种立场考虑问题的能力，随着交往面的扩大，他们也逐渐开始发展形成利他行为，这些利他行为突出体现为助人和分享方面。

助人行为也是一种典型的利他行为。有的学者认为学前儿童不会产生助人行为，但相当多的研究也表明学前儿童存在助人行为，只是有一个发展的过程。如瑞哥德的研究就发现，儿童会帮助成人做一些事情。斯陶布认为，儿童助人行为是随着年龄的增长而变化的，而且有其他儿童在场时，儿童会由于恐惧减少而增加助人行为。其研究结果表明，对于年龄在 5~12 岁的儿童来说，5~8 岁儿童的助人行为是随着年龄的增长而增加的，而 9~12 岁儿童的助人行为则是呈下降趋势的[①]。而我国学者满晶、马欣川的实验研究也表明，幼儿期儿童存在以利他行为为目的的互助行为，虽然在这方面个体间存在较大的差异，但事实上，互助行

① 张文新．儿童社会性发展［M］．北京：北京师范大学出版社，2005：308.

为已经比较普遍地存在于幼儿的亲社会行为之中了①。

分享是个体在与他人共同活动过程中经常出现的利他行为，是人与人交往所需要的一种重要品质。分享行为的发生意味着交往中的双方共同享有，总有一方做出一定的牺牲。分享的对象物对幼儿而言包括食品、玩具、图书等，也可以是情感，如老师和父母的爱。戴蒙用分享两难故事的方法，调查了儿童对公平分配财产的理解。研究发现，儿童对于公平分享的推理是按阶段发展的。儿童公平分享推理发展阶段见表 2-6。

表 2-6 儿童公平分享推理发展阶段②

发展水平	分配标准理解	范例
0-A	个人利益是占支配地位的主要分配标准	我应该得到更多，因为这是我想要的
1A	严格的公平观念支配着分享行为	每个人都应该得到同样的东西
2A	可据需求调整公平观念以平衡功过争议	他有更多的需求，可以分配更多的东西
0-B	个人利益诉诸外部的、身体的或可观察到的特征	我们所有的男孩应该得到更多
1B	论功行赏，公正赏罚支配分享行为	多劳多得，少劳少得
2B	可以据群体更高目标尝试公平与互惠的妥协或平衡	我们应当帮助更有需要的人，因而，应当给他们分配更多的东西

研究表明，3~6 岁的幼儿不同程度地存在分享行为，但主要处于 0-A、0-B 水平。分享的技能随着幼儿年龄的增长而增强。

从已有的研究看，儿童很早就表现出利他行为，但这种行为是随着儿童社会化认知的发展而变化的。儿童的利他规范是一个逐步确立的过程。而在这一过程中，父母与儿童的关系质量起着重要作用。

② 合作

合作是两个人或者两个人以上共同活动、协同实现活动目标的行为。合作是一种基本的社会技能。合作作为人与人之间的一种基本的互动形式，一直是个体社会化研究的重要领域。

关于幼儿合作的研究指出，在出生后的第二年，合作行为开始发生并迅猛发

① 虞永平．幼儿园课程指导丛书·社会［M］．南京：南京师范大学出版社，2000：68.
② ［美］梅拉妮·基伦，等．道德发展手册［M］．杨韶刚，等译．北京：教育科学出版社，2011：56.

展。而研究也表明儿童合作行为是随着年龄增长而不断增加的。如通过儿童游戏的研究发现，12 个月的儿童很少表现出合作性游戏，而绝大多数 18～24 个月的儿童产生了合作性游戏。而且在这个年龄阶段，儿童合作性游戏发生的频率也迅速增加。还有研究发现，18～24 个月的儿童比年幼的儿童表现出更多的同伴和成人交往行为。24 个月的儿童在与同龄伙伴交往过程中，他们与同龄伙伴之间能够相互协调行为以达到共同的目标，而 18 个月的儿童还比较困难；2 个月以后儿童能更有效地进行社会性交往，更经常地进行合作游戏①。我国学者的研究也发现在儿童的亲社会行为中，合作行为最为常见，同伴对儿童的合作行为多做出积极反应。小班的儿童能进行无意识的随机的合作，中大班的儿童开始能进行有意识、有目的的合作。

③ 安慰与保护

年幼儿童不仅能够区分他人的需要和利益进而对他们做出分享和帮助行为，而且还可以对周围其他人的悲伤情感做出亲社会的反应。一些国外学者对 10～29 个月幼儿在真实情境下和模拟情境下对于他人悲伤情感的反应进行了研究。研究发现儿童早期对他人悲伤情感所做出的反应形式主要包括注视悲伤者、哭泣、呜咽、大笑和微笑。这些反应随年龄增长而增加，并逐渐被其他一些反应所代替，如寻找看护人、模仿利他性或亲社会行为。这些亲社会行为也随着年龄的增长变得越来越复杂。如一个 5 岁左右的幼儿会把瓶子递给疲劳的母亲，然后躺在母亲的旁边，轻拍她。虽然儿童做出这些安慰或保护行为并不总是很恰当，但他们这类行为明显地包含关心他人的成分。

需要指出的是，儿童亲社会行为并非随着儿童年龄的增长而必然增多，它需要教育者有计划、有目的地进行相关教育。一般认为，对学前儿童进行共情训练、榜样教育、利用归因原理、正面强化等方式都可以在一定程度上促进儿童亲社会行为的发展。

从儿童品格的发展过程可以看出，儿童各个方面的发展都有着一定的规律可循，作为教育者必须在遵循这些规律的前提下对儿童进行品格发展方面的教育。同时也要注意虽然从总体上来看同一年龄阶段的儿童品格发展呈现出一些共同的发展趋势，但在不同的儿童个体身上的品格发展则是存在千差万别的。作为教育者，在重视儿童品格发展共性的基础上要充分注重这种个体性差异，进行有针对性的教育。

---

① 张文新．儿童社会性发展［M］．北京：北京师范大学出版社，2005：310.

三、影响学前儿童品格发展的因素

（一）儿童自身的身心发展状况

1. 儿童的生理状况对品格发展的影响

我国古代的阴阳五行及五德说认为五行有其品格，即所谓木主仁、火主礼、土主信、金主义、水主智。而五行又对应人的五脏：肝、心、脾、肺、肾，当人的身体不健康时，会容易表现出不良的品性行为。如肝不好的人容易生气自傲；心脏不好的人常常会虚荣争胜；脾不好的人常常猜忌多疑；肺不好的人常常妒忌怨恨；而肾不好的人常常忧虑多愁①。新近的脑科学研究也表明，一些脑部前额叶皮层受到损伤的孩子，他们长大后可能无法拥有理解与遵循规则、服从权威的能力，也很难做出合理的生活规划②。这说明，我们在发现儿童品格上的缺失时，需要从身体的护理上去考虑和支持孩子的品格学习。

根据马斯洛的需要层次理论，生理需要是人的基本需要，这种基本需要的满足是非常重要的。而对幼儿来说，他们的基本生理需要主要体现为吃喝睡、运动的需要，这些需要的满足对其品格发展也有一定的影响。因为生理需要的满足能促进积极的社会学习，防止问题行为的发生。如幼儿有较强的身体活动的需要，当他们有充分适当的身体活动时，攻击性行为与捣乱行为都会大大减少。相反，当儿童的生理需要没有得到满足时，他们往往会表现出各种各样的问题行为，如一些身体缺乏运动经验的儿童在身体和空间知觉上表现滞后。空间混乱会引起阅读和书写困难，同时也会导致问题行为。一些幼儿不断地惹麻烦是因为他们没有意识到他们身体位置与他人有关。成人应该鼓励儿童的身体活动，进而更好地帮助儿童，而不是总想尽力使儿童保持安静。

在儿童发展的过程中，如果在生理发展中出现了病理性的问题，也会在一定程度上反映到其品格发展中，具体体现为可能对同伴交往没有兴趣，不善言辞，在情绪激动时容易产生攻击性行为等。教师往往首先看到的是幼儿社会交往方面的表现，如果幼儿在交往方面出现比较严重的问题时，教师需要仔细观察幼儿的行为是否有病理上的原因，以便及早给家长提供建议帮助幼儿确诊，进而进行专业化的干预。从这方面来看，幼儿教育除了保教功能外，还应该承担一部分的筛

---

① 熊春锦．幼儿教育概论［M］．北京：现代教育出版社，2015：7.

② ［美］克里斯托夫·博姆．道德的起源：美德、利他、羞耻的演化［M］．贾拥民，傅瑞容，译．杭州：浙江大学出版社，2015：28.

查功能。

幼儿自我控制的水平和神经系统的发育水平有直接的联系。一般而言，年幼儿童大脑皮质兴奋机制相对于抑制机制占有较大优势，幼儿自我控制能力比较弱，行为带有明显的冲动性。而且行为的抑制速度明显比行为启动的速度慢。研究发现，让 2~4 岁幼儿对某种信号不做反应比让其做出反应更为困难。

2. 儿童的认知发展状况对品格发展的影响

2~6 岁的幼儿在社会认知方面存在的另外一个典型的特点就是容易孤立地看待社会事件，很难看到它们之间的内部联系。例如，他们常常意识不到能把某些行为分为可接受的与不可接受的两个类别的主要原则。而成人则经常假定幼儿能够看到一个事件和另外一个事件的联系。比如一个幼儿可能看不到打和捏的行为之间的关系，而上小学的儿童可能会意识到二者可能都是有伤害性的行为。

幼儿期儿童的认知还有一个典型特点，就是中心化。即他们常常把注意力放在某个情境的某种特征上，而忽视其他的特征。这种现象被称作中心化。中心化使得他们忽视了自己行为和他人行为相关的重要细节，并以单一的方式去达到目标。这就能够解释幼儿为什么会反复尝试那些失败的方法及为什么注意力很难从交往中的一个侧面转到另一个侧面。即使幼儿意识到抢东西和打架是不合适的行为，但当他们无法找到其他更好的方法时也会使用。年龄越小，这种情况越明显。当幼儿面对多种观念及解决办法时，去中心化会逐渐产生。成人可以通过为幼儿指出多种选择并帮他们在相关情况下想出多种好办法来帮助幼儿加快这种进程。然而，中心化对幼儿思维的影响一直持续到青少年期。即使作为成年人，我们也遇到过过于关注某种事件或某个方法而很难想到其他途径的情况。

（二）父母榜样与亲子互动

家庭是儿童最初的生活场所，然后才是幼儿园、学校。儿童品格发展首先是在家庭中开始的。通过家庭成员特别是父母的抚养与教育，儿童逐渐获得了知识和技能，掌握了各种行为准则和社会规范。国家民族的文化传统、社会的价值观都通过父母以一种个人化、选择性方式影响儿童社会化的过程。而父母的社会经济地位、宗教信仰、受教育程度和性别等个体性因素也会在无形中影响儿童的社会化。家庭，对于儿童品格的发展，既是遗传因素（在一定意义上），又是教育因素，还是环境因素。这些因素发生的影响，既是初始的，又是陪伴时间最长的，至关重要。

1. 父母榜样

对父母行为的模仿是儿童社会化的重要方式，社会学习理论中的观察学习的概念解释了儿童模仿的过程，认为在社会情境中，儿童直接观察别人的行为就能获得并仿造出一连串新的行为，并且观察到他人行为产生的后果，也就受到了一种“替代强化”。儿童模仿父母的行为、态度的机制是复杂的。有的学者认为儿童是通过这种方式来获得父母的情感接纳或者避免惩罚，而有的学者则认为儿童的这种行为是受动物性本能的驱动，试图通过对父母行为的模仿来获得对周围环境的控制。由此，家庭中的父母应注重自己的言行举止，为儿童的模仿提供良好的榜样。

以往人们注意让儿童模仿家长，却忽视儿童对家长的无意模仿。注意前者，是为了肯定和强化儿童良好的行为规则，否定和抑制其不良的行为规则。而忽视后者，往往会适得其反，会肯定和强化儿童不良的行为规则。一些儿童不当的攻击性行为之所以发生，原因之一就是他们对家长的无意模仿。当然，儿童对家长的榜样行为的注意，也会引起他们的模仿，这会产生一种良性的后果。但是，儿童对家长不良行为的注意，就会在不知不觉中产生不良的后果。家长与儿童之间的这种亲和关系，可以视为一种生态关系。以往我们比较注意被模仿者对模仿者的作用，这是正确的。但是，这还不够。我们还需要注意模仿者对被模仿者的作用，尽管模仿者是个儿童。儿童，不仅是被动的模仿者，而且有时也是主动的模仿者。儿童的主动模仿，是在家长“全然不知”的情景下发生的，可能“学好”，也可能“学坏”。在生态的意义上，儿童与家长，是互联、共生的。因此，被模仿者，既要张扬自己的良好行为，又要约束自己的不良行为，使儿童不仅能够被动“学好”，而且能够避免主动“学坏”，还能够主动“学好”。这样，才能保持“生态平衡”。

2. 亲子互动

亲子关系是儿童自出生后最先接触的人际关系。儿童早期建立的亲子依恋关系对儿童品格发展有持续影响。

据埃里克森的观点，1~3 岁幼儿处于信任对不信任的阶段：认为他们周围的世界是安全且充满关爱的，或是相反。如果儿童表达需要的早期努力能得到成人的积极回应，将有助于儿童建立伴随其一生的信任与合作关系；相反，如果儿童的需要没有得到满足，儿童就会感到不安，并对照料他的人产生不信任感。埃里克森认为，父母对儿童的高质量的关心，是培养信任感的关键。高质量的关心，指的是敏感、及时、充分的身体抚摸和情感交流，重要的是亲子交往的质量而不仅仅是指交往的数量。

而新近的研究也进一步表明，儿童早期依恋的质量和类型与儿童以后的同伴关系及其与成人关系品质之间存在关联。安全型儿童具有较强的社交能力，人缘好，友善，善于合作。而不安全型儿童在同伴关系中倾向于退缩、被动，交往犹豫，参与活动不积极，也缺少热情，而且很多儿童对教师等成人表现出过分的倚赖。

（三）教师榜样与师幼互动

教师是幼儿成长的重要他人，他们自身的品格行为及其与幼儿的互动对幼儿品格发展有重要影响。

1. 教师榜样

教师自身是否有良好的品格行为修养，对幼儿品格发展有直接影响。因为教师也是幼儿的一个直接模仿对象。同时，幼儿园中教师与教师之间的关系也是影响儿童品格发展的一个重要因素。教师之间互相关心、合作可以使儿童产生安全感和归属感，同时也给儿童提供了耳濡目染的学习机会。因此，教师之间要友好相处，工作上要配合，不当着孩子的面说别的老师坏话，不诋毁同事，不互相拆台。班级教师乃至全体教师之间，都应尽力为幼儿提供值得模仿的道德环境。

2. 师幼互动

教师与幼儿的互动也影响着幼儿品格学习与发展。首先，师幼互动质量会影响幼儿自我概念的形成。林琦（Lynch，1992）等人的研究发现师幼互动关系与幼儿自我概念的发展密切相关，他们认为幼儿的社会性技能与自信则和师幼间互动、幼儿对教师的情感及教师对其与幼儿关系的洞察密切相关①。教师对幼儿行为表现的关注与评价，直接影响着幼儿对自我的体验与看法。有积极自我体验与评价的幼儿更易形成积极的道德自我。其次，良好的师幼互动有助于良好的依恋情感的天成。赞德思·萨占和莱姆勃曼（1992）的研究发现：幼儿依恋的对象是那些对他们的行为做出敏感反应且提供细心照顾的教师。换句话说，如果幼儿意识到教师能够密切关注他们，及时满足他们的需要，那么，幼儿便会对教师产生一种依恋的情感，反之，则不然。良好依恋是幼儿积极道德情感形成的基础。最后，良好的师幼互动还有助于幼儿亲社会行为的形成。美国研究者豪斯·C. 通过一项考察师幼关系对幼儿同伴交往能力的影响的纵向研究发现：与教师有情感安全性关系的幼儿对同伴更为友好，更加爱交际，也更容易为同伴所接受，并且在与同伴交往时很少发生侵犯性行为，而过于依赖教师的幼儿则表现出更多的退

---

① Lynch，M.，Cicchetti，D. Maltreated children's reported of relatedness to their teacher [J]. New Directions for Child Development，1992（57）：44-56.

缩性行为与侵犯性行为①。

（四）同伴互动

1. 稳定的同伴关系是满足社交需要、获得社会支持和安全感的重要源泉

根据马斯洛的需要层次理论，归属和爱的需要、被尊重的需要是人的基本需要之一。韦斯认为个体在与他人不同的关系中寻求特殊的社会支持，不同类型的关系提供不同的社会支持功能，满足不同的社会需求。归属感是指一个人属于群体和被接纳的感受，这种感受只有在群体中获得，而无法从一对一的友谊关系中获得。成为同伴群体的一员可以培育归属感。当儿童知道团体中的其他成员认同或肯定自己的某些方面时，他将愿意与他们共享群体的规范，取得群体的认同，这对儿童的自尊感具有积极的影响。班级中稳定的同伴交往关系，容易使儿童形成比较亲密的同伴关系，这种同伴关系既能够满足儿童的社交需要，也能帮助儿童获得社会支持和安全感。具体体现为同伴间的友谊互相证实或互享兴趣、希望和分担恐惧，肯定自我价值，提供爱和亲密袒露的机会。

2. 同伴交往经验有利于儿童自我概念和人格的发展

根据符号互动论的观点，在个体发展的过程中，人们都是按照自己在社会情境中的经验来定义自己的。家庭、社区和同伴群体是最普遍和最基本的社会活动场所。在社会互动中，人们获得了自己怎样做和被他人知觉的信息，这种信息是形成自我的基础。由此，幼儿园中的同伴群体为儿童形成自我概念提供了机会。同伴关系是一种可逆性的交往关系，它让个体通过同伴的眼睛看自己，并体验到与另一个人真正的秘密。调查表明，与幼儿同伴中的“不受欢迎”的幼儿相比，“受欢迎”的幼儿往往是那些善于合作、热心于各种活动、服从教师、自觉遵守班级规则的幼儿。

（五）社区传媒影响

1. 社区有丰富的品格学习资源

社区不仅是一个居住的区域，而且是一个有着丰富物质环境和文化资源的载体。如著名心理学家维果茨基所指出的，个体的社会交往的质量会在很大程度上影响到儿童的发展，知识是通过社会情境中的交流而形成的。社会情境中的交往与合作对于儿童的学习是十分有意义的。因此，把幼儿带入社区，让幼儿在社会

---

① Howes C. Social-emotional classroom climate in child care, child-teacher relationships and children's second grade peer relations [J]. Social Development, 2000, 9 (2).

情境中去感知、学习，并且获得经验，是一种有益的品格学习途径。

社区的自然环境可以成为幼儿接触自然、探索自然最好的环境，而社区内的各种硬件设施则能够为幼儿提供学习支持。如社区图书馆的开放，既可以帮助幼儿认识图书馆的功能，也可以大大扩充儿童的阅读资料。社区内的各种设施，如邮局、医院、菜场等则可以扩展儿童对社会环境的认知。从精神文化资源来看，社区的历史、文化、人物都可以成为丰富儿童学习经验的有效途径。社区内各种职业的人们的劳动，社区内人们之间的相互关系，都可以成为幼儿模仿与学习的对象。

2. 大众传媒

大众传媒是传播信息的载体，在各种社会文化的传播媒介中，大众传媒的影响最为深广。现在的儿童大多数一出生就处在了大众传媒营造的环境中。作为一种社会文化的直接载体，大众传媒对儿童的品格发展发挥着越来越大的影响。

各种传媒资源中电视的影响力量是最大的。从有利的方面来看，儿童通过看电视开阔了视野，认识了社会角色，并学习相应的行为规范，和现代社会产生了更多的联系。健康的电视节目有助于培养儿童合作、友好、自制的行为，同时电视对儿童增加词汇量，提升语言表达能力也是有一定效果的。在电视节目中，存在一部分不适合儿童观看的内容，如暴力、凶杀、毒品等内容，电视节目中不清晰的价值导向也使儿童更容易产生模仿行为。而一些电视节目也有可能刺激儿童已有的内心不良感受，加深其不满情绪，使儿童出现憎恨、反叛等心理，进而产生一些问题行为。除电视之外，计算机和网络也日益成为影响儿童品格发展的因素。教育者应趋利避害，利用这些现代化媒体的长处，避免它们可能对儿童的品格发展产生负面影响。

第三章 学前儿童品格教育的内涵与目标范畴

名副其实的教育，本质上就是品格教育。

——［奥地利］布贝尔

一、学前儿童品格教育的内涵与辨析

（一）品格教育的内涵

基于对品格的不同理解，对品格教育的界定有诸多不同的角度。

有的从社会价值取向进行界定。如美国品格教育联盟将品格教育定义为：学校行政部门、家庭与社区成员帮助青少年成为具有关怀、自律和负责任等特质的人之过程①。也有个人价值取向的界定。如托马斯·里克纳（T. Lickona）认为品格教育就是协助学生知善、爱善及行善的活动，学校应帮助学生了解核心价值并将它们实践在日常生活里②。也有人将品格教育定义为旨在为促进道德能力（即增强个人有效践履行为的能力）的发展而采用的任何有意识的教育形式。品格教育是“通过对有益于个人、有益于社会的核心美德的教导来树立良好人格的不懈努力”③。还有学者从个人与社会价值统合的角度来界定品格教育。如美国“品格教育伙伴组织”将品格教育定义为：品格教育就是学校、家庭和社区帮助孩子理解、关心和实践核心伦理价值的有意识的努力④。

---

① 粘舒愉. 幼稚园关怀气氛与教师品格教育信念、教学行为相关之研究［D］. 台中：朝阳科技大学，2006：11.

② 王金国，龚信宏，林渝臻. 一所国民小学推动品格教育之行动研究［D］. 台东：台东大学，2006：4.

③ 国际教育基金会. 培养心情与人格：人生基本目标教育［M］. 北京：北京大学出版社，2005：25.

④ 品格教育伙伴组织（Character Education Partnership，简称 CEP）是美国的一个全国性、非营利、非党派的组织联盟，成立于 1993 年，主要致力于品格和价值观教育的理论研究和实践探索，因强调建立学校、家庭、社会在品格教育中的“伙伴”关系，提倡责任和尊重教育，以及提出有效品格教育的 11 条原则而蜚声美国教育界。

美国学者洛克伍德（Lockwood）认为品格教育是指任何由学校发起的，通过明确教授可以直接导致良好行为的、非相对主义的价值观，以直接系统地养成年轻人良好行为的教育项目。它作为当代美国教育的一个重要实践主要倡导以下观念：第一，品格教育的核心是促进年轻人的积极行为，减少或消除破坏行为；第二，认为良好行为是有恰当价值观的结果，低劣行为是有错误价值观的结果；第三，认为有恰当的价值观并践行这些价值观的人才拥有完美人格；第四，反对伦理相对主义的道德观；第五，在品格教育实践中促进完美人格的教学实践活动是多样的，包括坚持某些价值观的直接教学和如何践行这些价值观的榜样示范①。

国内学者丁锦宏提出，所谓品格教育是指通过教育者与受教育者相互的、具有教育性的活动，引导和促进受教育者获得（形成）核心价值，形成社会需要的德性品质的过程②。

归纳不同学者对品格教育的不同表述，可以发现他们有共同的核心，就是引导儿童了解与践行积极的核心价值观，并形成良好人格的过程。

（二）品格教育与相关概念的辨析

对品格教育的内涵，还需要在它与相关教育概念的辨析中来加以明晰。

1. 品格教育与德育

广义的德育指所有有目的、有计划地对社会成员在政治、思想与道德等方面施加影响的活动，包括社会德育、社区德育、学校德育和家庭德育等方面。狭义的德育专指学校德育。学校德育是指教育者按照一定的社会或阶级要求，有目的、有计划、有系统地对受教育者施加思想、政治和道德等方面的影响，并通过受教育者积极的认识、体验与践行，以使其形成一定社会与阶级所需要的品德的教育活动，即教育者有目的地培养受教育者品德的活动。

本研究强调“品格教育”而不是“德育”，一是因为长期以来，我国教育实践中德育概念涵盖了思想教育、政治教育、道德教育，甚至还有法制教育、心理健康教育等，这种过度的泛化导致了理论和实践上的混乱，削弱了道德教育的重要性。德育本质上是德性的教育，而品格教育正是促进和引导受教育者“形成有益于个人和社会的德性品质”的教育活动，因而，“品格教育”更有益于德育本质的实现。二是因为“品格教育”更注重核心价值的教育，使人类共同的、基

① Alan L. Lockwood. 人格教育之辨：一个发展性的视角［M］. 孙彩平，等译 . 北京：教育科学出版社，2012：14.

② 丁锦宏 . 品格教育论：全球化与多元化时代中国学校道德教育取向探索［D］. 南京：南京师范大学，2003：49.

础的也是核心的价值成为植根于受教育者心灵内在的个性品质——品格。因此，与“德育”相比，“品格教育”绝不是因标新立异而创造出的新概念，而是针对当前家庭、学校德育弱化和弱效的客观现实，从教育目的的角度，旗帜鲜明地表明一切教育都是“对人”和“培养人”的教育。

2. 品格教育与道德教育

有学者认为品格教育是道德教育的一种形式①。也有人主张品格教育与道德教育不完全是一回事，如美国学者戴维斯就认为，让学生熟悉道德词汇的道德教育不是品格教育②。他指出，品格教育与道德教育之间存在许多差异：第一，道德教育比品格教育更理论化；第二，道德教育通常关注的范围更为狭窄，品格教育的任务则更为宽泛和多样；第三，道德教育更关注道德领域，品格教育则经常跨越道德领域与非道德领域之间的界限。我们赞同戴维斯的观点，认为品格教育与道德教育有相关性，但品格教育关注的范围更为广泛。

从道德养成目标达成的直接性与间接性这一角度，人们将道德教育分为直接的道德教育与间接的道德教育。品格教育也有直接品格教育与间接品格教育之分。即前者着力于品格目标的直接达成，仅从品格习性的养成来思考教育；后者更多体现为为了品格的教育，即品格养成并不只是直接的唯一目标，而是在养成品格的过程中，同时促进孩子的多方面发展。对于儿童的品格习得来说需要直接教育与间接教育的整合。

3. 品格教育与价值教育

关于价值教育也没有一个统一的定义。吴亚林在爬梳国内外学者关于价值教育理解与实施的基础上，对价值教育做出了如下界定：价值教育是旨在发现人、寻找人的归属和提升人的生命意义与人生境界的教育。这种教育是用价值真理引导人的教育，与追求事实真理的科学知识教育相区别的是，价值教育是在追求事实真理的前提下教人追求价值真理的教育。在教育实践中，价值教育以人类社会或一定社会所共享的价值观和价值负载的问题为教育内容，以课程教学、专题教育活动及其他各种教育形式为手段，以提升人的生存与生活质量，促进人的价值归属和人生目的性③。魏宏聚则认为“价值教育就是把‘满足主体需要的正当性原则’通过教学活动，以直接或间接的方式，内化为受教育者的价值观念、价值

---

① Pritchard, I. Character education: Research prospects and problems [J]. American Journal of Education, 1988, 96 (4): 469-495.

② Davis, M. What's wrong with character education? [J]. American Journal of Education, 2003, 110 (1): 32-57.

③ 吴亚林. 价值教育及其在教育中的定位 [J]. 教育研究与实验, 2011 (4): 22-26.

态度，最终使教育者建立起基于正确价值原则的生活方式”①。他们把价值教育定位为追求价值真理，影响人的价值观念的教育。其中个体对德性价值真理与观念的追求和理解是个体德性品格形成的重要内容之一。从这一角度来看，品格教育与价值教育也是有交叉和重复的。由联合国教科文组织支持的生活价值教育计划即是以合作、自由、快乐、诚实、谦卑、爱心、和平、尊重、责任、简朴、耐心和团结这12种人类共同遵循的价值观为内容展开的②。但价值教育相对着力于观念与态度的影响，品格教育在观念与态度影响的基础上，还着力于人格的塑造。

（三）和合学习对品格教育的理解

在和合学习的研究与实践中，品格教育被理解为围绕良好的心灵习性养成而展开的整合教育，这种心灵习性表现在儿童生活与实践的方方面面，它涵盖了儿童品德行为习惯、道德德性与人格的培养。品行包括良好行为习惯与道德品行；道德主要包括个体的精神品质与德性；人格主要包括性格与人性。这其中美德习性的培养是核心。

二、学前儿童品格教育的目标解析

关于学前儿童品格教育的目标，不同的文化背景下不同的研究者有不同的观点与看法。我们主要对相关教育政策文件中的目标表述及一些代表性学者的研究成果进行介绍分析。

（一）我国相关政策文件中关于学前儿童品格教育目标的表述

在我国学前教育的相关政策文件中，并没有以品格教育目标为名的具体表述，但幼儿德育是学前教育的重要组成部分，良好品格培养是重要内容之一。在我国《幼儿园工作规程》中，对幼儿保育和教育目标的表述是：“萌发幼儿爱祖国、爱家乡、爱集体、爱劳动、爱科学的情感，培养诚实、自信、友爱、勇敢、勤学、好问、爱护公物、克服困难、讲礼貌、守纪律等良好的品德和习惯，以及活泼开朗的性格。”这一目标表述与本研究从品行、道德与人格三方面来定位品格教育

---

① 魏宏聚．论理科课堂中的价值教育［J］．教育研究，2012（5）：48-53.

② ［美］戴安·泰尔曼，［德］戴安娜·许．3—6岁儿童生活价值训练广场［M］．周兆祥，译．北京：北京师范大学出版社，2000.

是一致的。

在《幼儿园教育指导纲要（试行）》中，幼儿品格教育的目标蕴含于社会性的发展目标之中。“主动地参与各项活动，有自信心；乐意与人交往，学习互助、合作和分享，有同情心；理解并遵守日常生活中基本的社会行为规则；能努力做好力所能及的事，不怕困难，有初步的责任感；爱父母长辈、老师和同伴，爱集体、爱家乡、爱祖国。”这一目标表述进一步细化和具体阐述了幼儿品格教育的核心关键是主动自信、互助合作、关爱同情、守规尽责。

《3—6岁儿童学习与发展指南》进一步将目标按年龄分解与细化。在社会领域的“关心尊重他人”与“遵守基本的行为规范”这两条目标阐释中，对幼儿的品格学习提出了具体要求，主要内容包括：有礼貌、有同情心、接纳尊重不同的人、愿意关心帮助他人；遵守规则、爱惜物品、诚实守信、认真负责、爱护资源与环境。

我国香港地区《学前教育课程指引》中对儿童的情意和社群发展主要强调要学习接受群体生活的一些基本价值观及行为规范，培养幼儿关怀社会、爱护环境及尊重不同文化的品格。我国台湾地区最新颁布的《幼儿园教保活动与课程大纲》以儒家的仁爱思想为指导，帮助幼儿学会体会自我、他人及环境的存在与需要，进而能爱护自己、尊重他人与珍惜环境。即在与人、环境的互动中，养成自我照顾、自我负责的习惯与态度；在活动历程中，肯定自己，享受学习的乐趣和成就感；体会人我共通的需求和感受，展现关怀、尊重与接纳他人的态度；主动遵守行为规范；尊重周遭事物及活动，并心存感谢与珍惜；主动亲近及欣赏自然事物，进而养成关怀生命、保护自然环境的态度。

（二）关于学前儿童品格教育目标的相关研究

对儿童品格教育的目标，不同学者从不同的研究视角出发，得出了不同的研究成果。

1. 3—6岁幼儿健全人格发展目标

在本研究中，品格包括品行、道德和人格三个部分，其中人格是重要的构成部分。由此，关于人格发展的相关研究，对品格发展的理解也有重要支撑作用。金芳在《3—6岁幼儿健全人格发展的教育促进研究》中提出，幼儿健全人格是指幼儿人格结构中具有普遍性和积极适应性的典型人格特质的健康、均衡的发展。她通过对教师评定的幼儿人格特质进行统计分析，得出幼儿应发展的典型积极人格特质包括认真尽责、自我控制、诚实礼貌、合作交往、自主进取、自尊自信、情绪适应、同情助人、探索创造。在这个基础上，她描述了幼儿健全人格发展的总目标①：通过幼儿园系统和有意识的人格发展教育，幼儿能够具有良好的自我认识，有自信心，积极进取，有独立做事的能力，有主见，喜欢探索，有创造力；乐于与他人交往，喜欢合作，诚实，对他人有礼貌；有同情心，对他人的不幸表现出关注，并愿意帮助他人；做事认真，负责，有一定的控制力；心境平和，有适度的情绪表达，有良好的情绪适应能力。她从对己、对人、对事三个方面说明了良好人格的发展目标。

2. 里克纳提出的品格教育目标

美国学者里克纳（Lickona）在其《品格兼优标杆学校：成就卓越的品格教育》一书中，指出品格标杆学校着力的主要教育目标是品格八项优势能力的培养，并对八项优势能力的主要构成做了描述②（表 3-1）。

表 3-1　品格八项优势能力

优势能力	目标内容构成
终身学习与批判思考者	努力充实知识，成为有教养的人；养成终身学习的习惯；展现批判分析的能力；认真看待他人观点；寻求专家的意见及可信的证据；连结并统整知识；能找出不同的解决方法；愿意承担错误，并修正想法。
勤奋又有能力的表现者	追求卓越，全力以赴；有进取心，能自律；知道品质的指标，因此有高品质的工作成果，也以此成果为荣；设定个人目标，并评估进步情形；面对困境能坚持不懈。
处世圆融且具备情绪管理能力者	拥有健康的自信及正向的态度；在社交场合中展现基本的礼仪；发展正向的人际关系，包括对他人情绪的敏感度及以关爱解决冲突的能力；能有效地沟通；和谐地与他人共事；公正地解决冲突；具备情绪智商，包括对自我的认识与情绪管理能力。
德行的深思者	具备道德洞察力，包括良好的判断力、道德推理和德行智慧；具备高度的良知，拥有做正确事的责任感；借由个人的道德承诺，拥有强烈的道德认同；拥有道德能力及知道如何做的能力，并将道德洞察力、良知与认同转化为有效的道德行为。
尊重且负责任的道德实践者	愿意尊重所有人的权利及尊严，有时虽然不认同他人的信念或行为，但依据良知仍予以尊重；拥有强烈的个人效能及责任意识去做正确的事，愿意承担责任并树立好榜样，为错误的事情负起责任，发挥正向影响力。

① 金芳 . 3—6 岁幼儿健全人格发展的教育促进研究［D］. 大连：辽宁师范大学，2014：27-29.

② ［美］Thomas Lickona. 品格兼优标杆学校：成就卓越的品格教育［M］. 刘慈惠，等译. 新北：心理出版社，2013：37-38.

续表

优势能力	目标内容构成
自律且追求健全生活方式者	在不同的处境中，能展现自律；追求生理、情绪和心理的健康；能做出负责任的选择，以利自我的持续发展，并拥有健康的生活方式和积极正向的未来。
对社区和民主发展有所贡献者	对家庭、班级、学校和社区有所贡献；展现身为公民应有的美德和参与民主生活的能力；珍惜国家的民主传承和精神；展现对人类彼此相互依存和具有责任的觉知。
用心追寻人生崇高目的的灵性者	追求崇高的人生目的；厘清并努力追寻人生中重要的使命；反思生存与生命的问题；培养对真善美等卓越价值的鉴别力；追求真正的幸福；拥有丰富的内在生命；追求与天、人、环境间深刻而有意义的连结。

这八项优势能力也分别指向对人、对事、对己、对境几个维度。里克纳认为，这八项优势能力是儿童终身品格学习的目标，在不同的年龄阶段都可以获得不同程度的发展。

（三）和合学习模式关于品格教育目标的定位

和合学习模式确立了品格第一的全人教育目标，它致力于发展儿童的利他性认同，学习服务人类的终身习性，其最终目的是培养利他服务者。而要成为利他服务者，需要多方面的能力发展与准备，其具体能力目标包括以下几方面①（表 3-2）。

表 3-2 利他服务者应具备的能力

目标内容	具体能力
品格的践行者	有良好的心灵习性倾向，愿意承担自己行为的责任。
真知的探索者	愿意学习与探索，对语言艺术感兴趣，愿意思考，对数字有兴趣，对自然或生物有兴趣，对其他文化和地区有兴趣。
艺术的表达者	对视觉艺术有兴趣，并有良好的创造性，对音乐具有热情或良好的音乐能力，有良好的动手创作技能。
冲突的协调者	能够感知到自己的行为对别人的影响，能够倾听或理解别人的观点，愿意或能够和平地解决冲突。
人道的服务者	愿意参加社区活动，愿意利用所学为别人服务、帮助别人，有良好的组织或规划能力。

① Langness，T. Habits of Helpers [M]. The United Stated of America：Full-Circle Learning. Topanga，2005：17.

品格教育从不同的定位出发，对目标理解也会不同。如果将品格教育定位于直接的品格教育，那目标会更多地着力于单纯的品格美德的知情意行的形成。如果将目标定位于间接的品格教育，即所有教育最终是为了良好品格的形成，那目标会在促进全面发展的基础上归于品格目标。和合学习的品格教育思路是从品格出发，通过促进孩子多元的发展再回归到品格的目标。其目标中将人格、品格学习目标与各领域学习目标很好地整合在一起，并进一步突出了艺术、沟通与服务的目标，以强化儿童的创造力、问题解决能力与利他服务意识的培养。这一目标构成也与《3—6岁儿童学习与发展指南》强调儿童整体性发展的思路一致。

三、学前儿童品格教育范畴及建构

什么样的品格是重要的，应当培养孩子什么样的品格，不同的研究者也有不同的观点与看法。对这些研究进行梳理有益于我们思考学前儿童品格教育范畴的建构。

（一）品格范畴的不同划分

品格有好与坏之分，但从教育的角度看，人们关心的是良好品格的培育，好品格与美德、德性是一致的，因而，关于美德、德性德目的分类实质也是好品格的分类。关于美德的分类，古往今来，人们从不同的视角提出了许多不同的表述，概括起来有以下一些：

1. 从品格目的取向与功能来分

在不同的历史时期和不同的文化背景中，人们根据对核心品格定位的不同而对基础性品格做出了不同的划分。

《周礼·大司徒》中提出了六德：知、仁、圣、义、忠、和。

孔子提出了智、仁、勇三达德。其中，智主要包括义、礼、敬、孝、悌、忠、信、木、讷等；仁主要包括恭、宽、信、敏、惠、温、良、俭、让等；勇主要包括刚、毅等①。

孟子从性善论的角度提出了仁、义、礼、智四德。后世儒者将其发展为仁、义、礼、智、信五德说。

柏拉图从灵魂和谐的目的出发提出了四种德性：智慧、勇敢、节制、

---

① 蔡春．德性与品格教育论［D］．上海：复旦大学，2010：39.

正义①。

亚里士多德着眼于灵魂的幸福，划分了两类德性：理智的德性（正义、智慧、勇敢等）；道德的德性（慷慨、节制、慷慨、自重、友爱、温和、诚实等）②。

奥古斯丁和托马斯·阿奎那从神学的目的，拓展了柏拉图和亚里士多德的德目分类。奥古斯丁提出了七主德：爱、信仰、希望、智慧、节制、勇敢、正义。

托马斯·阿奎那提出了自然与神性两类德性：自然的德性（自我保存、追求幸福、生养后代、同情别人）；神性的德性（信仰、希望、爱）③。

詹姆斯·瓦拉斯在《德性与恶性》一书中，从功能的角度将德性分为阻止恶性的德性（勇敢、平和、忍耐、节制）、促进共同体生活的德性（诚实、公平、真实、守信）、关心他人的德性（善良、慷慨、慈善、同情）④。

美国学者托马斯·里克纳基于卓越与德行追求的取向将品格分为成就品格（努力、勤奋、坚韧、良好的工作伦理、正向的积极态度、创新、自制）与道德品格（诚信、公义、关爱、尊重等）⑤。

综观东西方智者对基础性品格的归纳与分类，我们会发现，智慧、节制与仁爱是大家共同关注的品格德目。

2. 从品格主体与对象的关系来分

江畅在《论德性的项目及其类型》一文中，从德性主体与对象的关系角度将德性分为关涉自我的德性、关涉他人的德性、关涉群体的德性、关涉环境的德性，也称为利己的德性、利他的德性、利群的德性、利境的德性⑥（表 3-3）。

表 3-3 从德性主体与对象关系角度划分德性

类型	德目
利己的德性	自爱、自尊、自助、明智、乐观、刚毅、节制、勤劳、节俭、好学
利他的德性	善良、诚实、正直、谦虚、审慎、宽厚、守信、感恩、关爱、慷慨
利群的德性	互利、务实、忠诚、守规、负责、敬业、合作、进取、创新、公正
利境的德性	环保、节能、贵生、爱物、利废、虔敬、简朴、整洁、文雅、安稳

① ［古希腊］柏拉图．理想国［M］．郭斌和，等译．北京：商务印书馆，1986：144，157.

② ［古希腊］亚里士多德．尼各马可伦理学［M］．邓安庆，译．北京：人民出版社，2010：76-77.

③ 周辅成．西方伦理学名著选辑（上）［M］．北京：商务印书馆，1964：378-383.

④ Wallace，J. D. Virtues of the Mind：An Inquiry into the Nature of Virtue and the Ethical Foundations of Knowledge［M］．Cambridge：Cambridge University Press，1978：161.

⑤ ［美］Thomas Lickona. 品学兼优标杆学校：成就卓越的品格教育［M］．刘慈惠，等译．新北：心理出版社，2013：30-31.

⑥ 江畅．论德性的项目及其类型［J］．哲学研究，2011（5）：77-82.

这一分类模式将对环境的德性品格包纳进来，体现了品格的现代性特点。

3. 从品格行为取向来分

从行为取向上看德性有积极与消极之分。

积极心理学家斯托弗·彼得森和马丁·塞利格曼通过对各文化传统中的优势美德进行研究，提出了六大积极美德24种性格优势①，详见表3-4。

表3-4　六大积极美德和24种性格优势

美德	性格优势
智慧	创造力、好奇心、开放性思维、好学、洞察力
勇气	勇敢、毅力、正直、活力
仁爱	爱、仁慈、情商
正义	责任感、公平、领导力
节制	宽恕、谦虚、谨慎、自我管理
超越性品格	美感、感恩、乐观、幽默、信仰

关于消极德性，人们的讨论不多，只有英国学者卡思林·赫金斯将道家的“无为”视为消极德性②。

4. 从品格的结构特质来分

当人们将美德视为一种道德人格时，倾向于用人格结构分析的方法来探究美德的类型。考利等人运用心理词汇学方法和因素分析方法，得出美德构成的四因子及49种特性③。美德的四因子是同情、理性、机智、安详。详见表3-5。

表3-5　美德四因子及其特性

因子	特性
同情	有同理心的、关心他人的、体谅人的、深思熟虑的、友好的、同情他人的、和蔼可亲的、敏感的、宽厚的、怜悯的、崇尚自由的、亲切的、礼貌谦虚的
理性	条理分明的、有教养的、严肃的、文雅的、从容的、审慎的、认真的、自制的、知错就改的、节制的、服从的、传统的、小心的、仔细的、整洁的、质朴的、讲究的

① 郭雯．性格优势与美德［M］．南京：江苏教育出版社，2013：2-3.

② Higgins，K. M. Negative virtue：Zhuangzi's wuwei，in Stephen M. Gardiner（ed），Virtue Ethics，Old and New［M］. Ithaca and London：Cornell University Press，2005：125-141.

③ Cawley III，M. J. Martin，J. E.，Johnson，J. A. A virtues approach to personality［J］. Personality and Individual Differences，2000（28）：997-1013.

续表

因子	特性
机智	机智的、坚强的、坚忍的、矢志不渝的、自信的、精明的、自尊的、坚忍不拔的、聪明的、热情的、独立的
安详	安详的、温顺的、克制的、宽容的、平静的、忍耐的、仁慈的

国内学者沐守宽用心理词汇学与因素分析方法，归纳出中国人的美德结构五因子①：诚善仁厚（忠诚、坦率、友善、和蔼）；勤谨务实（细致、勤奋、务实、清高、节俭）；机智干练（机灵、干练、乐观）；自立自强；沉稳理性。

杨丽珠等对幼儿人格结构进行了持续研究②，他们确定了幼儿人格结构的 4 个维度（智能特征、认真自控、亲社会性、情绪稳定性）、11 个特质（聪慧性、自主进取、认真尽责、攻击反抗、坚持自制、开朗活泼、敏感焦虑、急躁执拗、诚实知耻、同情利他、合群守礼）。

5. 从核心价值观出发的品格分类

不同个体与群体由于对核心价值观的理解有差异，因此，也会对品格做出不同分类。代表性的分类有：

美国的富兰克林提出了完善自身修养的 13 种美德：节制、沉默、秩序、决心、节俭、勤奋、诚实、公正、适度、整洁、贞洁、冷静、谦逊。

威廉·贝内特在其《美德书》中提出了 10 种重要品格③：同情、自律、责任、友谊、工作、勇气、毅力、诚实、忠诚、信念。

心理学家埃里克森依据人生发展八阶段，提出了每一阶段需要发展的关键美德：希望、意愿、目的、技能、忠实、爱、关怀、智慧。

美国的核心价值观也倡导 10 种美德：同情、勇气、涵养、公平、诚信、善良、忠诚、毅力、尊重、责任。

里克纳在《培养品格：让孩子呈现最好的一面》一书中，在吸纳古希腊传统美德的基础上提出良好品格应包含的 10 种基本美德：智慧、公正、坚韧不拔、自我控制、爱、积极的人生态度、勤奋工作、正直、感激、谦逊。

1988 年，美国课程发展监督协会起草了《学校生活中的道德教育》，在文件中，专家们指出：道德成熟的人应具备的 6 种品性是“尊重人类的尊严，关心他

① 沐守宽．美德形容词评定量表的建立及其应用研究［D］．上海：上海师范大学，2007：11-13.

② 杨丽珠．儿童人格发展与教育研究．辽宁省哲学社会科学获奖成果汇编（2005—2006 年度），p67-72.

③ ［美］威廉·贝内特．美德书［M］．何吉贤，译．北京：中央编译出版社，2000.

人的福利，使个人兴趣与社会责任相统一；表现出正直，对自己的道德选择不断反省，寻求和平解决冲突的方式”①。

中国从个人、社会、国家三个维度提出了 12 种核心价值观：富强、民主、文明、和谐；自由、平等、公正、法治；爱国、敬业、诚信、友善。

宋志广在《道德原型观察的调查及内隐研究》② 中对中西方道德原型进行了比较，研究发现中西方共同的道德原型概念是：守法、诚实、正义、自律、忠诚、自信。此外，中国的道德原型概念主要有：乐于助人、奉献、善良、乐观、积极开朗、舍己为人、默默无闻、孝顺、爱国、热爱集体；而西方主要的道德原型概念有：合乎逻辑、关注做对的事、对伴侣的忠诚、笃信宗教、独立。从概念指向类型上来说，主要分为个人指向、他人指向与事物指向。

小结：

以上分类中，有偏重心理取向的人格结构体系，如考利、沐守宽、杨丽珠等人的研究分类；也有偏向核心价值观的美德体系，这是大多数品格分类的取向；还有力图整合心理学取向与价值观取向的综合体系，如积极心理学派关于美德体系的分类。

其中在教育实践中有探索运用的体系主要有以下两类：一是我国古代的“五德”品格体系，这是我国古代道德教育的基本框架体系，这一体系也是我国学前儿童社会领域目标体系架构的框架背景；二是基于古希腊美德伦理学的核心价值观体系，这一体系主要运用于 20 世纪 90 年代以来以里克纳为代表的美国品格教育运动中，是美国品格教育的主要框架。

（二）和合学习模式中的品格教育范畴

和合学习模式中的品格教育吸纳了美国品格教育核心价值观教育的一些因素与理念，但它对品格教育的理解更为宽泛与多元，并突出了利他性品格的培育。和合学习模式的创立者特蕾莎博士将品格理解为心灵的习性（Habits of Heart），并根据利他性表现的不同层次将品格划分为 9 种类型 56 种品格习性，这 56 种品格习性涵盖了品行、道德、人格三个方面，具体内容如表 3-6 所示。

---

① ［美］Madonna M. Murphy. 美国“蓝带学校”的品性教育［M］. 周玲，等译 . 北京：中国轻工业出版社，2002：28-29.

② 宋志广 . 道德原型观察的调查及内隐研究［D］. 郑州：郑州大学，2011：33.

表 3-6 56种品格习性①

类型	品格习性
心灵构建的基石	团结、善良、有准备、开放的心态、同情、宽恕、友谊、忠实、谦卑、创造力
明智的习性	自制、荣誉、志向、勤奋、有公德心、伦理、诚实、优雅、适度、超越、感恩
英勇的习性	有远见、无私、拥护、奉献
友爱的习性	尊敬、爱、可靠、亲切、积极、谦虚、承诺、友善、机智、关怀、慷慨
合作的习性	欣赏差异、忍耐、合作、笃行、体谅
合一的习性	觉知、领导力、团队精神、利他
给予的习性	牺牲、体谅、果断、怜悯、正直
和睦的习性	缔造和平
人道主义者的习性	人道主义、远见、普适、感通、理解、探索

从心灵的基石到人道主义者习性的形成，是一个拓展儿童利他范围与利他能力的过程。在我们的研究实践中，结合幼儿的学习能力与需求主要实践了善良、宽恕、友谊、创造、感恩、爱、欣赏差异、耐心、合作、勇气、责任等品格。

四、基于和合思想的“五德”品格范畴建构

美国学者塞西利亚·温瑞布（Cecilia Wainryb）在《文化背景下的道德发展：多样性、宽容和公正》一文中指出：要想把握不同文化之间社会和道德生活的多样性，同时又远离危险的本质主义和表达在文化内部共同存在的多样性的动态观点，那么，社会和道德发展的研究就应该将其注意力集中到对公正、自主性、友谊、相互性及传统的关注上来②。里克纳也指出品格教育核心德目内容的建构应当符合以下几条要求：一是有利于健康的个人发展；二是有利于人与人之间积极关系建构；三是有利于人道且民主的社会；四是有利于公正且和平的世界③。

中国社会转型给儿童品格学习带来的巨大挑战是传统道德根基的弱化。如何

① Langness, T. Habits of Helpers [M]. The United Stated of America: Full-Circle Learning. Topanga, 2005: 22.

② [美] 梅拉妮·基伦，等. 道德发展手册 [M]. 杨韶刚，等译. 北京：教育科学出版社，2011：235.

③ Thomas Lickona. Educating for Character: How Our Schools Can Teach Respect and Responsibility [M]. New York: Bantam Books, 1991: 43.

续接上传统文化的根基呢？有研究者提出了用传统“五德”系统涵化西方德目系统的思考①，我们认为这是一个值得尝试的思路。为了帮助儿童的品格学习重新续接传统文化的根基，我们在对和合学习模式进行转化运用的过程中力图从和合思想出发用中国传统的五德体系来整合东西方的德目归类，以建构和合学习的品格教育德目体系。

（一）基于阴阳五行的“五德”范畴分析

我国古代的“五德”是在阴阳五行哲学的基础上提出的。“五德”是五行阴阳和合的显化，即所谓：木大生而其德在仁，阴阳配而仁成；金大成而其德在义，阴阳合而义成；火大长而其德在礼，阴阳贯而礼成；水大藏而其德在智，阴阳别而智成；土大化而其德在信，阴阳浑而信成。国内研究者燕国材、熊春锦等对“五德”的特征与内涵进行了较为系统的分析。燕国材等结合典籍和西方人格因素分析的方法对“五德”的内涵与特性做了如下归纳②：仁即仁爱，主要包括爱人、爱物、爱己、愉快、宽恕；义即正义，主要包括公正、严谨、行为的合理性、乐于助人、舍生取义；礼即礼制，主要包括礼貌文雅、克己自制、遵纪守法、情绪稳定性、和合；智即智能，主要包括精明、干练、冷静、独立思维、灵活性；信即诚信，主要包括自信、信人、守信、忠诚老实、认真负责；等等。熊春锦则结合道医学的思想对五德与五行、五脏的关系及其丰沛与不足的心行表现进行了详细的分析，这一思路能够更好体现品格与儿童身心整体发展的关系。“五德”心行表现分析表见表3-7。

表3-7　“五德”心行表现分析表③

分类	仁德	礼德	信德	义德	智德
五行	木	火	土	金	水
五脏	肝	心	脾	肺	肾
生理功能	藏血疏泄 和制魂魄 化生津液 外应眼目	主血脉系 调理血气 司理神明 调适寒热 营和荣卫 外应口舌	运化水谷 调理百味 吸收输布 运化升清 消谷输炁 调摄牙齿	调理气机 宣发肃降 外应鼻腔 脏精源泉	藏精濡养 调理六腑 净化九液 生炁生殖 理内液津 外应两耳

① 刘峻杉，张俊．仁义礼智信五德体系的德育价值：基于三种美德体系的比较研究［J］．比较教育研究，2013（12）：83-89.

② 燕国材，刘同辉．中国古代传统的五因素人格理论［J］．心理科学，2005（28）：780-783.

③ 熊春锦．幼儿教育概论［M］．北京：现代教育出版社，2015：7.

续表

分类	仁德	礼德	信德	义德	智德
德性特征	慈、爱、 孝、悌	诚、忍、 平、和	厚、实、 正、真	忠、节、 勇、恕	勤、俭、 廉、耻
五德丰沛的心行表现	仁德慈柔 至善无恶 宽容忍辱 柔和畅达 举止端正 慈怀虚心 博爱万物 主意合德 能立万物	礼德明亮 光明圆通 秉规持范 明白道理 不争不躁 不惑不迷 知时达物 能化万物 不为物拘	信德无疑 忠信诚实 稳重厚道 宽宏敦实 笃信不疑 忠一不二 重视因果 能容能化 能生万物	义德道情 济安拔危 助人为乐 处善聚缘 助弱扶危 果断有力 利生舍己 排忧解难 扶生万物	智德变通 虚怀若谷 处下不争 声色不迷 欲淡不贪 谦虚柔和 不凝不滞 通达调变 能养万物
五德缺乏的心行表现	自傲抗上 不服人管 怒气常生 白眼冷对	性情急躁 无理争胜 虚荣爱美 记恨憎人	猜忌多疑 蠢笨蛮横 疑神疑鬼 埋怨人非	残忍妒忌 虚伪好辩 口舌是非 恼人自责	愚鲁迟钝 多愁善感 忧虑自生 自寻烦恼

熊春锦认为“五德”是不同质性的生命能量，德的强弱、旺衰、清浊，须臾不可分离地同时决定人类心、身两大系统的健康。道德对人而言，如鱼之在水，离水则鱼死，离德则人亡。身心的失衡首先要从德的修养入手。这也启示我们在关注儿童身心健康发展时，要关注儿童道德的陶冶，而不只是关注物质的身体。道德的培育也需要结合我国的阴阳五行哲学思想来进行深层次的思考。

（二）基于“五德”体系的品格教育范畴架构

综合前述“五德”内涵分析，结合我国幼儿园课程的逻辑线索、《幼儿园工作规程》、《幼儿园教育指导纲要》及《3—6 岁儿童学习与发展指南》的要求，我们尝试从利己、利人、利群、利境四个方面来建构学前儿童品格教育范畴。具体德目见表 3-8。

表 3-8 学前儿童品格教育范畴架构

品格类型	仁德	义德	礼德	智德	信德
利己的品格	自爱	认真、专注、耐心、勇敢	自律、审慎、谦虚	自主、明智、好学	自信、坚毅、乐观
利人的品格	善良、关爱、友善	正直、慷慨	尊重、礼貌、感恩	好奇、开放、幽默	诚实、守信

续表

品格类型	仁德	义德	礼德	智德	信德
利群的品格	合作、宽容、自由、和谐	勤奋、务实、民主、平等	欣赏、守规、公正、文明	探索、创造、富强	责任、忠诚、爱国、法治
利境的品格	贵生、惜物、博爱、和平	简朴、节俭	整洁、文雅	远见、环保	虔诚、敬畏

（三）主要品格德目内涵解析

关于品格德目的表述与内涵并没有一个完全一致的准确说法，我们力图在综合相关理论与实践研究的基础上，用通俗易懂的方式，选择主要德目，从是什么、为什么、如何做三方面来加以解析，以便为教师们的品格教育实践提供参考。具体解析见表 3-9。

表 3-9　学前儿童主要品格德目内涵解析①

品格德目		是什么？	为什么？	如何做？
仁德	和平	是一种内在的平静，是为了爱的权力而放弃对权力的爱。	拥有平和的心，就会免于烦恼和忧心，使我们远离暴力、偏见和不公正。	定时用特定的方式创建自己内心的平和。使用温柔有礼的方式说话和行动。尽力避免伤害任何人，欣赏差异，培养爱的力量。
	善良	对人与世界心怀善意，关心别人的福利	善良使人们互相帮助，善良让世界变得更美好。	关心别人的需要，照顾好身边的人与环境，友善地对待他人。
	关爱	设身处地地为他人着想，关心他们的感受，保护其利益，促进其发展。	每个人都渴望被爱，希望得到重视，爱使人们不孤独。	己欲立而立人，己欲达而达人。说善良体贴的话；用爱思考，关心别人。
	同情	人性中生来即有的对别人感同身受的自然倾向，这是道德的根源。	同情能让所有人紧密相连；能帮助我们理解和关心那些身处困境或犯错误的人。	关心处于困境中的人；尽你所能提供你的帮助。

① 本部分内容依据江畅著《西方德性思想史》（人民出版社，2016：35-42）及［美］琳达·凯夫林·波普夫等著《家庭美德指南：激发孩子与我们自己最好的内在品质》（汤明洁译，中国言实出版社，2009：61-216）两书部分德目内涵，综合整理而成。

续表

品格德目		是什么?	为什么?	如何做?
仁德	宽容	能够接受不符合你期望的东西。	宽容能够拓展我们的生存和成长空间;能够增强我们在逆境中坚持的力量。	不歧视、不抱怨;改变自己,原谅别人;对差异持开放态度。
	慷慨	愿意无条件地给予和分享。	慷慨是表达爱的最好方式,也是对精神品质的操练。慷慨会让人们愿意相互给予与分享。	能发现别人的需要,并为别人的需要着想。自愿、无保留地给予,愿意为别人做出牺牲。
	帮助	帮助就是为他人或自己提供服务。	互相帮助能够减轻生活的负担,并能齐心协力地完成更伟大的事业。	留心他人是否需要帮助;给予他人力所能及的帮助;在意自己的需要,需要帮助时,提出请求。
	服务	为了改善别人的生活而给予。	人们能够互相依靠与帮助。	充满热情地学习和生活;尽力主动为别人提供力所能及的帮助与服务。
	快乐	是满心欢喜、平和、爱和美好的感觉。	快乐来自被爱的感觉,来自对生命赐予的感激。快乐可以帮助我们渡过难关。	笑口常开;感激生活给予你的礼物;向内心寻求内在的幸福。
义德	正义	正义意味着人人都得到他应得的;正义还意味着公正行事。	正义能够保护所有人的权利免受侵犯。	独立思考,不妄下判断;与人公平分享;为自己也为别人争取权利。
	勇气	勇气源自对自己的深刻认识,能够在面对困难与恐惧时,依然镇定与不退缩。	勇气能使人克服恐惧和痛苦,面对伤害、疾病、困难、失败、危险或威胁时坚忍不拔,并能使人在面对人生各种障碍甚至死亡时变得坚强。	尽管处境艰难,还是坚持自己认为正确的事;敢于面对错误,愿意尝试新事物。
	坚毅	坚定而又有毅力,敢于寻求自己的愿望和需要,并努力去实现它。	坚毅既有益于我们积极主动地行事,也有益于我们去表现自己的独特存在。	独立思考,敢于提出自己的需要和要求,设定自己的是非界限。

续表

品格德目		是什么?	为什么?	如何做?
义德	耐心	坚持信念，尽力而为，静静等待；持之以恒、坚持到底。	耐心能够帮助你坚持你想做的事，让人们愿意去辛勤耕耘与等待，不会轻易地发牢骚、抱怨和指责。	愿意为想要的事情去等待；设定目标，坚持下去，直到完成；幽默地接受你不能控制的事。
	节制	是对过度的欲望和冲动的控制。	过度的欲望和过激的情感会导致身心的不良后果，也会影响社会的秩序。	知道自己需要什么，适可而止；知道自己的界限，为自己设定边界。
礼德	自律	意味着自己选择去做自己认为对的事情，并能自己监督自己。	可以让生活有序，能自由并有效地完成生活任务或工作。	有规律地生活；有序有效地完成任务；受伤或生气时，能冷静地说话行事。
	尊重	是一种遵守规范，关心、尊敬自我与他人价值与权利的态度。	相互尊重能够让我们保有自尊，避免伤害与混乱。	尊重自己和他人的身体和权利； 尊重别人对时间和空间的需要； 礼貌待人，尊重规范和秩序。
	礼貌	懂得礼节、言行得体，替他人着想、举止文雅。	礼貌是我们表达对他人尊重和认可的方式，这让别人愿意和我们交往和共事。	微笑着和人打招呼；以重视和尊重的态度待人，意识到自身行为对他人的影响；说话和做事时，尽量举止优雅。
	感恩	是对认识、爱和存在的感激态度。	感恩是一条通往知足与乐观的道路。	珍惜自己拥有的一切；感谢生活与生命中的各种礼物；欣赏自己的才能，把困难看作学习机会。
	整洁	保持身体和心灵的洁净。	整洁帮助我们远离疾病，保持内心的平和与力量，能够让我们做事更有效率。	保持身体与环境的清新干净，用过的东西放回原处，食用有益身体健康的食物；使用文明语言，知错就改。
	谦虚	谦和、虚心，尽心尽力，而不苛责自己和他人。	能帮助我们专注于自身的成长，并帮助我们从错误和他人身上学习。	尊重别人做出的贡献；对自己的成就充满感激而不是炫耀；从自己的错误中吸取教训。

续表

品格德目		是什么？	为什么？	如何做？
智德	创造性	是一种运用你的天赋把新事物带到这个世界的方式。是新观念、新发明的表达。	我们的创造性能促进世界的丰富与多元。创造意味着以自己独特的方式做事。	运用自己的想象力；发现自己的天赋；总是想新办法来对事情做出改进。
	热情	对所做的事感到兴奋，对它满怀期望，欢快并努力做到最好。	热情使生活充满欢乐与趣味；热情能让我们全力以赴地投入。	看到事物的积极面；百分之百投入与享受你正在做的事；发挥想象力去完成工作。
	卓越	尽己所能，全力以赴，达到自己最佳的状态。	追求卓越使我们能够更好地发挥自己的潜能，能帮助我们打开更新的天地，走向新的成功。	为自己设立实际而又崇高的目标；做任何事都倾尽全力；发展自己的天赋。
信德	信任	是心底对某人或某事的一种确信，确信生活带给我们的一切都是一种特别的赠予和礼物。	信任能够使我们放松和专注。信任能使我们减少担心和恐惧。	知道你只要尽全力就足够了；相信任何事情都有好的一面；不唠叨、担心或试图控制某事。
	诚实	是不做虚假的承诺，言行一致，言出必行。	诚实让我们可以相互信任；让我们有机会去改正自己的错误。	言必信，行必果；只许诺自己能够信守的诺言；当犯错时，能承认自己的错误。
	责任	信守协定，愿意为自己的行为负责。	责任可以督促我们尽力去做好自己分内的事。	尽己所能达到要求；专注于自己的分内工作；承认错误，不找借口。

第四章　学前儿童品格学习的特点与教育策略

种树者必培其根，种德者必养其心。

——［明］王守仁

一、学前儿童品格学习的相关理论

与学前儿童品格学习相关的理论很多，从某种意义上来说，凡为学前儿童品格发展提供了支持的理论，都会为我们理解学前儿童品格学习提供参考。在这里，我们重点讨论与和合学习理念直接相关的理论。

（一）具身认知论

具身认知作为一种新兴思潮，强调身体经验及身体与环境的相互作用对于个体抽象概念及认知的作用。身体是幼儿学习的重要通道。具身认知论为幼儿品格学习提供了重要的认知理论依据①。从具身认知的观点出发，儿童的身体感受与运动经验是其道德认知与理解的基础。

具身认知论的观点认为学习是全身心参与的过程，而且“人的身体在认知的过程中起到了非常关键的作用；认知是通过身体的体验及其行为活动方式而形成的”②。它超越了传统认知的重要缺陷——对个体身体的忽视，突出了认知的涉身性、体验性与环境嵌入性③。

首先是认知的涉身性。即认知依赖于有机体的物理性，例如感知过程中身体的肌肉状态、身体感受状态。认知内容、认知的过程甚至是认知的方式，实际上

---

① 参考方微、葛列众、甘甜《道德具身认知的理论研究》一文整理而成，见《心理与行为研究》，2016 年第 14 卷第 6 期，第 765-772 页。

② 叶浩生. 具身认知：认知心理学的新取向［J］. 心理科学进展，2010（5）：705-710.

③ 殷明，刘电芝 . 身心融合学习：具身认知及其教育意蕴［J］. 课程 · 教材 · 教法，2015（7）：57-65.

都是由身体的运动、体验或者是肌肉状态所决定的。如空间位置、身体洁净感受及其他的身体感觉在个体长期的发展过程中，逐渐成为我们构建道德认知的线索。基本的身体体验所包含的具体内容，如上下、酸甜苦辣等能够形成关于道德概念的意象图式，当儿童遇到复杂的道德问题时，通过看、听、闻等基本的感知通道获取的感觉信息成为始源域，而后我们借助已经逐步形成的意象图式构建对于道德问题的认识，从而对其进行理解判断。

其次是认知的体验性。即儿童的认知来自身体与外界环境中事物相互作用所造成身体状态的改变——形成主体身体的体验。身体对这些事物的接触与感知，即身体体验塑造着主体认知的内容、认知的方式及认知的结果。如儿童在帮助其他的小朋友后，得到了老师一个温暖的拥抱，他会更容易重复这一行为；或是儿童在扮演超市理货员的过程中，体验到理货员的辛苦，他会更容易理解和尊敬他们。这说明“体验”应成为知识获取的不可缺少的途径，即在对儿童进行教育引导的过程中，儿童知识体系的构建不能依赖独立于主体的先验性概念和知识，而应依赖主体自身的感知、体验及由此产生的对外界事物的解释。

最后是认知的环境嵌入性。认知是身体在环境的主导下主动建构而成的。环境中的物体、文化、历史事实、社会风俗、行为规则、道德规范等都通过身体媒介对行为产生影响。如在明与暗、温暖与寒冷的不同环境中，人们的道德行为表现与评价也会有所不同。在温暖的环境中人们可能会更倾向于积极的道德行为与评价；相反，在阴冷的环境中人们可能会更倾向于消极的道德行为与评价。环境既可以是真实存在的，也可以是借助其他手段而对现实环境的再现，如人造情境、虚拟情境。不论是哪种类型的环境，关键在于能够引发认知主体的身体感受，引发身体与环境的互动形成体验，最终同样能够影响和决定主体的认知内容、认知过程及认知结果。因此，必须让主体的身体充分地体验各种感觉通道的感受，让其能够充分地听到、看到、嗅到、触到，甚至是尝到，从而真正创造出身临其境的感觉，诱发和强化主体的具身效应。

教师能否引发儿童学习的具身效应，儿童在学习过程中是否能产生具身体验，都取决于教学情境的生动性与逼真性，情境越生动、越逼真就越能引发个体的身体体验。特别是在学习抽象概念时或者儿童缺乏已有感性经验时，情境氛围营造就至关重要。这为学前儿童品格教育方法与策略的选择提供了依据。

（二）观察学习理论

观察学习理论是阐明人怎样在社会环境中学习，从而形成和发展他的人格的理论。这是20世纪60年代兴起的一种理论，其主要代表人物是班杜拉和沃尔特斯，他们认为儿童的品格行为并不是以“强化—惩罚”这一简单的方式学到的，而是通过经强化为中介的直接学习与模仿而获得的。品格学习的主要理论假设是：儿童品格行为的学习主要是通过体验自己的行动后果或通过观察模仿别人的行动及他们所引起的后果而进行学习的。

1. 强化与自我认知在儿童品格学习中的作用

（1）强化是儿童获得品格行为的重要机制

强化是指有助于机体反应概率增加的事件。在品格学习理论中，根据手段的不同，强化被分为直接强化、替代性强化和自我强化。

直接强化就是学习者行为本身受到强化，如教师对表现好的儿童进行表扬。直接强化的作用是明显的，教师常通过运用表扬、评分、升级等强化手段来强化儿童的正确行为和控制与矫正儿童的错误行为。

替代性强化是班杜拉提出的一个非常重要的概念，指通过观察别人受强化，在观察者身上间接引起的强化作用。例如，儿童看到别人成功的行为得到肯定，就强化产生同样行为的倾向；反之，看到别人的某种行为受到处罚，自己就会避免那样做。这种榜样可以扩大到电影、电视、故事中的人物。

自我强化指人依靠信息反馈进行自我评价和调节并以自己确定的奖励来加强和维持自己行为的过程。它是通过成人向儿童提供有价值行为的标准，对达到标准的行为给予表扬，对未达到标准的行为表示批评的态度，使儿童逐渐掌握这种标准，从而用自我肯定或否定的方法对自己的行为做出反应。

（2）自我认知与品格学习

班杜拉认为，自我认知在儿童的品格学习过程中起重要作用，其中儿童的自我效能感决定个体与环境的互动。

自我效能感，是指个人对影响其生活的事件能加以控制的信念。自我效能感与人的行为动机之间有密切的联系，这是因为人们对自己能力的判断影响他们对自己将来行为的期望。因此，自我效能感通过决定人试图去做什么及在做的过程中要付出多大努力的预期而对个体行为起重要的引导作用。尤其是当个体自己的行为与榜样行为之间存在差距时，其自我效能感就会对差距产生影响。如果觉得榜样行为在自己的能力范围之内，那么个体就会设法模仿；反之，如果自我效能感低，就会影响其学习行为。

班杜拉认为自我效能感主要有两个来源。一是个体在某领域取得的成就。如果个体总是能成功地作用于环境，他就能获得更好的自我效能感；相反，一个总是没有机会去和环境互动，展示自己成就的孩子就会产生效能感的不足。这常常出现于因父母的过度保护而没有体验成功机会的孩子身上。自我效能感的另一个来源是对他人活动效能的观察。如果孩子处于一个活动总是受到鼓励与帮助的环境中，其自我效能感将会发展得更充分。这启示教育者要经常让孩子体验与观察成功的榜样。

2. 直接经验学习与儿童品格行为的获得

直接经验学习是个体对刺激做出反应并受到结果强化而完成的学习过程。其学习模式是刺激—反应—强化，离开学习者本身对刺激的反应及其所受到的强化，学习就不能产生。在直接学习中，儿童的某种行为所产生积极的或消极的结果直接决定儿童是否重复这些行为。即儿童通过观察自己的某一行为所产生的后果，就会逐渐形成“何种行为在何种场合下是适宜的”假设。这些假设指导着儿童日后的行为或行动。在通常情况下，儿童根据这些假设做出相应的行为时又会得到肯定或否定的结果。肯定是一种强化，会激发儿童继续从事这类行为；反之，如果行为的结果是否定的，儿童就会设法抑制这类行为的发生或设法逃避这种否定的结果。

班杜拉认为，就对儿童品格行为的掌握而言，与模仿相比，直接学习是一种更基本的途径，因为儿童主要是通过体验和行动来学习的。但直接学习是依靠尝试错误一点一点地掌握复杂的行为，既缓慢又费力，有时还要付出很大代价。显然不可能所有的行为都通过亲历来学习，例如，随着儿童年龄的增长，儿童必须学会怎样既坚持自己的权利又服从社会要求，如果仅仅依靠直接学习，那么可以想象，儿童在最终掌握这些规范之前肯定要受很多的惩罚。因此，儿童的很多行为是通过对现实的或象征性榜样行为的观察与模仿而获得的。通过观察他人行为也可以产生学习，这是班杜拉的一个重要观点。他认为在青少年儿童的学习中，观察学习处于极其重要的地位。因此，班杜拉对观察学习进行了比较系统的研究，积累了较丰富的实证资料。他的品格学习理论是以观察学习为核心而建立的。

3. 观察学习与儿童品格行为的获得

品格学习理论认为儿童是通过对榜样的模仿实现其社会化的。这种模仿是建立在对榜样行为观察的基础上的。

（1）观察学习是儿童获得品格行为的重要途径

通过观察他人行为的结果而习得品格行为的过程，是观察学习。观察学习，亦称为替代学习，即学习者通过对他人的行为及其强化性结果的观察而习得新行为的过程。这种学习不需要学习者直接地做出反应，也不需要亲自体验强化，只要通过观察他人在一定环境中的行为，观察他人所接受的强化就能完成学习。因此，通过这种方式完成的学习又称为“无尝试学习”。

（2）观察学习的过程

班杜拉将观察学习过程分为四个主要的组成部分：注意过程、保持过程、动作再现过程和动机过程。

注意过程：儿童对榜样行为的注意。注意的产生是由一系列的变量决定的，其中包括榜样的吸引力、普遍性及行为发生的环境等。以电视为例，电视节目中的榜样之所以对儿童有很强的吸引力，其原因就在于这种媒体能够有效地唤起和保持儿童的注意。

保持过程：引起注意的榜样事件必须被儿童记住，通过想象或言语表象使观察过的行为在记忆中得以重现。

动作再现过程：儿童在准确重现榜样行为之前所进行的一些尝试错误性的行为。

动机过程：当相应刺激出现时，引发儿童观察过的榜样行为。

这四个过程是紧密联系不可分割的。在任何特定的情境中，一个观察者不能重复一个示范原型的行为很可能是由于下列原因：没有注意有关活动，记忆中无动作观念，没有能力去操作或没有足够的动力。

在观察学习的过程中，幼儿的观察模仿可能是反复进行的，因而，它会构成不断的模仿循环。

（3）影响幼儿观察学习的因素

班杜拉认为，观察者的心理特征、榜样的活动特征和观察者与榜样的关系特征会影响幼儿的模仿行为，其中观察者与榜样之间的关系在某些方面对注意的影响更重要。首先，如果榜样与观察者经常在一起，或者二者相似，那么观察者就经常或容易学会榜样行为。如子女较多地模仿父母，儿童较多地模仿教师，斗殴分子则更易于模仿电视剧中的攻击行为，其原因就在于此。其次，观察者的特征，如觉醒水平、价值观念、态度定式、强化的经验也会影响观察学习的注意过程。例如，观察者对榜样行为价值的认识直接影响他是否集中注意观察榜样的行为。如果他认为榜样行为非常重要，注意就会集中；反之，注意则容易分散。这显然是心理因素对行为的影响，班杜拉称之为自我调节。最后，榜样的活动特征，如行为的效果和价值，榜样人物具有的魅力，示范行为的复杂性和生动性等，也影响注意过程。教育者可以根据这些原因来调整自己的教育策略。这说明，面对同样的榜样行为，不同的学习者可能呈现出不同的模仿行为，这是因为每个儿童的学习行为是有个体差异的。

要注意的是观察学习并不只限于所观察到的具体事物，还可以迁移到同一类或相似的事物上去。例如儿童看到一个同伴因乱扔玩具而受到惩罚，他就不敢乱放书籍，乱扔玩具与乱放书籍并不是同一件事，但都属于是否守纪律一类，因此发生了迁移。可见，观察学习的过程是复杂的，实际上远远超过了简单的模仿。此外，示范过程除了通过身体演示传递外，还可以通过语言符号的描述来传递。这种指导性模仿可以让孩子更有效率地学习①。

综上所述，根据品格学习理论，进行学前儿童社会教育应当重视恰当的行为强化，为儿童提供展示自我能力与成就的机会和舞台，还要为儿童提供值得模仿的环境与榜样。

（三）服务学习理论

和合学习理念强调培养利他性的服务者，因而，服务学习是其重要的学习理论基础。

服务学习（service-learning）兴起于20世纪80年代的美国。伴随着美国日益严重的种族冲突危机，教育改革者呼吁要培养具有批判意识、民主精神和改造社会能力的公民。其理念可追溯到杜威、克伯屈的教育思想。他们认为教育的目的是为民主主义社会培养公民，因而，要创造机会，让儿童的兴趣、社区需要和学术课程联系起来，让儿童为了改造社会而学。它把“学会服务”（learn to serve）和“在服务中学习”（serve to learn）两种行为整合起来，把“为了更好的儿童”和“为了更好的公民”两种目的整合起来。服务学习既有益于儿童理解学术内容，也有益于培养民主社会所需要的各类集体行动能力②。

1. 服务学习是在服务中学习

全美服务学习委员会从校本服务学习（school-based service learning）“是什么”和“不是什么”的维度所做的剖析，有助于我们理解服务学习本身的意蕴。第一，“服务学习是一种把社区服务和课程学习结合在一起的教学方法，而不是与学术知识毫无联系的志愿者服务项目或社区服务项目”。这就是说，只有将服务活动与学术知识结合起来，才是服务学习。第二，“服务学习是与学术课程内容及标准整合起来，而不是‘附加’（add-on）在既有的课程中”。这就是说，将服务活动表面地附加在学术课程上，不是服务学习。第三，“服务学习是儿童帮助确定并满足真实的、明确的社区需要，而不是为了毕业而去计算一定数量的服务时间”。这就是说，服务学习是“真服务”，而不是“假服务”。第四，“服

---

① ［美］Wendy Lostroff. 理解0~12岁儿童学习：应用儿童发展科学的教学策略［M］. 赵琴，译. 北京：中国轻工业出版社，2018：133.

② 张华. 论服务学习［J］. 教育发展研究，2007（5A）：1-8.

务学习在本质上是相互的，对社区和儿童双方都有益，而不是片面的，或者对儿童有益，或者对社区有益”。这就是说，服务学习是将儿童和社区融合为“一”，而不是维持原先的割裂状态。第五，“服务学习是一种鼓励并促进将主动的公民作为公立教育一部分的有效方式，而不是由学校行政人员或法院作为一种惩罚形式所强加的强迫服务”。这就是说，服务学习具有教育目的论意义——为了培养好公民。第六，“只要适合于学习目标，服务学习是可以用于任何课程领域的教学取向，而不是只用于诸如社会科课程、公民课程”。这就是说，服务学习是一种普遍教学取向，而不隶属于特定科目。第七，“服务学习是可以适用于任何年龄的人，即使是最小的孩子，而不是仅适用于高中生或大儿童”。这就是说，服务学习具有年龄的普适性①。

2. 服务学习的核心要素

第一，服务精神的培育是服务学习的重要目标之一。服务精神是文明社会的基本精神，因为文明社会里人与人之间、群体与群体之间是相互支持与尊重的，每一个人和群体都同时在“服务着”和“被服务着”。杜威曾写道：“使每个学校都成为一种雏形的社会生活，以反映大社会生活的各种类型的作业进行活动，并充满着艺术、历史和科学的精神。当学校能在这样一个小社会里引导和训练每个儿童成为社会的成员，用服务的精神熏陶他，并授予有效的自我指导的工具时，我们将拥有一个有价值的、可爱的、和谐的大社会的最强大的并且最好的保证。”② 当教育是为了一个更为文明的社会的形成时，必然会把培养服务精神作为重要目的。

第二，服务学习的内容要适应真实的社区需要。服务学习在本质上是解决儿童为什么而学习，即学习的意义问题。只有当儿童将其所学习的知识和技能用于解决社区中的真实问题时，他们才能产生强烈的意义联结，从而理解并认识到自身在社区生活中的价值与意义。“只有当儿童帮助满足真实的社区需要或帮助解决对社区重要的问题的时候，服务学习才是有效的。当服务学习被人为弄成或碰巧弄成‘做作的工作’（make-work），它往往是无效的。”③

第三，服务学习的主体是儿童。服务学习是儿童主动寻找学习意义的过程。从发现社区的需要和问题，到形成具体的服务和研究计划，再到具体执行计划和

---

① 张华. 论服务学习［J］. 教育发展研究，2007（5A）：1-8.

② ［美］约翰·杜威. 学校与社会·明日之教育［M］. 赵祥麟，任钟印，吴志宏，译. 北京：人民教育出版社，1994：14.

③ National Commission on Service-Learning. Learning in Deed：The Power of Service-Learning for American Schools. 2002.

从事服务活动，最后到系统反思、评价研究和服务活动的过程和结果，这一系列环节都尽可能由儿童主动做决定。“当年轻人在服务学习过程的各个方面主动参与决策制定的时候，它才是最有效的。”① 当然教师的有效指导是保证服务学习质量的前提，在这里，教师扮演的是一个咨询者、组织者、指导者和共同参与者的角色。

第四，服务学习的方式要建基于儿童的生活。儿童的服务学习要基于儿童的生活展开。教育者要善于引导儿童发现生活中的问题与需要，并将其与儿童的学习与服务联系起来。杜威说：“学习肯定要学习，但生活是首要的，学习是通过这种生活并与之联系起来进行的。当我们这样以儿童的生活为中心并组织儿童的生活时，我们就看到他首先不是一个静听着的人，而是完全相反。”② “生活是首要的”“以儿童的生活为中心”意味着儿童的学习不仅要满足儿童的本能和需要并据此组织起来，而且要变成儿童的主动探究。服务学习是儿童的学习，不是成人的强加。服务学习要尊重儿童的问题、意愿和决定，这是指导服务学习的基本原则。

二、学前儿童品格学习的特点

讨论儿童的学习，有几个问题需要思考：一是儿童为什么要去学习，即他学习的动机是什么；二是儿童是如何去学习的，包括他学习的方式与过程；三是儿童学到了什么，他是如何呈现他的所学的。即要探讨儿童的学习动机，学习的方式与过程，以及学习结果的呈现。我们讨论学前儿童品格学习的机制与特点也主要从这几个方面展开。

（一）学习动机的环境适应性与情感驱动性

动机是用来说明儿童发动和维持某种学习行为以达到一定目标的各种因素。驱动幼儿进行品格学习的动机主要有两个：一是环境适应性，二是情感驱动性。

1. 环境适应性

20 世纪 70 年代以来，致力于探讨学习的生物学机能的习性学习理论指出，几乎所有的行为都是适应性的，都是物种成功适应其环境的表现，都具有某种功

---

① National Commission on Service-Learning. Learning in Deed: The Power of Service-Learning for American Schools, 2002.

② ［美］约翰·杜威. 学校与社会·明日之教育［M］. 赵祥麟，任钟印，吴志宏，译. 北京：人民教育出版社，1994：14.

能，能帮助有机生命解决某些问题。同样，学习也是一种适应，当生命机体遇到环境中不确定的意想不到的和迅速变化的情况时，会发生学习。儿童对道德品格的学习也源于儿童生命适应环境的需要。《道德经》曰："道生之，德畜之，物形之，势成之。是以万物莫不尊道而贵德。"道德是生命最重要的内在潜能，也是生命的内在需要。有研究者指出："道德需要是美德形成的动力源泉。"① 为适应环境，儿童天生具有向道性，他会自发地产生品格学习行为。因而，和合学习的一个基本理念是每个儿童都具有天生的向德性，且生来就具足所有美德，教育只是帮助他们展现和发展自己的美好潜能。

2. 情感驱动性

人本主义心理学家通过研究发现，促进儿童学习的关键并不在于教师的教学技巧、专业知识、课程计划等，而在于教师与儿童之间特定的心理氛围与情感关系。这一观点尤其适合解释幼儿的学习，学前儿童常常是因为信任和爱这个世界才有丰富的模仿行为，因而，他们的学习具有明显的情感驱动性。

在品格认知、品格情感、品格行为的发展过程中，品格情感起驱动作用。一方面，学前儿童的品格认知还比较肤浅，他们对自我和他人行为是非的判断并不是建立在对社会规范的客观认识和理解的基础上的，在很大程度上取决于个人需要的满足，因而带有很强的情绪性。当他们的个人需要得到满足时就会产生愉快的情绪，这时对行为是非的判断也受到积极情绪的影响，认为是好的，易产生共鸣；否则就认为是坏的，甚至产生消极抵制情绪。另一方面，学前儿童的品格行为也常常直接受到情绪的驱使。在良好的情绪状态和情感氛围下，学前儿童更愿意按照成人的要求行动。强烈的情感共鸣及共情还能促使学前儿童主动产生品格行为。而在不良的情绪状态或情感氛围下，学前儿童则不愿意表现出好的品格行为，更容易出现攻击、破坏等不良行为。

学前儿童在品格学习中的情感驱动机制，强调品格教育要注意氛围与关系的建构，要让幼儿在积极的情感体验中进行品格实践与认知，成人要注意通过营造良好的情感氛围来促进学前儿童品格的学习与发展。和合学习理念将品格学习氛围的营造放在了品格教育策略的首位。

（二）学习方式的体验模仿性

具身认知的研究表明，儿童的认知具有涉身性、体验性；班杜拉的社会学习理论指出，直接的实践体验与观察模仿是儿童进行品格学习的两种主要方式。

---

① 周围．论积极取向道德教育视域中的品德形成机制［J］．教育学术月刊，2012（9）：27-31.

1. 实践体验性

直接的实践体验是儿童与社会环境互动的重要方式，儿童在参与社会生活的过程中，习得各种规范与文化。正如社会互动论所强调的文化的习得不是天生就存在的，而是学前儿童在与成人、同伴共同生活、交往、探索、游戏等实践活动过程中发展起来的。从学前儿童品格教育的目标看，多数是情感和行为目标，而每一种情感体验的产生和稳固，每一种行为的形成与稳定，都需要学前儿童亲身实践。助人服务行为的形成就是其中之一。学前儿童的天性中有助人的倾向，但如果成人不对这种助人的倾向加以引导，不给孩子提供练习的机会，这种倾向就会慢慢弱化下去。因此，成人需要创造机会让孩子去帮助他人、服务他人，让他们体验到助人的快乐。比如，父母请求孩子提供力所能及的帮助，教师创造机会让孩子们互相帮助，等等。在不断的实践体验中儿童积累了服务经验，学会了理解他人需要，提升了自身能力，并收获了越来越多的友谊。这样的体验与历程有益于帮助孩子成为利他服务者。

2. 随机模仿性

模仿也是幼儿品格学习的重要方式。模仿分有意识的模仿与无意识的模仿。无意识的模仿不需要儿童付出意志努力，它是自动发生的，随时在进行。因而，周围环境中发生的一切都可能被孩子照单全收。从这一意义上说，学前儿童品格学习是随机的和无意的，品格学习无处不在、无时不有。这一特点表明，为幼儿提供一个值得他们去模仿的健康环境与健康榜样是非常重要的。这是品格教育的核心所在，也是难点所在。

（三）学习过程的情境性与长期反复性

儿童的品格学习总是在一定的时空中进行的。从空间这一特性来看，我们要关注品格学习的情境性；从时间的角度看，我们要关注品格学习的长期反复性。

1. 情境性

儿童的品格学习总是在一定的情境中发生的，这是学习过程的空间特性。具身认知的研究表明儿童的认知具有环境嵌入性。“心智、身体、环境在相互作用的过程中组合成紧密交融的一体。在这个意义上，环境也是身体的一部分。环境中的物体、文化、历史事实、社会风俗、行为规则、道德规范都通过身体媒介对行为产生影响。”环境/情境是保证认知的不可缺少的条件，认知是身体在环境的主导下主动去建构而成的。儿童的品格认知也是如此。具身认知将具身分为实感具身、实境具身和离线具身三种类型。实感与实境具身是指在具体情境（真实的环境与人造的模拟环境）中的具身体验；而离线具身是指虚拟情境（如故事和音乐再造出来的虚拟情境）中的具身体验。不论哪种类型的环境，只要能够引发儿童的身体感受，引发身体与环境的互动形成体验，最终都能够影响儿童的认知内容、认知过程及认知结果。因此，品格学习中，要尽可能创设情境让儿童的身体充分地去体验。在品格学习中，生活现场的劳动实践、参观访问，能够诱发孩子的实境具身；幼儿园中的角色扮演与游戏体验能够诱发幼儿的实感具身；而故事中的情境角色能够诱发幼儿的离线具身。教师可以综合运用或创设各种情境资源与条件进行教学。

2. 长期反复性

从时间的角度看，幼儿的品格学习是一个长期反复的过程。美国心理学家埃里克森认为，儿童人格的发展是贯穿人的一生的，每个阶段都有一个普遍的发展任务。心理学和教育学研究还发现，作为儿童品格发展的核心——品德的形成是一个长期的、反复的、不断将外部规范逐步内化的过程。一种道德规范要转化为儿童的自觉行为，必须经过儿童自身的心理内部矛盾冲突，在活动和交往中反复体验和练习，才能逐渐成为其自身观念与行为的一部分。品格学习从体验、认知、内化到巩固都需要一步步深入与积累。在这一过程中，无论是哪一种品格习性的获得，儿童都需要一点点去尝试，去建构，去修正，去巩固。如对人、对事表达尊重的习惯，孩子需要在他的生活中观察到成人是如何去表达和呈现他们对人对事的尊重态度与行为的，通过无数次的无意和有意的观察和模仿，孩子才能够形成尊重的态度与行为。但在孩子的观察模仿中，孩子有时会因为能力与情绪或情境的影响，而不能很恰当地去表达尊重，因而，儿童需要在与别人的互动中去不断地修正自己的态度与表达，慢慢建构属于自己的心灵习性。

（四）学习结果的内隐性与不确定性

1. 内隐性

品格习性的获得是一个长期的过程，其学习结果也常常是隐而不显的。如坚毅勇敢的品格，需要儿童在一日日的生活与学习中，不断地重复练习，才能慢慢获得，不是一两次谈话或练习就可以获得的。正是学习结果的内隐性决定了在支持与教育的过程中，教育者不能急于求成，期待孩子能够马上表现出我们所期待的品质，而需要在方向正确、信念坚定的基础上给予儿童充分的信任与耐心的等待。也不能因为儿童偶尔失当的表现，就放弃对孩子的支持。

2. 不确定性

品格教育目标的达成也是不确定的。如教师本想培养孩子助人的品格习性，但有可能因为教师常常表扬助人的孩子，这些孩子无形中得到教师更多的关注，孩子为了得到教师更多的关注，而努力去助人，孩子在习得助人习性的同时，还习得了取悦成人的习性。这说明，品格教育的影响是弥散性的、不确定的，不同品格常常相互交织，同时也会相互影响。这决定了，品格教育不宜设立精确的目标进行点对点的教育，它需要的是滋养良好品格的环境与氛围。

三、基于和合学习理念的品格教育策略①

（一）营造品格学习的氛围

著名的人类发展生态学理论的创始人布朗芬布伦纳认为，人类发展的过程是一种在日益复杂的水平上连续不断地认识和建构其生态环境的过程。而个体发展的环境是一个由小到大层层扩散的复杂的生态系统，每一个系统都会通过一定的方式对个体的发展施以影响。这些环境以学校、家庭、社区、整个社会文化，以及个体与环境之间、环境与环境之间的相互作用过程与联系等不同的形式具体地存在于个体发展的过程中，在个体发展的不同时期在不同方面给予不同的影响，幼儿的品格学习也受到一系列环境因素的影响。

和合学习旨在帮助儿童发展利他认同，学习服务人类的终身习性，以让他们在每一个群体中去实践这些习性。这些习性的培养需要环境的支持，如何营造有利于儿童良好品格养成的学习氛围是相当重要的。

品格学习氛围的营造首先在于学校是否重视学生的品格培育，将良好品格培育作为学校教育的核心，并致力于创建一个道德学习共同体和道德社群。品格学习氛围的营造要求学校的所有人员必须承担品格教育的责任。教育者自身要对儿童的品格培养有一个正确的认识，并能身体力行地示范他想要培养孩子的种种好品格。这并不意味着教育者要完全拥有这些品格才能开展和合学习的实践，而是要求教育者在引导孩子的同时，努力使自己在这些品格的要求上提升自己，这种态度和认识会极大地影响儿童。值得注意的是，这里的教育者包括和孩子亲密接触的教师和家长，家长也要作为教育的一种力量参与到儿童的品格培养中来，因为品格的学习更多地需要依托于生活，在生活中辅助孩子进行种种心灵习性的练习，可以帮助孩子更深入地养成种种良好品格。在和合学习开始时，教师需要对和合学习的基本理念及行动和教学策略有清晰的了解，并将和合学习的计划告诉

---

① 基本策略的主要内容详见 Langness，T. Habits of Helpers［M］. The United Stated of America：Full-Circle Learning. Topanga，2005：28-51. 译文由周红提供，此处根据行文需要与实践探索做了补充、调整与修改。

家长，请求他们协助与参与，积极配合孩子完成品格主题的家庭练习。

其次，要注意班级文化的营造。班级中的人际互动是儿童道德学习的重要途径，用一些好的策略与方法引导儿童去练习好的心灵习性对于儿童品格的培养是必不可少的。和合学习的班级文化强调品格身份的认同，可以用品格来命名班级名称以强化品格目标。如对幼儿园的大一班，我们可以将其命名为“和平使者班”，这对强化他们的身份认同会产生很大的影响。同时，和合学习的班级文化还强调利他主义的互动关系。这种关系的建构可以通过协作的学习方式、重视团体成绩、弱化相互的竞争来实现，也可以在同伴产生冲突时，鼓励他们表现出利他性品格来实现。

再次，要注意社区学习文化的营造。幼儿的品格陶冶不仅仅是幼儿园的事，社会教育也需要孩子在参与社会生活的过程中来习得良好的社会品德习性。因而，谋求社区的教育支持也是开展和合学习的一个重要因素。在和合学习中，我们常常采取邀请嘉宾和走入社区与关怀社区的方式来营造学习环境。即进行品格主题学习时，可以请社区中的品格示范者来讲一讲他们是如何在自己的工作中实践这一品格的，如学习善良主题时，可让社区保安来说说他们是如何去帮助别人的；同时，也让孩子们在学习了品格主题后，带着他们的学习成果去为社区服务，如学习了尊重主题后，孩子们到社区去给老人们表演他们的舞蹈与音乐。

（二）践行品格的服务提名

根据服务学习理论，服务实践对儿童心灵习性的培育具有特别的价值。践行品格的服务提名简单地说就是根据心灵习性练习的表现来提名服务者。服务者提名的意义在于帮助儿童观察应用心灵习性的实际方法，并帮助儿童学习辨识他人的“好”，以促进团队协作、耐心、谦恭和礼貌。心灵习性的服务者提名是每一个品格主题都需要运用的一个策略，也可作为儿童在日常生活中练习心灵习性的一个重要环节，此环节通常是在需要服务协助者的时候进行。其具体的操作如下：

有需要服务的项目（如分发食物，或是其他需要帮助的班级事务），开始服务者提名时，首先，让儿童坐下来，将需要服务的项目准备好。接着，宣布提名是公开的。询问幼儿，谁观察到某位小朋友用行动表现出了当前的心灵习性（比如正在进行的关爱品格）。请注意，教师开展上述活动的目的是帮助儿童有意运用心灵习性，因此，最好是从当前的习惯着手。若没人观察到该行为，那么，教师可以询问，谁观察到哪位小朋友表现了另一个心灵习性。让举手的幼儿站起来回答，他提名谁为服务者，以及他所见到的他们表现心灵习性的事实。（幼儿如果不能很好地表述，只要简单指出就可以了。）幼儿讲述完上述内容，被提名的幼儿便站到前面来。还可继续提名 2 名或更多的幼儿。提醒幼儿，接下来的一天他们需提名新人，还要开始留意那些表现了心灵习性的人。接下来，祝贺被提名的儿童，根据情况给他们分配任务。这是一个显得有些烦琐的程序，但一旦成为班级的常规，孩子们也能很快完成这一活动。

服务者的提名要坚持两条重要原则：一是幼儿不能自己提名自己；二是幼儿不能对提名提出异议，提名总成立。强调儿童提名他人的主要意图是引导儿童去关注他人的行为；不能对提名提出异议，是因为要尊重儿童的表达。对于某个可能一整天表现得都不太好，或是班级里最不受欢迎的儿童，只要某个孩子看到他有一次表现得非常好，则他也可以获得提名。这样做能强化这名孩子的积极行为。当幼儿总是提名自己的好朋友时，教师要引导他去观察更多的小朋友。

（三）共建知识的“夹心蛋糕”策略

为了促进学习的合作与分享，需要引导儿童将他们的知识积累视为集体的过程。教育中针对一些简单但引人思考的问题，尽可能让全班每一个儿童发表他们的不同看法，鼓励他们相互倾听但又不相互复制，最后组成一个有丰富内容的知识蛋糕。同伴间相互的教和学被视为基于经验的整合学习的一部分，它可以减少源于“正确”和“错误”答案的竞争感，也可以避免总让那些因举手而获得注意的儿童起来回答问题，而忽视班级中那些占相当数量的害羞儿童。其具体的操作如下：

在任何合适的时候，提出可自由回答的问题（如：我们要如何去关心生病的丽丽？你最欣赏班级中某位同学的哪些地方?）。教师要激发每个儿童回答问题，直到建造一个夹心蛋糕，同时运用图解或绘画的方式将不同的答案写在黑板上。教师也可以请一个儿童，在每次有新答案时给蛋糕添上一层。如果儿童想不出答案，教师可以说“我一会儿再请你回答”，让儿童有足够的思考时间，最后记住再请这个儿童起来回答。

运用这一策略的原则是要让每一个儿童都发表他的意见，并尽可能是不同于其他孩子的意见，当然如果重复了其他人的答案也不要紧。重点是让每个孩子都参与知识蛋糕的建构，并让其意识到自己也为知识蛋糕的建构贡献了自己的思考。这对于培养孩子的倾听意识与合作意识而言，不失为一个日常的教学策略，在所有的领域教学中我们都可以采用这一策略来培养孩子的合作意识。这一策略可以增强学习的涉身性与情境性。

【案例】

共建“耐心”蛋糕

活动准备：

准备用淡色彩纸粘贴的大蛋糕的形状、水彩笔、油画棒、食物轮廓图。

活动过程：

1. 说说“什么是耐心”（理解“耐心”概念）

教师将孩子的回答以简笔画或图文结合的形式快速记录在蛋糕的第一层。

2. 讨论“哪些是耐心行为”（鼓励幼儿说出自己的耐心行为）

（1）“小朋友们，你们能耐心地完成哪些事情？”

（2）教师将孩子的回答以简笔画或图文结合的形式快速记录在蛋糕的第二层。

3. 谈谈“耐心完成一件事后自己的感受”（感受耐心的意义）

（1）“现在，我们已经知道了什么是耐心，也知道了怎样做才是有耐心的小朋友，你们愿意成为有耐心的小朋友吗？”

（2）“你们耐心地做完一件事情后，心里有什么感受？”

教师将孩子的回答以简笔画或图文结合的形式快速记录在蛋糕第三层。

4. 装饰耐心蛋糕

（1）幼儿尝试在蛋糕周围自由添画一些食物图案进行装饰。

（2）教师提供食物的轮廓图，鼓励幼儿进行填色并剪下，粘贴在蛋糕周围进行装饰。

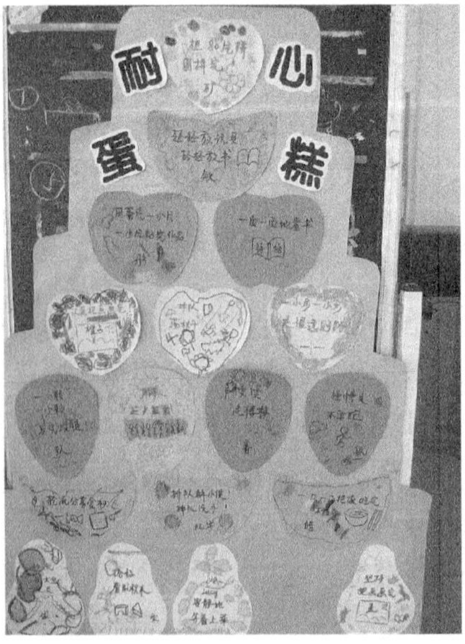

（四）增进协作与理解的冲突训练

引导幼儿学会沟通协商及理性地解决冲突，是和合学习的重要目标之一。冲突解决是一种基本的社会技能，它既包括表达个人需要的能力和倾听他人解释的能力，也包括愿意让步的心态及处理侵犯的能力。协商过程中的每个环节要求儿童能考虑他人的观点，这些复杂的技能需要经过专门的学习。冲突解决也是解决现实生活中个人问题的一个工具。

和合学习班级定期地组织正式的练习，以帮助儿童将冲突解决策略和所学到的品格主题与假设的生活中的挑战和日常事务联系起来。有三种类型的冲突练习。幼儿园的孩子通常学习解决人际冲突，这一过程一直持续到他们对这一过程非常熟悉为止。具有抽象思维能力的年龄稍大的儿童可以学习解决社区的或全球的冲突。其基本方法是两个参加者穿过冲突桥，教室中的其他同学借此机会观察，并在被请到时发表意见。其基本的步骤如下：

（1）两个儿童脱去鞋子，分别站在冲突桥的两端。最初提出要求的人说出他的需要。

（2）对面的人说出相反的需要。每个人向前一步，说出一种情绪。（注意不要让他们说出一种判断，如“我感觉他是……”）

（3）第三步，儿童必须给出足够的信息以说出他们能够获得对方同情的理由。

（4）在任何时间，教师都可以“冻结”参与者，并要求其他同学提出建议，或者参与者自己也可以从听众那里寻求建议。这一点在改述步骤中是非常重要的，在这一步中，每个参与者都要表达出对另一个参与者的感情或处境的同情。最后，两个参与者都考虑集中解决方案。

（5）如果可行，他们可以对多个思想达成一致，并且给每人发表意见的机会。帮助儿童看到对于一个问题可能存在很多的解决方案，这些方案是可能满足双方的需求的。

这一过程可列表表示如下：

冲突解决桥实例（sample conflict resolution bridge）

我想要（或我的立场是）……
我觉得……
我这样觉得是因为……
我对你的理解是……（同情的一步）

续表

也许我们应当试试……
选择三个最好的解决方案，权衡比较（shake on）
也许我们应当试试……
我对你的理解是……（同情的一步）
我这样觉得是因为……
我觉得……
我想要（或我的立场是）……

也可以让不止一对儿童连续应对同一种冲突，以说明对于一个问题可能通常有不止一种有创造性的解决方案。你同样也可以引入发生在班级中的当前事件或冲突。

当通过角色扮演、规划和其他活动来引入并教会一种新的品格习性时，要留一天的时间来进行冲突桥的训练，并且用这种特定的心灵习性来解决任意引入的冲突。教师也可以根据现实事件设计出自己的冲突。

帮助儿童建立公正的观念要求他们在两个或两个以上的观点中形成互惠的合作。这是冲突训练的一个重点所在。让儿童参与冲突解决的意义在于，使儿童认识到自己最初看问题的方式与自己的实际需要和他人的需要所能满足的方式之间存在的矛盾，从而让儿童学习观点采择与促进儿童的自立和社会效能感。在引导儿童进行冲突反思时，教育者的帮助十分必要，因为“成人可以帮助他们辨别冲突的来源，并帮助他们考虑其他人的观念”①。对于语言能力有限的幼儿，教师可以运用指偶表演的方式来示范冲突桥的对话情景，让幼儿在旁边观察，教师也可以替双方说话，以反映双方的不同观点。随着儿童的成熟，他们在表达自己的不同观点时就能扮演一个更积极的角色。

在引导幼儿进行冲突训练以前，教师需要列举一些和同事或朋友发生的冲突事件，运用冲突解决的策略来讨论你应对冲突的理由，以此来做一个自我评估。教师只有很好地理解了冲突解决的目的，并善于根据具体的情境改变应对冲突的方法，才能更好地引导幼儿去解决冲突。教师可以列出冲突的解决步骤与策略表格，并将表格塑封，以备后用。

① ［美］拉瑞·P. 纳希. 道德领域中的教育［M］. 刘春琼，等译. 哈尔滨：黑龙江人民出版社，2002：188.

（五）深化学习体验的品格冥想练习

冥想练习最开始是用于减轻儿童心理压力的一项练习，由哈佛大学医学院和戴康尼斯（Beth Israel Deaconess）医疗中心资助的一项对儿童的调查证实，那些学习过“压力控制”技巧的儿童，在集中注意力和自我指导方面的能力都有提高。那些每周至少参加两次指导性冥想课程，并连续参加至少两个学期该课程的儿童，他们的分数和学习成绩都有很大的提高。这些研究证明了指导性冥想对儿童学习的帮助，特蕾莎也将这种方法引入品格习性的学习中。

和合学习模式经常包括指导性冥想以强化学习过的品格习性。这种练习常常是在柔和的音乐、灯光中，教师用平和的语速给孩子们讲述与品格习性相关的学习情景与故事，引导孩子用心去想象好的品格习性是什么样的行为表现，会给人们带来什么样的帮助，我们如何去传递这种美好的品格习性。下面是“欣赏差异”品格主题中引导想象的示范：

（事先准备好音乐，如果没有，不用也可以）让孩子们坐在地毯上或是舒适的地方。让他们准备好放松，我们将进行一次想象之旅。（老师用平和柔缓的语气引导孩子们）

现在我们将进行一次特殊的旅行。先让我们为旅行做些准备吧。闭上眼睛，在座位上坐好。深深地往里吸一口气，屏住气，然后轻轻地呼出气。再深深地吸一口气，屏住气，然后轻轻地呼出气。（请演示）绷紧你的手臂，举起它们，然后抖动手臂以放松。绷紧你的腿，举起它们，然后抖动以放松。

一天你正在玩，妈妈让你过去见一个特殊的客人，走到门口时，你看到了一个奇特的朋友，他不会走、不会说也看不见，尽管别人提醒你：每个人都是不一样的，但他的确是太与众不同了。

这个朋友在你的肩上，你走到哪他跟到哪，伴随你一天。他不时提醒你不要嘲笑那些摔倒的人；别人做了好事，要拍手；别人干得不错时，要对他微笑；你做了好事，他也会轻声表扬你。因为他很小，所以你感觉不到他站在你的肩上的重量，但这一天他一直会帮助你，让你感到快乐。

看到了与你不一样的人，你会对他微笑并且打招呼；看到一个儿童因跑步比赛摔倒而哭，你会伸手帮助他，尽管他跑得不快，但他说得很棒而且很懂礼貌，他还有其他好的品质，于是你俩成了好朋友，整天都很开心。你去参加狂欢节的活动，和一些新认识的朋友一起吃棉花糖，一不小心把棉花糖粘到头发上了，把头发弄成了粉红色，但没人嘲笑你，因为这一整天你都善待别人，晚上回到家里，回味这一天感觉很开心。你学会了如何欣赏别人，认识到我们是人类大家族中的一员。

这些练习既可以教会儿童去放松，这在控制愤怒时通常是非常有用的，这些练习也可以帮助儿童想象出积极的场景、图像使他们迈向与心灵习性相关联的概念或目标。这一练习一般要求在一周之内至少引导孩子们进行两次，以达到帮助儿童放松与深入体会品格主题内涵的目的。不过对于幼儿来说，最好让他们感觉是在做一个想象性游戏，他们往往很喜欢玩这样的游戏。

（六）通过服务实践运用品格

利他性品格的培养是和合学习的终极目标，这一目标主要是通过培养儿童的服务意识与服务行动来达成的。因而，一切的学习最终都要落脚于服务，或是服务于自己生活问题的解决，或是服务于他人、社区或全球生活问题的解决。人道主义服务作为一个重要的内容被整合进了各环节的内容学习之中。在学科知识的学习中，知识的学习往往与解决社会问题、提高社会生活品质、回报社会的重要性联系起来。如儿童学习称量以后，他可以通过称量一定的大米去送给需要的人，从而将学习与服务联系起来；艺术的创作与学习也常常作为服务的手段而存在，在服务行动中，歌曲和儿童制作的礼物常常作为接受服务的道谢方式；用品格主题解决种种冲突与争端也成为服务的一种重要方式。

服务习性的养成需要儿童学习长期的责任和义务，也需要开展一系列的一次性的服务计划，以促使他们触及广泛的生活体验和新的兴趣领域。基于此，服务计划最好有一个固定的、不会经常发生变化的计划，如强调个人责任感的长期关心养老院的某个老人或身边需要关心和帮助的人，以及一些将各种心灵习性应用于日常生活和人际互动中的短期计划。所以与社区的服务机构建立日常性的联系是实施社区服务的一个重要部分，但对幼儿来说，服务意识的培养更多地基于日常生活中的简单事务，如帮助家人、同伴与老师做力所能及的事，或将自己所学习的新知识与才能教给他人。教育者有意识地给儿童提供种种服务练习的机会，对于培养其他人意识与服务能力是极其重要的。

这些服务项目构建了儿童的自尊，并让儿童体会到自己是社会人际网中的一员，必须与他人共同创造一个更加美好的世界。

第二部分

幼儿园品格教育实务

第五章　幼儿园品格学习氛围及其建构

近朱者赤，近墨者黑。

——［晋］傅玄

古语云“近朱者赤，近墨者黑”，道出了环境对人发展的影响。幼儿主要通过模仿和实践体验进行品格学习，因而，品格学习氛围的营造是幼儿园品格教育的基础和重点所在。德国教育学家博尔诺夫指出，教育的成功与否往往取决于生活环境中一定的内部气氛和教育者与受教育者相互间的情感态度，即教育氛围①。和合学习理念中，品格学习氛围的营造是品格教育实践的重要起点。

一、品格学习氛围的内涵及其对儿童发展的影响

（一）品格学习氛围的内涵

关于品格学习氛围，人们并没有直接的界定。它与学校氛围与道德氛围相关。氛围是弥漫在环境中的一种气氛，它影响环境中的一切，同时，环境中的人也共享这种气氛。学校氛围主要是指学校人员所体现的并对其行为产生影响的相对持续而稳定的学校环境和文化特征，积极的学校氛围具有支持鼓励、温暖接纳的特点，可以让学生和教师之间彼此信任尊重和相互关爱②。关于道德氛围，人们也有不同的诠释。有研究者认为道德氛围是调控学校及班级里社会关系、影响青少年学生道德发展的规范与价值观系统，是品格学习氛围的核心内容。这里的规范与价值观系统主要由公正价值观、关爱价值观和宽恕价值观所主导。也有研究者认为道德氛围是由学生、教师及其他学校工作人员在学校生活中通过言行方

---

① ［德］O. F. 博尔诺夫．教育人类学［M］．李其龙，等译．上海：华东师范大学出版社，1999：41.

② Herman K. C., Reinke W. M., Parkin J., et al. Childhood Depression: Rethinking the Role of the School［J］. Psychology in the Schools, 2009 (5): 433-466.

式和互动感染所形成的笼罩于整个校园，并对学校成员的道德行为构成影响的某种精神心理气氛和情调。

我们认为品格学习氛围是基于学校氛围与道德氛围的融合，有益于师生品格学习与发展的环境氛围。它具体体现为安全适宜的物质环境、公平正义的制度环境、关爱互助的人际环境及卓越与德行合一的精神环境。这一氛围在不同的教育理念与价值引导下，呈现出不同的品质特点。

（二）品格学习氛围对儿童品格学习与发展的影响

1. 品格学习氛围影响儿童的道德行为与能力

丹尼尔·布鲁曼（Daniel Brugman）等通过学校品格学习氛围感知与青少年违规行为的干预研究发现，学生对学校品格学习氛围、道德自我的复杂性和道德判断的感知有助于违规行为或亲社会行为的预测，采取干预的措施则能使学生对学校品格学习氛围产生更一致的感知，尤其是男孩子。对品格学习氛围更加一致的感知与自我报告式违规行为的频率成负相关，但与亲社会行为频率成正相关。对行为的干预效果有赖于学校①。

荷兰学者卡亚林·赫斯特（Karin Host）等通过在荷兰32所中学中选取1553名中学生作为研究对象，探查中学生的品格学习氛围感知及道德能力与品格学习氛围之关系，该项研究显示，对于品格学习氛围的感知在不同类型的不同学校之间均存在着显著差异，另外学校品格学习氛围和学生道德能力存在显著的相关②。

2. 品格学习氛围影响儿童的人格健康与认知发展

有研究者采用调查法对460名五六年级学生做了关于小学高年级儿童认知需求特点及其班级气氛的关系研究。研究结果表明，小学高年级儿童认知需求得分存在显著的学校类型差异，表现为城市儿童得分高于农村儿童，但性别和年级差异未达到显著性水平；在控制了学校类型等因素的影响后，认知需求与班级气氛的四个维度都存在显著的相关。班级气氛中的同学支持维度对认知需求得分有显著的预测作用。

---

① Daniel Brugman, Andrei Podolskij, Peter Heymans, Jan Boom, Olga Karabanova, Olga Idobaeva. Perception of moral atmosphere in school and norm transgressive behaviour in adolescents: An intervention study [J]. International Journal of Behavioral Development, 2003, 27 (4): 289-300.

② Karin Host, Daniel Brugman, Louis Tavecchio, Leo Beem. Students' Perception of the Moral Atmosphere in Secondary School and the Relationship Between Moral Competence and Moral Atmosphere [J]. Journal of Moral Education, 1998, 27 (1): 47-70.

姜春萍通过自编班级气氛量表，探讨了高中班级气氛与学生人格健康的相关性，研究表明班级气氛与学生人格健康水平相关性十分显著，班级的气氛越好，学生人格发展越健康，置身于健康的班级气氛和不健康的班级气氛里的学生，其人格差异显著。

由上，我们可以看出品格学习氛围会影响学生的整体发展，一个良好的品格学习氛围对儿童的健康成长有着重要意义。

二、品格学习氛围的建构取向

品格学习氛围的建构在不同的理论指导下有不同的取向。

（一）正义取向

1. 正义取向的理论背景

正义作为学校品格学习氛围的一个基本内容，最初是由美国著名的心理学家科尔伯格所提出的，也是学校品格学习氛围研究的开始。

1969 年，科尔伯格在以色列一个集体农庄进行研究性访问，促使了他对学校品格学习氛围的关注与研究，并于 20 世纪 70 年代初逐步形成了“正义社群”的概念。1970 年左右形成了理想学校的构想，并称这一理想学校为“小理想国”。科尔伯格的理想学校的特征是建构一个以民主治校、全体学生参与并富有正义精神的校园。在 1974 年，科尔伯格尝试将他的这一理想化为实际。他在马萨诸塞州康桥的一所学校以正义社群法进行道德教育实验，实验相当成功。在此基础上，科尔伯格在 1983 年《学校中的道德气氛》一文中强调，道德教育与潜在课程有密切关系，学校中的品格学习氛围是重要的潜在课程，在道德教育中具有不容忽视的地位并且能发挥重要的作用。

“科尔伯格认为，在具有正义社群特征的学校中，学生、教师与行政人员就教育尤其道德教育的活动共同决策、共同制订规则、共同负起责任和义务去遵守与维护规则，并使学校品格学习氛围成为有利于个人道德发展的情境。”① 关于正义社群的含义，瑞默尔（Reimer）指出，“正义社群”的意涵乃兼顾正义与社群两个概念的平衡性，一方面虽是强力诉求“集体”，另一方面则同时保障学生权利并促进其道德成长。社群，最重要的精神是一种社群意识与规范，也就是校园中师生间或学生间的团队凝聚力与良好互动精神，以及借由民主、参与、关怀

① 李伟强. 学校道德氛围的心理学研究［D］. 上海：上海师范大学，2007：3.

与负责，使全体师生融为生命共同体的感觉。科尔伯格的学生鲍威尔（Power）与瑞默尔（Reimer）对正义社群做出进一步研究，发展出与个人道德发展雷同的团体道德气氛序阶，并分为“集体规范价值”与“对社群的感受”两个层面。

2. 正义取向的价值维度

正义有丰富的内涵和广阔的外延，中西背景下，从古至今不同的时期，不同的学者对于正义的理解也是纷繁复杂的。但是透过正义“普洛透斯似的脸”，我们不难发现：正义实质上是人类的一种理想，一种对人类社会应然状态的一种希冀与追求。一般情况下，“正义是指事物之间的一种平衡的关系或秩序，是人们对某种社会关系（或反映某种社会关系的社会现象）所作出的价值评价”①。那么一个理想中正义的社会应当具备哪些不可缺少的社会价值呢？通过对西方社会正义思想的考察，我们发现：谈及正义有两个不可不谈的重要概念——平等和自由。平等和自由始终贯穿于人们对正义的思考之中。

（1）正义与平等

对于平等，我们首先要澄清一下，正义之下的平等并非是理想状态下的均等，而是一种有差别的平等。“东方社会一般将平等等同于平均，要求在某些社会地位和社会利益分配方面对每一个个人或每一个个人的某一个共同方面的完全均匀和相同。”② 然而，正义之下的平等并非是要追求这样一种绝对的平等。也可以肯定地说，在社会关系中要达到这样一种绝对的平等或者说平均主义是不可能的。

西方社会对于正义的追求，始终都隐含平等的思想在其中。从古希腊的城邦正义，到中世纪基督教的上帝面前人人平等，再到资产阶级对天赋人权自由平等的追求，尤其以罗尔斯的“作为公平的正义”为集大成者，人类从古至今不断在正义之下追求着平等。可以说，西方社会每前进一步都留下了追求平等的脚印，每一种关于正义的理论都蕴含着平等这一价值概念。亚里士多德在其著作《尼各马可伦理学》中，在谈到公正的性质和范围时从公正的相反概念不公正引出对公正的解释，“我们把违法的人和贪得的、不平等的人，称为不公正的。所以显然，我们是把守法的、公正的人称为公正的。所以，公正也就是守法的和平等的；不公正的也就是违法的和不平等的”③。而且在谈到分配的公正时，他也谈到，“既然不公正的人与不公正的事都是不平等的，在不平等与不平等之间就显然存在一个适度，这就是平等。因为，任何存在着过多过少的行为中也就存在着适度。若不公正包含着

① 陈春萍.“以人为本”的发展观与社会正义［J］. 道德与文明，2005（4）：23-27.

② 江欢. 西方视野下的正义与平等［D］. 南昌：江西师范大学，2008：10.

③ ［古希腊］亚里士多德著，廖申白译注. 尼各马可伦理学［M］. 北京：商务印书馆，2003：128-129.

不平等，公正就包含着平等……所以，公正必定是适度的、平等的（并且与某些事物相关的）”①。再如，罗尔斯的“作为公平的正义”从分配正义角度对社会制度的正义做了深刻的探讨，其中的差别原则探讨了如何调和社会和经济的不平等，使得处境不利者能够得到更多的利益，从而保证结果的平等。他的“无知之幕”的原初状态的假设也是希望从起点上满足人们的平等要求，虽然这种假设无从实现，但这种思想却蕴含了罗尔斯希望达成起点公平的愿望。

既然人们如此看重平等，那么，究竟何为平等？平等对于正义的实现又有何意义？关于平等人们从多角度进行考察：从形式平等和实质平等来看，形式平等包括身份平等、权利平等、机会平等等，实质平等包括条件平等、结果平等、状态平等；从比例平等来看，平等可分为需要区别对待的平等和无须区别对待的平等，无须区别对待的平等包括权利平等、机会平等、身份平等、起点平等等，需要区别对待的平等主要包括状态平等、条件平等、结果平等、手段平等等；从人类自身和环境要素两个方面来理解，平等又可分为人与人之间的平等和环境要素的平等。

综合看来，正义意义上的平等强调的是从关系角度来分配人们之间的利益，平等要达到的目的就是使利益的分配趋向合理，保持一种平衡，从而促进社会的正义的实现。从人与人之间的关系来看，平等体现在人格平等上，要求人与人之间相互尊重，平等对待。从社会关系来看，平等则是体现在资源的占有和分配调和上，人们追求的是机会平等和结果平等。

所以，谈及正义不可能脱离平等这样一个概念，平等是正义的内在要求。

（2）正义与自由

自由可以说是正义在微观层面的反映，关系到个人的自由权利问题。有关自由的内涵自古以来就存在着多种解释，并无绝对意义上的解释，自由实质上是一个处于相对关系中的概念，自由的界定往往借助个人权利来实现。“自由是个人权利的实质，而个人权利是自由的实际表现。”② 因此，自由实质上追求的是个人权利的最优化，而权利则是一种相对的自由，在享有自由的同时要承担一定的义务。只有在相对的条件下社会才能保证自由的实现。自由是依附于权利和权力而存在的，它是基于个人的生命和生存的尊重而提出的一个概念，所以自由的权利是神圣不可侵犯的，要实现社会的正义必须基于对人的自由权利的尊重之上，只有实现了人的自由，才可以说正义真正实现了。因此，自由是正义不可或缺的一个价值概念。

---

① ［古希腊］亚里士多德著，廖申白译注．尼各马可伦理学［M］．北京：商务印书馆，2003：134.

② 赵汀阳．普遍价值和必要价值［J］．世界哲学，2009（6）：68.

那么自由与正义有着怎样的内在联系呢？从自由的形式看来，具体有：人性固有的自由；与才智和伦理美德相关的自由；自由的获得，完全取决于有利的外在环境，即环境制约的自由①。前两者属于内在的自由，而第三种则是完全依赖于外界的自然环境和社会环境的。对于内在的自由我们可以说是不受外在因素影响的，由个人的行动和意愿来支配，而个人作为社会关系中的一员要接受社会的制约，外在的自由更加显得切合实际，更加和人们的生存与生活息息相关。因此，自由对于个体来说并不是意味着想做什么就做什么，自由不是为所欲为的绝对自由，自由有它自身的约束条件，在约束的范围内自由才能具有合理性，恰恰正义就是关于约束合理与否的衡量尺度。以上为正义与自由的关系之一。

再者，正义作为一种平衡社会关系和秩序的价值尺度，也在一定程度上保障了个体自由权利和权益，推进个体自由的实现，进而达成社会正义的实现。从个体的基本自由出发，社会要保障公民的生存权、生命权、宗教信仰和参政议政的自由等基本权利和自由，正义在此起到的作用是提供一个这样普遍的原则，来保障个体的基本自由；若是将自由用权力和权益来表达的话，那么权力和权益的平衡更加需要正义。个体权力和权益在国家权力的限制和保障下才能达到个体对于自由的充分享有，进而促进社会的整体正义和个体的幸福。

自由是有生命的。因为自由更多体现的是对人的生命和生存的尊重，将人类的尊严与正义联系在一起，赋予了自由鲜活的生命力，所以说，自由是正义的灵魂所在。

综上可以看出，"对于自由和平等来说，正义是独立的，至上的"②。正义离不开平等和自由，平等和自由是正义内在的应有之义，平等和自由无疑是解释正义的最好概念。

正义取向的品格学习氛围建构，应重点关注师生的平等与自由。

（二）关怀取向

1. 关怀取向的理论背景

"关怀取向"的品格学习氛围始于吉利根（Gilligan）所发出的"不同的声音"的隐喻。吉利根是关怀伦理的奠基人，通过对科尔伯格思想的质疑，吉利根发出了"不同的声音"。自 20 世纪 70 年代中期以来，吉利根和她的一些同事一直在"现实生活"中做道德推理的研究，以此来与假定中的道德困境做对照。

---

① 周宏芬. 教育正义论［D］. 南京：南京师范大学，2006：22.

② ［美］艾德勒. 六大观念［M］. 郗庆华，薛金，译. 北京：生活·读书·新知三联书店，1991：166.

吉利根等人的研究把科尔伯格的两难调查与答题人实际的经历联系起来，他们发现了突破道德两难困境的一种新方法，这是科尔伯格公正推理阶段理论所没有的，根据吉利根的说法，这是一种“不同的声音”。他们分辨并且形成了“一种关怀与责任的取向”，这一取向不同并且独立于科尔伯格的公正取向。她也划分出女性道德发展的三个水平：自我保存的倾向、自我牺牲的善、非暴力的道德①。他们的研究还发现更多的女性比男性更趋向于从关怀的取向做出推理，而更多的男性比女性更趋向于从道义论的、公正的取向做出推理。吉利根在其著作《不同的声音》中，总结了关怀取向的道德发展理论，提出了从关怀自我到关怀他人再到关怀他人及自我的三阶段发展理论。

吉利根开启了关怀伦理的研究，而内尔·诺丁斯（Nel Noddings）则全面建构关怀伦理理论体系并深入讨论学校关怀实践。诺丁斯对关怀的含义做了如下的解释：“一是，关怀与责任感相似，如果一个人操心某事或感到自己应该为之做点什么，她就是在关怀这件事。二是，如果一个人对某人有所期望或关注，她就是在关怀这个人。关怀一般只能通过关怀行为表达。关怀行为就是考察到具体情境中的特定的个体和他的特定的需要做出的旨在增进其福祉、有益于其发展的行为。关怀意味着对某事或某人负责，保护其利益、促进其发展。但是，关怀不是盲从，而内含有智慧的成分。”② “关怀社群”肯定的核心价值有关心、尊重、负责与和睦。

正义取向的品格学习氛围和关怀取向的品格学习氛围在性别上的侧重有所不同：在早期的正义取向的品格学习氛围研究时基本都是以男性为研究对象，很少涉及女性；而后的关怀取向的品格学习氛围研究则突破了这一局限，在研究中开始更多地关注女性。

2. 关怀取向的价值维度

（1）关怀与尊重

对人的关怀，首先需要尊重，即对他人的尊敬或重视。尊重意味着一种真诚的认可，是对自己、他人及社会的价值、能力、行为等表示承认与认可。尊重是人最重要的需要之一，其内涵体现在人与人的关系、人与社会的关系之中。已有研究主要从心理学意义和教育学意义两方面来探讨尊重的内涵。从心理学方面来说，美国心理学家马斯洛认为尊重是人的一种需要，并将其列为需要层次理论中的第四层，指出尊重需要是“希望尊重别人，也希望得到别人尊重的一种需

① 宋烨. 校园伦理智慧论［M］. 北京：高等教育出版社，广州：中山大学出版社，2006：135.
② 侯晶晶. 内尔·诺丁斯关怀教育理论述评与启示［D］. 南京：南京师范大学，2004：34.

要”①。郭黎岩指出尊重是指人在社会生活中渴求个人价值的实现，使自己既受到社会和别人的尊重，自己也能尊重别人②。马利文、陈会昌认为尊重的基本含义就是把自己和他人看成一个独立的、自由的、完整的，具有独特天性、人格和尊严的人，认为尊重是指一个人对他人的态度，包括对别人的认知、情感和行为倾向的理解与承认③。

在教育学领域，人们虽然经常使用“尊重”一词，却并没有对“尊重”进行准确的定义，研究者们大多是从意义和作用层面来进行阐述。从师生关系的角度看，黄路、喻磊等提出尊重是构成良性师生关系的重要基础，是做好学问、求到真知的前提。他们认为教育学的主体双方对彼此人格的尊重是新时期教育的要求，这表现为师生的相互认同以及变传统的单向要求为双边互重，这是双方共同的需要及要求④。冉乃彦从人的需要的角度出发，认为道德是人类的一种精神需求，道德的自律性质决定了尊重是这种精神需要的核心，因此，尊重是道德学习的基础⑤。此外，关伟等也认为尊重是一切良好道德的共同基础和起点，尊重对于许多行为规范和要求来说具有极强的聚合力，因而尊重既是道德的最基本要求，又是高层次的道德品质的确证与表征⑥。达沃尔将尊重分为两种类型：承认性尊重与评价性尊重，前者是基于人们在关于如何行动的考虑中对事实给予恰当的承认，后者是对人或他的品质的积极评价⑦。

作为品格的尊重是指人们对人与物的价值的恰当承认与积极评价。它包括对被尊重者的理解与欣赏。从内容来说主要涉及三方面：尊重自己、尊重他人、尊重所有形式的生命及环境。尊重自己，需要我们认真对待我们的生命与身体的内在价值，既不向别人卑躬屈膝，也不容许别人歧视、侮辱，即主体对自己积极、正确的肯定与评价；尊重他人，要求我们认真对待所有人的尊严和与我们自己平等的权利，而这正是适用于所有人的处世“黄金法则”，即你希望他人怎样待你，你就怎样待人；尊重整个复杂的生命之网，这就要求我们的行动顾及自然环境，即所有生命赖以生存的脆弱的生态系统⑧。

---

① 钱坤. 中国大学人文启思录（第五卷）［M］. 武汉：华中科技大学出版社，2001：314.

② 郭黎岩. 心理学［M］. 南京：南京大学出版社，2002：295.

③ 马利文，陈会昌. 尊重的心理学本质与内涵［J］. 教育理论与实践，2005（4）：31-33.

④ 黄路，喻磊. 浅谈尊重教育文化［J］. 当代教育论坛，2008（7）：22-23.

⑤ 冉乃彦. 尊重：鉴别两种道德教育的核心因素［J］. 教育科学研究，2005（10）：9-11.

⑥ 关伟，等. 教育的新理念：“尊重”教育——研究者的体会［J］. 北京教育，2001（4）.

⑦ 周治华. 伦理学视阈中的尊重［D］. 上海：复旦大学，2007.

⑧ ［美］托马斯·里克纳. 美式课堂：品质教育学校方略［M］. 刘冰，董晓航，邓海平，译. 海口：海南出版社，2001：41.

（2）关怀与责任

关怀，还意味着责任。关怀与照顾他人是伦理道德的普遍的引导性原则与基础。这一原则是通过我们诚实地选择与承诺来实现的，它具体落实在人的责任之中。在一般的意义上，人们将责任视为个人对他人和社会所应当承担的义务，它有两方面的含义，一是指处在一定社会关系中的社会成员应该履行的社会义务，二是指社会成员对自己的行为的实施承担的后果。在文化多元的时代，责任应当更多的是指个体以自己的方式做一个好人，即每个人在自觉地反思自己的生存境况和道德困境基础上，积极地行动和互动，在平等而真诚的对话基础上，对善的呼唤以自己的方式做出回应，承担起自己的道德责任。这种道德责任既是对自己的关怀，也是对他人的关怀。在这种关怀中个体不断发展蕴藏在其自身中的宝贵潜能与美质并达到卓越。

（三）整合取向

1. 整合取向的理论背景

正义取向重视道德认知的理性培育，关怀取向重视道德情感的陶冶涵蕴，道德教育中正义与关怀的争论，源于教育思维中的二元论对立。随着系统思维与整体课程理念在道德教育中的推展，人们逐渐意识到正义与关怀是不可偏废的，道德的养成既需要正义的支持，也需要关怀的照料，品格的学习与发展需要在实践与服务中统合正义与关怀。

基于过程哲学的和合学习理念以培养品格的践行者、真知的探索者、艺术的表达者、冲突的协调者、人道的服务者为目标。冲突的协调强调遵循公平正义的原则，人道的服务强调关怀与责任，在真知的探索、艺术的表达、品格的践行中将关怀与正义整合在一起。

美国“新兴品格教育运动”亦以学校“德行社群”为推动目标，期由全校师生与相关人员共同凝聚与实践“核心价值”而形成全校的整体道德气氛①。新品格教育的推动者托马斯·里克纳（Thomas Lickona）在反思传统品格教育局限及对卓越与品格人物进行研究的基础上，提出了卓越与德行的融合。他指出一个标杆学校是建基于对卓越与德行的整合追求的②。

---

① 李琪明. 台湾小学道德气氛之调查研究［J］. 台湾师大学报（教育类），2005，49（1）：4.

② ［美］Thomas Lickona. 品学兼优标杆学校：成就卓越的品格教育［M］. 刘慈惠，等译. 新北：心理出版社，2013：22.

2. 整合取向的价值维度

整合取向的价值维度中既关涉相互的平等权利，也关涉相互的关怀责任，同时还关注个人的成就，它通过对成就品格与道德品格的整合关注达成品格学习氛围的营造。

（1）卓越

卓越是一种无论结果如何都会尽力做到最好，并不断超越自己的一种态度。它是人类追求自我实现的核心要素，对卓越与成就的期待源自环境氛围所形塑的文化，不同的文化界定了学生如何被期待、如何学习及如何行事为人。当他们处在一个要求及支持卓越的文化中，他们就会全力以赴，使自己能成为其中的一分子。学校要竭力去塑造一种在乎卓越的文化，以激发学生的成就动机，并帮助学生发展追求成就的品质：主动、努力、勤奋、坚韧、创新等。

（2）德行

这里德行包含了正义与关爱，它使我们懂得以尊重及关怀去对待自己和他人，每个人对自己和他人都负有一份责任，要学习去尊重自己及他人的权利、价值及尊严，以及运用良善的方式去达到目标。没有德行的卓越有可能带来的是灾难，而没有卓越的德行有可能带来的是好心办蠢事。因而，完整的品格教育应是卓越与德行的统一。

托马斯·里克纳在《品学兼优标杆学校：成就卓越的品格教育》一书中提出了建构卓越与德行合一的学校品格学习氛围的原则。一是将卓越与德行的整合培养视为学校的核心使命和特质，以引领师生终其一生追求丰盛生命的优势能力。二是致力于营造支持及落实品学兼优之学校愿景的条件。这些条件包括优质的领导、合理的教学负荷、支持性的教学安排、值得信任且相互尊重的人际关系。三是每位教育者能尽自己的力量去贡献，对学生发挥最大的影响力。四是建立共同承担品格教育责任的德行学习社群（Ethical Learning Community）。这一社群的成员包括教职员、学生、家长和社区人士。五是建立能引导德行学习社群发展的专业德行学习社群（Professional Ethical Learning Community）。这一社群的成员主要包括学校中的所有老师、行政人员、辅导工作者等①。

相较于正义取向与关怀取向，整合取向的氛围建构强调基于行动与服务的融合，力求通过品格学习社区的打造，营造正义与关怀皆备的氛围，支持师生学术与品格的全面成长。

---

①［美］Thomas Lickona. 品学兼优标杆学校：成就卓越的品格教育［M］. 刘慈惠，等译 . 新北：心理出版社，2013：22-23.

三、基于整合取向的品格学习氛围建构策略

从和合学习理念与新品格教育的整合取向出发，我们可以从以下几个方面进行品格学习氛围的建构。

（一）重视品格，促进全员品格学习

管理者对品格的态度直接影响园所文化的价值取向，只有管理者将品格视为幼儿园文化的核心追求，才会在决策中有意识地思考品格的渗透与提升问题。

1. 将品格建构与提升作为幼儿园价值追求的核心

《礼记·大学》有言："大学之道，在明明德，在亲民，在止于至善。"2018年习近平总书记在全国教育大会上指出："要把立德树人融入思想道德教育、文化知识教育、社会实践教育各环节，贯穿基础教育、职业教育、高等教育各领域，学科体系、教学体系、教材体系、管理体系要围绕这个目标来设计，教师要围绕这个目标来教，学生要围绕这个目标来学。"幼儿园也需要把道德品格的培育放在核心位置，把品格建构与提升作为幼儿园价值追求的核心。

杭州绿城育华翡翠城幼儿园教师们在他们编写的书中写道：一个人真正的可贵之处，不是他的聪明才智，而是他的深情厚谊，有仁有义。该幼儿园自建园初就倡导"爱"的园所文化，把品格整合教育作为幼儿园持久不变的办园特色。认为品格整合教育模式是一种关注教育本质的实践模式，选择对它的实践也是一个追求实现本质教育、理想教育的过程。他们坚信"爱是人类最美丽的语言"，倡导"把最宝贵的东西给予儿童"①。

正是在这样的价值引领下，杭州绿城育华翡翠城幼儿园团队成员的品格态度渗透到了日常生活的点点滴滴中。

有家长这样写道：有很多次，在楼道上碰到保洁阿姨，不管哪位保洁阿姨总会热情地和我们打招呼："宁宁，你好啊！和妈妈回家了啊？"我觉得很不可思议，不太相信连保洁阿姨都叫得出随便哪一位幼儿的名字。后来偷偷地留意观察过一段时间，确实如此，幼儿园不管是哪一位老师或者阿姨，遇到不管是不是自己班上的小朋友几乎都可以叫得上名字。这不是一件大事，也不是一件小事，小

---

① 吴圣钧. 学前儿童品格教育的园本探索［M］. 镇江：江苏大学出版社，2016：2.

朋友和家长直接感受到的是尊重和贴心①。

2. 实施道德领导

实施道德领导是重视品格的表现之一。道德领导是品格学习氛围的核心，道德领导是学校领导者及道德权威，利用一切可以使用的领导方式，激发人们发挥出最大的潜力，引导教职工成为追随者，从而共同建立品格学习氛围的学校领导方式。

道德领导的实现很大程度上要依赖管理者道德领导力的提升。领导者的七个道德品质与组织领导绩效高度相关，具体如下：

第一，正直。领导者以开放和真诚的方式与他人沟通，能够遵守承诺并履行责任，领导者的行为与其所宣称的价值观始终保持一致，并能对错误承担责任，不会试图掩盖错误或欺骗他人。第二，利他。领导者乐于助人，把他人利益置于自我利益之上，乐于去做那些要付出额外的时间且不属于正式工作要求的服务活动。利他品质即我们通常所说的奉献精神。第三，谦逊。领导者总是以尊重的态度对待他人，承认自己的局限性和失误，并将失误归于自己的责任，但对自己取得的成就表现出谦虚态度，并将成功归于大家。第四，同理心。领导者帮助他人时，鼓励接受多样性，能够对不同类型、阶层、处境的人表示理解和尊重，并在政策制定时关注他们的不同利益。第五，个人成长及学习与适应能力。领导者积极主动地促进自身能力的不断发展，并不断提升个人自信，即使某些方面的成长对于眼前的工作来说暂时并不重要，也会积极促进成长。第六，公平与正义。领导者鼓励和支持公平待人，明确反对不公平、不公正的实践与政策。第七，赋能。领导者善于通过授权来促进他人的成长发展，针对会影响他人的决策，坦诚地征求他人的意见，基于实际情况为下属提供相应的合理程度的自治权和自行决定权，鼓励下属用合理的途径表达个人的不同意见，保持上下沟通的信息通畅，为构建领导者和成员之间的相互理解和信任关系奠定基础②。

3. 建立品格学习社群

品格学习社群的建构也是重视品格的表现之一。品格学习社群是引领与支撑品格教育的重要力量。这一社群包括幼儿园教职员工、幼儿、家长、专业人士与社区人士。在这一社群中，园长是品格学习的领导力量，幼儿园教师是品格学习的核心力量，家长、专业人士、社区人士是重要的支持力量，幼儿是重要的参与力量。园长通过对品格的重视及自身道德领导力的提升来引领幼儿园品格学习氛围的建构；教师通过卓越的教学实践、持续的专业学习与自我成长，支持幼儿的

---

① 吴圣钧．学前儿童品格教育的园本探索［M］．镇江：江苏大学出版社，2016：4.

② 翁文艳，吴智育．国外道德领导理论述评［J］．中国领导科学，2020（6）：63-69.

品格学习；专业人士通过理论的引导，家长通过主动的参与及实践，社区人士通过积极的协同，支持品格学习氛围的建构。幼儿园品格学习氛围的创建、维持和改进需要持续地从以下几个方面去努力①：

第一，发展共同的目标与认同。目标与认同的建构需要社群成员将卓越与德行视为园所发展的基石，透过提升对学习与行为的高期望，打造以卓越与德行为核心的园所文化，并不断讲述与赞扬园所发展中的品格故事与事迹，巩固园所品格文化。

第二，以预期成效与相关研究引导幼儿园教育实务。品格学习社群实践需要目标与理论的指导，并与幼儿园的各项教育实务充分整合，才能持续改进。在建立共同愿景的基础上，品格学习社群需要共同探讨具体的成效目标，阅读品格教育的相关理论与实践研究文献，并在此基础上规划与实施品格教育。

第三，社群成员承担自我持续发展的个人责任，并落实卓越与德行的集体责任。这些责任的落实需要幼儿园提供支持教职员工自我发展的时间、资源与机制。如在幼儿园开展品格学习的共同阅读计划，定期开展品格教育研习与研讨会，鼓励教师规划与分享自我成长计划，通过协同品格教学承担卓越与德行的集体责任。

第四，直面卓越与德行整合中的挑战性问题。幼儿园的品格整合教育会面临一系列的挑战，如：推动品格学习需要时间，时间从哪里来？品格整合教育的实施需要教师专业信念与专业能力的支撑，如何提升教师的品格教育信念与品格教育能力？品格学习的推展需要经费的支持，去何处获得经费？品格学习推展需要专家资源的支持，何处去获得专家资源？这些问题的解决需要品格学习社群成员的共同协商与合作，这些问题的解决也会进一步促进社群共识的达成。

（二）营造关怀与正义合一的制度文化

幼儿园文化不单单是一种环境，更是一种氛围，是一种需要长期培育、苦心经营的团体氛围。“学校文化包括学校行政文化、教师文化、学生文化、学校制度文化、学校物质文化等。在学校行政文化中最具有影响力的是校长，因为校长的角色观念和角色行为决定着学校文化的形成。”② 因此，园长作为幼儿园管理的核心和灵魂，其对园所文化的引领作用是至关重要的，管理者的管理理念在很大程度上决定了一所幼儿园的文化的基调。这就要求管理者注重为教师创造一种平等关怀的组织氛围。在幼儿园的管理过程中，给教师以公正平等的待遇，在人

---

① ［美］Thomas Lickona. 品学兼优标杆学校：成就卓越的品格教育［M］. 刘慈惠，等译 . 新北：心理出版社，2013：96-119.

② 程晓樵. 课堂互动中的机会均等［M］. 南京：江苏教育出版社，2002：87.

格上尊重关怀每一位教师，平等对待每一位教师，为教师营造一种平等关怀的氛围，让教师能够真正体会到自己受到了平等的对待，这对于教师的观念会产生一种潜在的影响，会潜移默化地影响到教师的个人教育行为，间接地影响到教师的品格教育观。在幼儿园管理中，作为管理者应该做到以下几点：

1. 营建充满人性关怀的幼儿园制度，用心去尊重每一位教师

对于人性的关怀是幼儿园制度建设所不可或缺的。就幼儿园的制度建设而言，人性的关怀主要是指对教师的尊重。在尊重教师的基础上，幼儿园制度的设计和运行还要将教师的自我实现作为最高目的，在幼儿园制度的建设过程中要充分发挥教师的智慧，不断提高教师的积极性和创造性。

管理者应该学会去尊重教师。第一，管理者要在人格上尊重每一位教师。管理者应该转变自己的管理理念，不能单纯地从管理的角度来进行管理，应该树立一种为教师、为幼儿、为幼儿园服务的理念。在园所的事务管理过程中，尊重每一位教师的人格，尊重每一位教师的付出与努力，同时为教师创造良好的工作环境和心理氛围。只有在得到充分尊重的条件下，教师才能更加重视自己的工作，更加相信自己，进而不断提高和完善自己，去做出更多的教育教学上的成绩。第二，管理者应该经常与教师进行有效的沟通。幼儿园管理中不能只靠各项规章制度来要求教师去如何做，教师只有理解了为什么要如此做才会去认真执行，所以，管理者与教师之间的有效沟通是很必要的。当然，前提是这种沟通要建立在平等的基础上，管理者应该放弃自己管理者的身份，从一个普通教师的角度来和园所的教师进行平等的沟通，这时管理者听到的才是教师们的心声，才能及时得到教师的真正回馈，进而去修订管理措施，改进管理方式方法，促进园所的更好管理。因此，平等的关系是管理者与教师沟通的必要前提。第三，管理者应充分尊重教师的主人翁地位。这主要体现在园所相关决策的制定中，既要给予教师一定的决策权、参与权，又要在决策内容中体现对教师的关怀，尽量去听取教师的一些合理的建议，接受教师的良言良策。第四，管理者应增进教师间的情感联结，增强教师们的归属感。在幼儿园的工作环境中，教师团队绝大部分是由女性组成的，他们有更多的情感需求，心思细腻，创设温暖关爱的工作氛围会使得教师们更加有归属感，把幼儿园当作家，团队的成员就像家人。有的幼儿园，每当幼儿园新学年开始之际，都会开办“迎新派对”来欢迎新老师，帮助新来的成员了解幼儿园文化及其他老师，更快更好地融入这个大家庭。也有的幼儿园在老师过生日之际，会准备“生日小惊喜”，一份小小的礼物表达的不仅是祝福，更是对老师的一片情意。有的幼儿园还组织促进老师之间互相关爱的“守护天使”活动。这些都是很好的探索。

【案例】守护天使

活动时间： 一整学期

活动介绍： 天使是“关爱、付出、责任、感恩、守护、赞美”的化身，每一位老师都是守护天使，每一位老师也都是被守护的人。在每一学期开始前，每一位老师抽选需要守护的人名。作为守护天使，需要默默地在生活上、在工作中或者是在专业上观察他的需要，守护帮助他。在学期结束时，每个人猜测守护自己的天使，最终揭晓这位朋友，并相互感恩。

一位参与的老师说：“参加这个活动，我们需要悄悄地观察自己守护的人，但实际上我们也会比平时更加注意观察身边的人。一段时间之后我们就会发现之前忽略掉的这些老师他们背后的那些辛苦，还有付出努力的那些情感。但是我们自己去观察、去帮助好朋友做了一些事情之后，会有以下的发现。第一，对他们负责的事情有了更多的了解。第二，其实世界上很多事情并不像我们想象得那么简单。还有，就是要学会感恩，我觉得是这样，就是大家总觉得好像某些事情很简单，其实轮到自己去做的时候，就会觉得这件事情挺难的。有时别人也会有别人的难处，比如说T老师吧，这个人看起来每天也没啥事情做。但是如果你自己观察他，然后去跟他沟通，你就会觉得原来大家都在默默付出，甚至那些事情可能放到自己身上就完全做不了。所以这些活动之后我会更加感恩我身边的人，感恩大家一起做出的努力。”①

“守护天使”为教师之间的互动提供了新的机遇，增进了教师之间的感情，让教师们在帮助之中拉近彼此关系，生发感恩之情。

2. 构建公正的幼儿园制度，为教师提供公平开放的平台

公正一直是人们追求的最高价值理念和崇高理想。正如罗尔斯在《正义论》中写道：“正义是社会制度的首要价值，正像真理是思想体系的首要价值一样。”② 幼儿园在制度建设过程中也要遵循这一基本原则，力图建立一个公正的幼儿园制度，保障幼儿园中每个人的平等权利，实现各种机会与资源的公正分配，为教师提供一个公正开放的平台。

在幼儿园管理中，一个公正开放的环境能够促进教师的各种素质不断提高。在公正开放的条件下，教师的主动参与性会得到积极的提升，并且能够充分发挥教师的特长，在优胜劣汰的公平机制下，教师能够不断激发自我内在的智慧与工

---

① 案例来自浙江师范大学幼儿教育集团国际部。

② ［美］约翰·罗尔斯．正义论［M］．何怀宏，等译．北京：中国社会科学出版社，1988：200.

作的热情，产生自信、自立和自强的信念，使得教师摆脱被动的硬性的制度约束，实现理性的、自由的自我提升。管理者在这方面要做到以下几点：一是协调好园所的人际关系，建立一种平等互助的人际关系。实现管理者与教师之间的平等，管理者不能把自己看成一个监督者或命令的执行者，而应该把自己也放到这个管理系统内部，以同样的规章制度和条文来约束自己的行为，在教师面前树立一个亲和友善的形象，以管理者的个人魅力实现园所管理。同时，还要促进教师之间的互助关系。二是重视每个教师的发展提高，为他们的发展提供广阔的空间，在平等竞争的条件下不断挖掘教师的潜力。三是多为教师创造合作讨论与做决定的机会，鼓励教师发表自己关于教育教学的见解。赋权可以让教师更合理有效地参与决策，能够增强教师的认同感与归属感，提升教师的责任意识。

（三）重视班级道德氛围营建，支持幼儿品格学习

一个良好的幼儿园班级精神环境对于幼儿的身心和谐发展的影响是潜在和深刻的。有研究者认为幼儿园班级精神环境的创设应使幼儿具有安全感；鼓励幼儿，使幼儿充满自信；平等对待每一个幼儿；使幼儿感受到教师的关心和集体的温暖。下面我们以一个班级的实践来说明班级氛围的营造。

1. 班级空间中的平等与关爱

Q 班级教室的座位编排有两种形式，具体编排方式如图 5-1 所示。

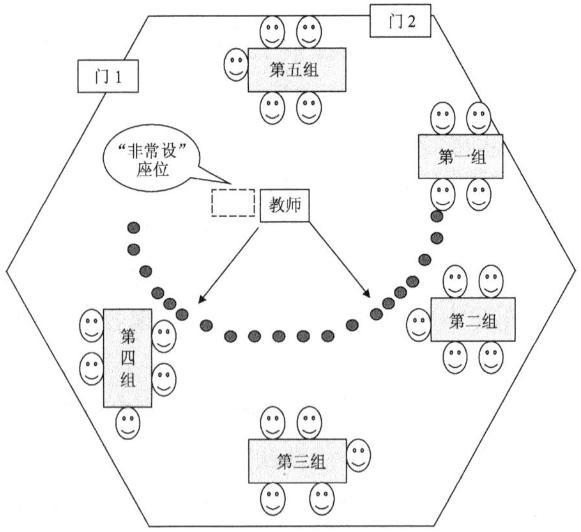

图 5-1　Q 班级座位编排方式示意图

注：门 1 是该班级通向户外的门。门 2 是与睡眠室相通的门。

由图 5-1 我们可以看出，Q 班级呈六边形结构，图 5-1 只是对该班级座位编排方式的呈现，班级的其他设置没有在图中呈现。具体来看有以下两种编排方式：一种为半圆式，即在班级的中间位置幼儿将小椅子围成半圆式而坐；另一种为小组式，即幼儿依小桌子围成一圈坐，每张桌子有 4~5 个小朋友，幼儿的分组由老师安排。关于第一种编排方式，教师在本班级中间位置画上 20 个红点，以便幼儿围成一圈，但本班实际人数为 24 人。之所以没有画和幼儿数相等的红点，是因为该班教师认为红点只是为他们提供参照，幼儿可以灵活安排位置。在观察过程中，我们发现此种座位方式主要集中用于集体教学活动。第二种小组式座位编排中，教师将本班级幼儿分成五个小组，每个小组小朋友围着同一张小桌子而坐。小组式座位编排主要用于幼儿餐点、区域活动、小组活动。在半圆式的前方是教师的位置，在其旁边设有一个“非常设”的小椅子（图中用虚线画出的方形），偶尔在进行集体教学时会有一些比较淘气或注意力不集中的小朋友坐在教师身边，以保证正常教学的进行。

关于座位对于教育教学的影响，该班教师有着自己的看法。该班教师在访谈时说：“在教学过程中由于‘视线’的原因（如图 5-1 中‘教师’释放出的两条射线所示），我经常关注中间位置的小朋友，而对于半圆形两边的幼儿有时候会有忽略，考虑到这一点，我采取了位置轮换的方式，基本上半个月会让小朋友们进行一下位置调换，而且在教学过程中自己有意地去关注半圆形两边的小朋友。”（教师访谈）

在进行小组教学或区域活动时，如果有教师讲解部分，教师通过移动式黑板进行教学，这时对于班级“五周”的小朋友来说，“第五组”（图 5-1）的小朋友处于黑板的后面，因此在教学时该班教师会让“第五组”的小朋友搬着自己的小椅子坐到其他四组，以便所有的小朋友都能听到教师的讲解。而且在讲解过程中教师会不时问起幼儿能否看到，如果有小朋友反映看不到，教师便会改变方式以照顾到全班的小朋友。

小组式座位对于该班级来说还有一个特殊的意义，在访谈的过程中，笔者了解到该班级教师对于区域活动和户外活动特别钟爱，认为区域活动和户外活动更能让孩子们快乐，激发学习兴趣，从而让幼儿充分享受美好的幼儿园生活。其中区域活动经常以小组式的形式进行。但此时的小组和座位的分组意义不同，小朋友们自由选择分组，这时五张小桌子就成了小朋友们自由分组的一个实物支撑，以一个小桌子为中心几个小朋友重新组合，很显然这种组合是处于经常变化之中的，每次幼儿们不同的选择都会组成一个新的小组。从区域活动的意义出发我们发现，该班幼儿在座位上并不是一成不变的，也不是完全由教师掌控这种分配，幼儿在此有了很大的选择余地，也更好地促进了幼儿之间的交往与互动，对整个班级平等氛围的建构有着一种潜在的促进作用。

关于“非常设”的小椅子，这个小椅子对于教师来说主要是为“特殊的孩子”而准备的，此处的特殊主要有两种情况：一种是某个小朋友发展相对较慢，这个时候教师会让他坐在自己的身边，以便能照顾到他；另一种则是为比较淘气或不遵守规则的小朋友准备的，教师会让他坐在这里，给予特殊关爱，以便保证整个教学的顺利进行。

【案例】坐在前面的D

主要对象： D小朋友

（大写英文字母D为小朋友的代号，T为教师的代号）

9：40　D被T安排到T身边，D依然淘气地对着小朋友们笑着，这时是作业检查时间，D明明带来了却站了起来，后又坐了下去，安静地听老师讲话，D去看B（B在那边擦鼻涕，用纸把两个鼻孔塞住，B和D是一个小组的），被T轻轻拍了拍又回过头来。此时因为W在小椅子上不好好坐着，被叫到T旁边的小椅子上坐，D因此而回到了自己的座位上。小朋友们说D站起来了，T说：“D你作业带了吗？”

9：52　该到讨论时间了，D最后回到座位上，和小朋友们一样和着T的歌谣做手操。J此时走进班级，她妈妈走出去，D跟到门口后又回到自己的座位上。（此时有小椅子的摇动声）T：“谁的小椅子啊？看来还是要到前面来啊？”D不再听活动，一个人脸朝后坐在小椅子上，后转过头来饶有兴趣地看着讨论的图片（一个小朋友的蚯蚓日记），后站起来看，又坐下，继而和旁边的小朋友讨论起来，T制止了他们的讨论。D又继续听着小朋友的讨论，听着听着又站起来，后又坐下，趴在B身上一会儿（两人邻座），又回过身来听，继而和B讨论起来，然又站起来向前看蚯蚓卵。因为D的行为有碍于其他小朋友听讲，D又回到了T的身边座位上。D认真去看小朋友的图片，坐在小椅子上乐着，和小朋友们打招呼并笑。继而回过头来努力看T手里的图片，因为有一个小朋友站在他前面介绍自己的图片，正好挡住了他，他看不见小朋友也看不见图片内容。因为努力去看却看不到，他后来就不去看了，对着讲述的小朋友划来划去。后来，D无目的地坐在那里晃来晃去，咬自己的衣角。接着停下来跺脚。又转过身去看T讲过的图片（讲过后图片放置的桌子离D的座位很近，伸头即可看见），不去听正在讲述的小朋友的话。接着又去咬衣角，停下来翘首看了一下T手里小朋友的“蚯蚓的日记”。后又转过身去看讲完的图片，不听T的讲述。这时，其他小朋友去拿自己的放大镜，T拽住了D不准其去拿，D只好无奈地站在那里看着其他小朋友和他们手中的放大镜，一个人在那里摇来摇去，后坐在T的椅子上望着小朋友们，T回来，D起身。

教学活动结束了，接下来是休息时间，D“解放”了，D自己离开了，终于有机会去拿放大镜了，D拿放大镜去照桌子上的什么东西，又照了照手后放回到自己的抽屉里，“满足地”准备出去玩了（休息过后是户外活动时间）。（观察记录）

教师常常会将一些发展相对较慢的小朋友叫到教师身边。该班级中有一名幼儿不太合群，户外活动时基本不参加任何游戏，除非在玩大型玩具时，但也很少去玩，而且有时候会发呆。为了照顾到该小朋友，教师在教学过程中经常会有意识地去关注他，当然并不是经常让他坐在教师旁边的椅子上。在访谈过程中该班教师表示：对于幼儿的关注并不是淘气的和很乖的容易让教师忽视；相反，恰恰是那些处于中间部分的孩子更容易受到教师相对较少的关注。之所以会有“非常设”的小椅子的现象，在进一步访谈中，教师表示并不是因为教师对某个幼儿有偏见，而是更多的出于一种教育上的考虑。这个小朋友平时比较调皮，为了帮助他养成必要的常规，让他待在教师身边会更有帮助。教师也表示：对于每一个幼儿并不是教师只关注他最好或最不好的地方，教师会尽力以一种发展的动态的全面的眼光来看待每一个孩子。以上述案例中的小朋友D为例，在平时的非正式的访谈中教师认为D有些时候确实比较淘气调皮，但是D还是很惹人喜欢的，也是很机灵的一个小朋友，是总能让教师感到快乐的一个孩子。在平时的观察过程中，笔者也充分感受到了该班级的教师对待幼儿的这样一种比较客观和全面的态度。这种客观与全面的态度有利于班级道德氛围的营建。

2. 日常活动中的自主与纪律

幼儿的日常活动是相对于集体教学活动而言的，主要包括生活活动与游戏活动。这些活动中的互动行为有更多无意识的呈现，对幼儿的品格学习有着无意识的影响。下面我们通过几个案例来看日常活动中幼儿的品格学习及其支持。

【案例一】主动做事的孩子们

主动助人的L

今天在做完早操后，老师组织小朋友们玩轮胎，取轮胎还轮胎都是小朋友们自己去做。在游戏结束后还轮胎的过程中，L在还完自己的轮胎后回来准备去老师那里排队时，看见Y小朋友费力地滚着一个大号的轮胎，因为Y是个女孩子，而且长得比较瘦弱，和大号轮胎比起来似乎不成比例，有些费力。L走到Y身边，主动帮助Y把轮胎还到轮胎放置处。

主动整理图书架的J

今晨，小朋友们还来得很少时，大家都在玩，J在插完心情牌以后在门口的小图书架边停住了，原来J是在整理书架，书架有些乱了，书摆放得不是很整齐，大书小书排列不一。J不动声色地慢慢开始整理了起来，一样的书放一起，大的和大的放一起，小的和小的放一起，再看书架时已经很整齐了。除了J会去这样做以外，其他的小朋友也经常会去主动整理书架，有时候其他小朋友看见了也会过去帮忙。

主动收拾玩具的孩子们

今晨，像往常一样来到班级后幼儿先自选玩具玩，来到班级的小朋友都会选好自己喜欢玩的玩具去玩。有的玩穿插塑料玩具；有的玩搭高高；有的去看图书……当老师说要出去做早操时，小朋友们都训练有素地快速将玩具整理好放回原处，每个小朋友在收拾玩具的时候都很主动，有的小朋友收拾完以后还会去帮助其他没有收拾完的小朋友。

孩子们这种积极主动做事的表现虽然是在没有教师的推动下完成的，但可以说这其中不能缺少教师的作用。例如，主动收拾玩具这个习惯就是班级教师通过常规培养起来的，每次游戏结束时教师都会以一段轻松愉快的音乐作为提醒，开始时听到音乐有些幼儿依旧继续游戏，但时间长了以后幼儿每当听见音乐响起就会自觉收拾玩具。可见，幼儿的主动性也是在长期的幼儿园生活中由教师一点点培养起来的，后来内化为幼儿的一种主动性习惯。因此，幼儿的主动性并不是完全没有成人的干预就能自然形成的，幼儿要实现积极自由，成人的支持是不可缺少的。因此，教师的积极有效行为对幼儿的积极自由行为的实现有促进作用。

【案例二】教师的纪律

晨间时段，小朋友们把玩具都收好以后，等着和老师一同去户外做早操，几个解好小便的小朋友在班级里玩开了，很开心地绕着跑来跑去，越跑越开心，你拍我一下我拍你一下，然后相视笑一笑，正在这时老师从睡眠室走了过来，见状给予了制止。（显然，这几个小朋友之间并没有发生身体冲突，只是在玩乐。）

在教学结束后，老师让小朋友们自由看书，每个小朋友一本书，其中有两个小朋友在看书的时候声音大了些，老师予以阻止，让其保持安静。

上述“案例二”的第一段里，教师从保护幼儿的角度，对小朋友们的玩乐予以制止。在教师眼里，只要有身体接触的互动就可能会发生人身伤害，保护好每个幼儿不受伤害是很重要的职责，家长对教师最起码的要求就是要保护孩子不受伤害，而且幼儿在身体发育方面处在一个相对脆弱的阶段，教师们必须要关注幼儿的身体保护。但是，这种过度保护不但会阻止幼儿之间的互动，也干预了幼儿的自由。

“案例二”的第二段中，教师让小朋友保持安静，这在我国幼儿园里是比较常见的现象，很多时候教师都会强调保持安静，上课保持安静，吃饭保持安静，睡觉也要保持安静。如果给了幼儿自由做事的机会，就要放开手让他们自己去支配，在自由的时间就应该让幼儿自己去支配，并不需要时时刻刻都去想把孩子们管理好。

幼儿园教师们之所以在孩子自由做事时间仍然还给予干涉，主要的原因可能是教师们没能理解自由的真正内涵。正如蒙台梭利对自由的解释：“孩子们的自由，就其限度而言，应在维护集体利益范围之内，就其行为方式而言，应具有我们一般所认为的良好教养。因此，只要孩子冒犯或干扰他人，有不礼貌或粗野行为，就应该加以制止。至于其余的一切——即有益于儿童身心的各种表现——不管是什么行为，以什么形式表现出来，教师不仅允许，而且还必须进行观察。这是关键所在。”①

3. 教师促进班级道德氛围的策略

班级文化中的自由与平等是班级道德氛围的重要影响因素，也是支持幼儿品格学习的前提性基础。因而，教师需要竭力促进班级的平等与自由。

（1）教师应树立合理的教师平等观，促进班级走向平等

在幼儿园班级中，教师是幼儿的重要他人，幼儿每天都在体会教师的言行举止，在相处的过程中受教师教育观念潜在的影响，教师的平等观必然会通过平时的言语及行为渗透到每一个幼儿的心中。因此，树立合理的教师平等观对于班级平等氛围的营造有重要的意义。

罗尔斯的两个正义原则中的第二个原则是：“社会和经济不平等应这样安排，使它们①在与正义的储存原则一致的情况下，适合于最少受惠者的最大利益；并且②依系于机会公平平等的条件下职务和地位向所有人开放。”②

---

① ［意］蒙台梭利. 蒙台梭利幼儿教育科学方法［M］. 任代文，主译校. 北京：人民教育出版社，2001：112-113.

② ［美］约翰·罗尔斯. 正义论［M］. 何怀宏，等译. 北京：中国社会科学出版社，1988：200，302.

第二个正义原则分为两个部分，第一个部分是差别原则，第二个部分是机会公平平等原则。它大致适用于收入和财富的分配，以及对那些利用权利、责任方面的不平等的组织机构的设计。前者主张给最少受惠者的经济利益补偿，要体现实质正义和结果的公平；后者强调地位和职务向愿意获取的人开放，要体现形式的正义和纯粹程序正义。可见，罗尔斯的第二个正义原则融形式平等和实质平等为一体，力图达到二者的兼顾。

这一原则对教师树立合理的平等观有重要的借鉴意义，教师在班级的教育教学过程中应坚持机会公平平等原则和差别原则，促进班级走向平等。

第一，坚持机会公平平等原则，促进班级走向形式平等。

在幼儿园的一日教育教学活动过程中，应坚持机会公平平等原则，为每个幼儿提供广泛的、具有个体适宜性的机会，为每个幼儿提供表现自己长处和获得成功的条件，并提供积极、适时的反馈，促进每个幼儿在原有水平上积极充分、富有个性地发展。这主要是保证班级所有幼儿都能够受到同等的对待，在一视同仁的原则下给予所有幼儿形式上的平等。这就要求教师在班级各项活动中都能够考虑到全体幼儿，如在教育教学过程中的提问，不偏向某个或某些幼儿，而是给予全体幼儿机会，让全班的小朋友都能够参与问题的谈论。

第二，坚持差别原则，促进班级走向实质平等。

教师要能够正确地看待班级幼儿之间的个体差异，每一个幼儿都是一个特殊的个体，都有自己的发展特性，不能要求每一个幼儿都能够按照教师的要求去做。在认识到个体差异的同时，对于发展较快或发展较慢，尤其是发展较慢的幼儿应该能够正确去对待，在教育教学中能够兼顾这类幼儿，尽量为他们创造参加活动的机会，以差别原则来对待班级里发展较慢或者在行为上有问题的小朋友。教师要以一颗博爱的心，来包容这类幼儿，在坚持机会公平平等原则的基础上，照顾到有特殊需要的幼儿，为他们创造更多的机会与条件，实现班级的实质平等。不能因为某个幼儿的某方面不足而否定其发展的潜能，应该为其创造条件来促进其发展；对于班级中发展较慢的幼儿，教师应该尽力去提供帮助，通过教育方式的调整来兼顾这类幼儿的发展。

（2）把握自由的实质，还幼儿自由的天空

“教育的第一原理是自由”①，自由是教育的应有之义。但是，任何自由都是相对的自由，超越了限制的自由是不存在的，也是不可能的。因此，我们要清楚

---

① ［日］小原国芳. 小原国芳教育论著选［M］. 由其民，刘剑乔，吴光威，译. 北京：人民教育出版社，1993：36.

地认识到自由的实质并不是放任一切的自由，而是在合理的限制下的自由，在获得自由的同时不能去损害别人的利益。幼儿获得的自由也必须是合理的，我们能够给予幼儿的自由不是放任自流的自由，而是在积极关注下的自由；在儿童发挥活泼本性的同时给予合理指导的自由，是以实现儿童的自由发展为最终目的的自由。“教育能够是，而且必须是一种解放。”① 因此，教师有实现幼儿合理自由的义务与能力，在实际的幼儿园教育教学过程中，应发挥自己的教育智慧为幼儿营造一个自由的班级。

第一，灵活运用班级常规，给予幼儿充分的自主权。

班级中的常规与自由之间确实存在诸多矛盾，但是两者是能够相容共生的。教师要真正理解班级常规的本质，班级常规本质上并不是要限制幼儿的自由，而是促成幼儿内在纪律性的生成，实现幼儿的自主性，这恰恰也是自由的内在要求。常规是人为制定的，不是必须严守的真理，在实际的教育教学过程中，教师可以灵活去运用，只要幼儿的行为没有伤害到其他人，没有妨碍教学活动的正常进行，没有妨碍其他人的活动，教师没有必要过多地干涉。教师需要做的是对幼儿不良行为的矫正，没有必要时时刻刻用常规来约束班级中的幼儿。教师应将常规让位于幼儿的自主，服务于幼儿的自主。

第二，为幼儿提供宽松的教育环境，创造更多的自由活动机会。

首先，在幼儿园一日活动中，教师在集体教学得到保证的前提下，为幼儿提供更多的自由活动时间。教师可以充分利用晨间入园、离园前这两个重要的时间段，为幼儿提供自由活动的机会，让幼儿能够充分自由地去玩耍与游戏，当然教师的监督和指导也是必需的。同时，教师也可以充分利用各项活动衔接的间隔时间让幼儿自由活动，如在幼儿午餐结束后午睡之前，教师可以为幼儿自由活动提供机会。其次，为幼儿提供丰富多彩的活动和广阔的自由活动空间。在幼儿园中区域活动是最为丰富的，教师可以充分利用区域活动为幼儿提供多种多样的活动，在不同的区域里投放丰富的材料，让幼儿自由选择喜爱的活动。同时，在条件允许的条件下，为幼儿提供尽可能大的自由活动空间。教师可以充分利用班级内外、幼儿园内外的空间资源，为幼儿提供更广阔的自由活动空间。

---

① 联合国教科文组织，国际教育发展委员会. 学会生存：教育世界的今天和明天［M］. 北京：教育科学出版社，1996：175-176.

第六章　幼儿教师的品格教育信念及其培育

信念只有在积极的行动之中才能够生存，才能够得到加强和磨砺。

——［苏］苏霍姆林斯基

教育是一种基于信念的活动，教师自身持有何种教育信念对其教学活动的设计方式、活动内容、教学策略、教学方式和手段等有直接的影响。鉴于教师信念的重要性，本章对实践品格教育的幼儿教师的信念及其养成状况进行探究，以为幼儿园品格教育教师培训提供参考。

一、教师信念及幼儿教师品格教育信念①的内涵与结构

（一）教师信念的内涵与结构

1. 信念与教育信念

探究教师信念的内涵需要以“信念”内涵的研究为基础。关于“信念”的内涵研究，人们从哲学、伦理学、心理学等不同层面上对其做了不同解释。从哲学层面的研究看：人们主要将信念看作一种行动倾向、习惯或者一种身心和灵魂的状态。从伦理学层面看：是指道德品质中居于基本的和核心地位的道德信念，是人们的道德认识、道德情感和道德意志反映在道德实践基础上的有机统一，具有稳定性和持久性的特点②。从心理学层面看：我国学者李奕、李传新总结了高玉祥等人的观点，认为信念是知、情、意的高度统一体③。

概括以上研究，我们可以将信念视为个体对事物的确定的看法、态度和倾向，这些看法、态度和倾向能够对行为产生激励作用，进而影响行为，它是知情

---

① 本章中所讲的品格教育信念特指和合学习品格教育信念。

② 高玉祥. 个性心理学［M］. 北京：北京师范大学出版社，1989：107.

③ 李奕，李传新. 信念之我见［J］. 贵州大学学报（社会科学版），2005（3）：8.

意的统一体。

关于教育信念，我国《教育大辞典》中是这样界定的：它是对一定教育事业、教育理论及基本教育主张、原则（之类较为宏观、抽象的事物）的确认和信奉①。也有学者认为教育信念是对某种教育观念、教育思想、教育理论的确认和坚信②。作为一种教育观念的形式，还有学者认为教育信念是积淀于教师心智结构的价值观念，常作为一种无意识或先验假设支配着教师的教育行为③。夏普和格林（Sharp & Green）认为，教师教育信念是指由一系列建立在对教学特性认识基础上的教学观念和高度概括的行为指令组成的教师个体教学思想体系。塔巴克尼和泽齐勒（Tabachnic & Zaichner）主张从教师观点的角度，包含了教师在工作中，对教学目标、儿童的认知概念和课程的概念，而此信念显现于教师在教室中的教学行为④。

2. 教师信念的内涵

关于信念与教育信念的研究，人们主要从教育与教学两个维度理解教师信念，教师信念可以概括为教师在教育过程中形成的关于教育教学的观念与概括化的行为指令，且这种教育信念是可以支配和影响教学行为和实践的。

波特和弗里曼（Porter & Freeman）认为教师信念是教师对教学的取向，其中包含了教师对学生、学习过程、学校在社会中的角色、教师自身、课程和教学的信念。帕哈雷斯（Pajares）认为教师的信念系统包括对教学过程的信念、教师角色的信念、学科与自我学习的信念、学习环境与教学模式的信念。我国学者叶澜认为，从宏观的角度说，教师的教育信念包括教育观、学生观和教育活动观；从微观的角度来说，主要包括关于学习者和学习的信念、关于教学的信念、关于学科的信念、关于学会教学的信念与关于自我和教学作用的信念等。目前，国内外学者普遍认为教师信念是一个庞大、复杂的系统。有些信念是显性的，有些信念则是隐性的，要通过行为或自身的表述呈现出来。

综合以上观点及研究的实际，笔者认为，教师信念是指教师对某种教育思想、教学行为、教学模式、教学策略等因素所持有的确定的观点和态度，它作为一种隐性的观念系统指导着教师的教学实践。本研究中的教师信念特指幼儿教师对和合学习模式的理念、教学设计原则、教学策略等的认知，以及在和合学习模

---

① 教育大辞典编纂委员会. 教育大辞典（增订合编本）[M]. 上海：上海教育出版社，1998：785.

② 刘莉，杨艳芳. 教师教育信念研究综述 [J]. 内蒙古师范大学学报（教育科学版），2008（12）：46.

③ 刘莉，杨艳芳. 教师教育信念研究综述 [J]. 内蒙古师范大学学报（教育科学版），2008（12）：46.

④ 粘舒愉. 幼儿园关怀气氛与教师品格教育信念、教学行为相关之研究 [D]. 台中：朝阳科技大学，2004：40.

式指导下幼儿教师在教学实践中对其教育理念运用状况所坚持的观点和态度。

3. 教师信念的结构

教师信念的结构是指构成教师信念体系的组成部分的有机组合。从不同的角度去分析，教师信念有不同的结构。从已有研究来看，关于教师教育信念的构成主要有以下观点（表 6-1）：

表 6-1　教师信念的结构①

研究者	教师信念结构
张志越	从宏观角度来看，教师的信念包括教育观、学生观和教育活动观
	从微观的角度来说，主要包括关于学习者和学习的信念、关于教学的信念、关于学科的信念、关于学会教学的信念与关于自我和教学作用的信念等
蒋祥龙	（1）教学效能感；（2）教师控制点（它是指教师将学生的好坏表现归为外部或内部原因的倾向）；（3）对学生的控制；（4）与工作压力有关的信念
王慧霞②	（1）教师效能（影响学生的自信心）；（2）知识的本质（本体论信念）；（3）激发教师产生某一行为的原因（归因、控制点、动机等）；（4）自我觉知和自我价值感（自我概念和自我尊重）、自我效能（个体完成任务的自信心）；（5）具体科目的信念（如阅读指导、阅读本质等）
Tabachnic & Zaichner（1984）	教师信念包括教师的工作信念（工作要求、工作目的、对学生的认识和对课程的熟知）和支配其课堂教学行为的决策两个方面
Pajares（1992）	（1）教师对影响学生行为改变的自信心（教学效能感）；（2）对自然和学科知识的认识（认知类信念）；（3）对教师的教与学生的学的行为动因的认识（教学活动信念）；（4）教师对自我的感知、情感的归属和自我价值判断（自我—感知观；自我—评价观）；（5）教师完成特别任务的信心（自我效能感）
Calderhead③	（1）关于学习者和学习的信念；（2）关于教学的信念；（3）关于学科的信念；（4）关于学习怎样教学的信念；（5）关于自我和教师角色的信念
Porter & Freeman④	教师对学生、学习过程、学校在社会中的角色、教师自身、课程和教学的信念

以上学者分别从教育学角度、心理学角度分析了教师信念的构成。张志越从

① 刘蝶芬．中学语文教师教育信念的个案研究［D］．北京：首都师范大学，2007：8．（部分为笔者增加内容）

② 王慧霞．国外关于教师信念问题的研究综述［J］．宁波大学学报（教育科学版），2008（10）．

③ Berliner D C，Calfee R C. Handbook of Education Psychology［C］. New York：Macmillan，1996：709-2725.

④ 林一钢．教师信念研究述评［J］．浙江师范大学学报（社会科学版），2008（3）．

教育学宏观的观念和微观的教学角度阐述了教师教育信念的结构；蒋祥龙、王慧霞和帕哈雷斯（Pajares）则从心理层面来概括教师教育信念的结构体系；塔巴克尼（Tabachnic）和泽齐勒（Zaichner）的角度与以上学者不同，他们从教师自身的角度把教师教育信念分成了两个大的部分；波特和弗里曼（Porter & Freeman）从学生、学校、教师、课程及教学多个层面来看教师教育信念的构成。

参照以上观点，笔者认为，从教育活动构成要素的角度可以将教师信念结构解析为教师关于教育课程与教学的相关因素以及教师与学生在教育活动中的角色定位和相互关系的观点与态度。笔者整合以上各家的观点，把教师信念的结构解析为教师对某种教育观念或模式的认知、教育教学活动过程中运用其理念情况的认知、教师自身反思与进步的认知与态度。

（二）幼儿教师品格教育信念的内涵与结构

1. 品格教育信念的内涵

整合以上教师信念和品格教育的内涵与结构，笔者认为品格教育信念是指教师对自身关于品格教育理念的认知、态度，以及自身在教育教学中实践品格教育模式所作的教学设计、策略调整、影响因素等主体观念的认知状况、观念建构。

2. 幼儿教师品格教育信念的结构

依据教师信念的内涵与结构、品格教育信念内涵及和合学习模式的特点，我们将幼儿教师品格教育信念的结构解析为：对和合学习品格教育理念的认识、对和合学习模式中品格主题建构思路与原则的理解、对和合学习模式中品格教育常用策略的理解与掌握、对品格教育实施效果评价方式的理解。

二、和合学习模式实践中幼儿教师品格教育信念的建构

幼儿教师品格教育的信念是在实践中慢慢建构起来的，为帮助教师理解和合学习模式下教师品格教育信念的建构历程，此处，我们结合品格教育信念的结构对和合学习模式中幼儿教师品格教育信念的建构内容与状况进行系统描述与分析。

（一）对和合学习品格教育理念的认识

幼儿教师品格教育的实践是建立在对品格教育理念认识的基础之上的。我们通过提问教师对品格教育与相关教育模式关系的看法，来了解教师对品格教育基本特点的把握情况。

1. 品格教育中的品格主题教学与日常的渗透式品格教育的区别与联系

和合学习中的品格教育是从一个清晰的品格理念出发的，教师有意识地根据孩子的特点与需要来组织教学，而日常渗透式的品格教育中，教师对品格教育常常处于无意识状态，有可能存在概念不清、不知道从哪个方面切入去组织教学的情况。当问题发生时，教师只是试图去解决问题，而解决的效果如何、类似的情况有没有再度发生、幼儿有没有学到自己如何去解决问题、有没有将品格真正地融入于心都是日常的渗透式的品格教育存在的问题。

从品格主题的方式出发，教师的教学更有针对性。教师可以根据幼儿的品格状况来专门设计一个主题，在主题结束后通过各种渠道来获得教学效果的反馈，并在此过程中及时调整策略以实现较理想的成效。而渗透式的品格教育随机性较强，缺乏系统性。

鉴于我们班的幼儿普遍存在急躁、缺乏耐心的问题，我根据这一实际问题来设计主题，设计一个系统的教学方案。这时我完全是处于有意识状态的，我会去反思，会去学习，会去和幼儿、教师沟通，调整教学策略等，教学效果也就比较明显。但是如果放在日常的情况下我可能意识不到幼儿的这些问题或者发现幼儿缺乏耐心，我可能会逐一地去提醒他们做事情要耐心一点，或者教他们如何去做，这样的话幼儿也比较被动，他不会主动地去学习品格的东西，品格教学的效果就不明显了。(教师访谈)

2. 和合学习模式中的品格主题教学与日常主题教学的区别与联系

幼儿教师认为品格教育是从一个核心品格概念出发的，以它为核心来建构系列活动，所有的活动都要落脚在品格核心理念的体验、实践与理解上。

(1) 品格主题的时间长，活动内容多样，幼儿感受更加深刻

品格教育不同于一般的教育，短时间内的效果并不明显，它需要一段时间的认知和情感的积累，慢慢地，效果才能显现出来。所以品格主题的持续时间通常比其他主题长，一般的主题持续时间大约是一周，对于以整合学习为主要课程设计模式的幼儿园可以两周学习一个品格主题，在每天的教学中都以整合学习的模式来安排教学，即上午、下午都是按照品格的课程来进行的，这适合于对品格模式的课程运用有成熟研究的幼儿园；对于将品格主题作为课程一个部分的幼儿园，可以在一个学期中安排两到三个品格主题的学习，用品格学习来整合其他领域内容的学习，从我们的实践来看，这一节奏安排比较适合我国幼儿园的具体情况；对于那些还难以将品格主题纳入幼儿园整体课程的幼儿园，可以考虑将品格

主题作为周末兴趣班或特设的活动课为幼儿开设①。

品格主题活动根据主题不同，时间长短不一，但是品格主题的持续时间短则两周，长则一个月左右，内容丰富，幼儿体验的机会多，感受更加深刻，品格的内涵更容易深入幼儿内心。

我们做过很多优秀的主题活动，但是当主题活动都结束以后，孩子们能够记住的、经常提起的就是品格主题的内容和片段，这说明幼儿对品格的体验要比其他主题深刻。（教师访谈）

品格主题活动的内容多种多样，它不仅有学科知识，而且充分整合了音乐、绘画、舞蹈等艺术形式、冲突解决等，内容丰富多彩，深受幼儿喜爱。如在“耐心”主题中，教师将绘画融入进来，以画蜗牛和粘豆子为线索培养幼儿耐心品质；品格剧场《萝卜回来了》以角色扮演的形式演绎了“友谊”的良好品格；种植“善良”植物有利于培养幼儿与人为善、真诚待人的优秀品质等。活动以多种形式进行，幼儿的参与程度高，氛围轻松自然，幼儿都能够很好地进入角色，符合幼儿的身心发展规律。详见图 6-1、图 6-2。

图 6-1　善良种子粘贴画

图 6-2　品格剧场演出

（2）注重幼儿对品格的主体体验

我国学者朱小蔓认为，体验式学习是道德教育和道德学习的主要和切合的方式之一，她把高度重视情绪、情感在个体道德形成及道德教育中的作用价值，强调以体验为基础、形成积极的情感-态度为核心，以情感与认知相互影响、促进而发展为过程，以人的情感素质为层面保证人作为道德主体的德性构成的道德教

① 甘剑梅. 幼儿园品格主题的设计与教学策略［J］. 学前课程研究，2009（9）：5.

育理念、趋向及其操作样式称为“主体体验式德育模式”①。只有重视体验活动，让幼儿亲身经历，融入自身经验，获得情绪感受，才能使道德教育真正达至个体，产生影响，逐步深化为心性品质。

体验是影响幼儿情感、态度和价值观的重要活动，和合学习模式的品格教育十分重视幼儿对品格的体验。幼儿教师认为，品格教育听起来是一个不着边际、很难抓住的东西，以前只能是通过说教的形式进行教育，幼儿年纪小，很多东西强调过后就忘记了，但是通过主题设计、创设相应的情境，把无形的东西化为有形，以有形的物体为载体，让原本难以捉摸的品格教育看得见、摸得着、体验得到，并且体验得深刻，深入内心。

品格剧场《萝卜回来了》其实就是一个很典型的情境式学习，它能让幼儿在我们精心布置的情境中表演，通过亲身感受获得、丰富幼儿真实的情感体验。（教师访谈）

品格教育最特别的地方就是“品格”两个字，它给孩子带来的不只是知识或能力的培养，更重要的是心灵的成长、灵魂的塑造。其他主题是从知识上或某一能力上进行培养，当然这些知识和能力是必不可少的，但是，能让幼儿的心灵和知识能力一起成长和提升才是完美的。如果说知识、能力是人的躯体，那么品格是人的灵魂，有了灵魂人才有活力，有了品格幼儿才有健康的心灵。

（3）重视现实人际关系、情感的建构

和合学习模式的品格教育强调人际关系的建构。人与人之间的关系是和合学习模式下品格主题需要建构的重要方面，也是区别于其他主题的主要内容。幼儿的品格教育必须坚决地做到以幼儿为本，尽园所之能，帮助指导幼儿开拓、建构丰富的现实关系，包括园内师幼、幼幼关系，家庭亲人关系，与自然、社会的关系，给予幼儿在丰富而变化的“关系”中承担角色、自我审视和考验的机会。品格教育注重幼儿之间、师幼之间的合作、冲突解决，幼儿教师通过各种渠道尽量摆脱教师来评理的现象，让幼儿学会自己去解决问题、处理人际关系，利用情绪、情感沟通机制，形成人际情感关系应答，使品格教育对幼儿的德性发展产生潜移默化的、内隐的、定向的影响。品格教育的效果不是立竿见影的，它希望通过人际情感的积淀、孕育，成为幼儿内在素质的一部分，从而支撑他们的品格信念系统。

① 朱小蔓．情感德育论［M］．北京：人民教育出版社，2005：122.

（二）对品格教育和合学习模式中品格主题建构思路与原则的理解与把握

对品格教育中主题建构思路与原则的理解与把握，影响着教师对品格主题的建构与设计。教师对这一问题的理解，主要体现在他们对品格主题设计的反思性陈述，以及对相关理论文本内容的学习与理解中。

1. 对品格教育主题建构思路的理解

专门阐释品格教育主题设计的理论文本《幼儿园品格主题的设计与教学策略》① 一文指出，品格主题建构一般遵循以下思路与逻辑：

第一，根据儿童需要确立品格学习主题；第二，确定品格主题的进行节奏与时间；第三，品格内涵的分析；第四，品格主题目标的设计；第五，品格主题单元活动的架构②。品格主题单元架构的逻辑：幼儿的品格学习一般遵循着感受—理解—深化—拓展的顺序，与此相应，一个品格主题单元的学习一般按以下环节进行：引起品格关注，初步感受品格内涵→联系日常生活与知识学习来理解与练习品格→在团体互动（如与社区或是其他班级互动）与服务实践中表达与传播品格→反思与回顾整个品格学习过程→在相关主题及日常生活中的延续③。

教师们在自己的品格主题设计中，也大致遵循了这一思路与逻辑，如 H 老师是这样来设计“善良”主题的：

针对小班幼儿的年龄特点和现实的基本班况，幼儿教师把善良品格教育的落脚点放在了以下两点：一是引导孩子善待生命，主要表现为惜命爱物，即不乱踏花木、采摘花果，不伤害小动物，爱惜自己的玩具和生活用品，爱惜公物（幼儿园的公共玩具破损较严重）；二是引导孩子帮助需要帮助的人（如帮助家人，帮助同学，帮助老师做一些力所能及的事）。

主题线索：初步感受阶段——以参观幼儿园大厅“种子成长”展板的参观活动作为主题开展的切入点，开展班级命名选举活动，引发“种植善良”的愿望。丰富体验阶段——通过欣赏绘本《玩具丢了》、儿歌《花儿好看我不摘》、绘画《多彩的善良》、《善良种子》粘贴画、每天的服务提名“我做善良宝贝”等活动帮助孩子理解“善良是花儿好看我不摘”“善良是珍惜玩具”“善良是帮助需要帮助的人”。拓展、行动阶段——通过自己照顾、养育“种子”，练习了关心与呵护植物的善良行为；通过“快乐春游”“亲子活动”“给农村幼儿园募

① 甘剑梅．幼儿园品格主题的设计与教学策略［J］．学前课程研究，2009（9）：5-7.
② 甘剑梅．幼儿园品格主题的设计与教学策略［J］．学前课程研究，2009（9）：5-6.
③ 甘剑梅．幼儿园品格主题的设计与教学策略［J］．学前课程研究，2009（9）：6.

捐”等活动，和爸爸妈妈一起实践善良，并以图文并茂的形式制作成“善良叶”，让我们的“善良种子”长成日益茂盛的“善良树”。回顾、提升阶段——我们一起回顾了整个主题过程，孩子们在生活中实施了一系列善良行为，并为大班的哥哥姐姐表演“善良”歌曲，赠送“善良种子”粘贴画，希望他们能将我们“善良的种子”传播到小学去，让大家都来做善良宝贝，做个善良的人。（教师访谈）

2. 对品格主题单元建构及教学实施原则的理解

品格教育模式强调品格学习时间的连续性、空间的渗透性、内容的丰富性和整合性、方式的行动性。每一个品格主题都根据 13S 原则①，通过丰富的活动得到深入而彻底的学习。时间的持续性既表现在每一个品格主题都在相对集中的时间②里通过集体活动与日常生活的渗透得到系统、有意的学习；也表现在对品格学习的重视应成为一个基本的教育取向，教育的所有方面都应体现品格目标，同时，儿童在家庭的时间也要有品格学习的延续性③。空间的陶冶性是强调品格主题的学习需要相应的环境氛围，教师通过引导孩子设计相应的主题墙、主题标志，并通过教师、家长与学生在生活中示范与运用品格主题来营造学习的氛围。通过全方位的渗透与影响，一个个美好的心灵习性的种子就被深深地埋入了儿童的内心，它们会随着儿童的成长而一天天壮大，也会随着儿童未来的个人生活与职业生活而成为影响世界的力量。

教师们对这几个原则也有较为深入的理解。

时间的连续性：教学时间的安排既会影响课程的展开，也会影响课程进行的深度。所以，幼儿教师要从实际出发考虑教学时间的安排，保障品格教学的有效进行。一般每一个品格主题的学习会持续 3~4 个星期，并在以后的日常生活中持续强化、渗透。品格教育不是一天两天的事情，它不是某种固定的知识和公式，记住它就能运用，品格教育不仅要求幼儿能够记住品格的含义，更要求幼儿将品格的内涵逐渐深入内心，将其变成属于个体品质的一部分，并不再轻易地忘记和改变。因此，品格主题教育需要时间，这个时间不仅是主题进行的时间，而

① 特蕾莎提出了幼儿园整合学习的 13S 原则（即 Sense It. See it. Say it. Sychronize it. Shape it. Symbolize it. Storytell it. Show It. Sing It. Supplement It. Send It. Share It. Sustain It. 参见 Langness，T. Habits of Helpers［M］. The United Stated of America：Full-Circle Learning. Topanga，2005：19-20）.

② 这里每一品格主题的时间因不同学校采用不同方式实践整合学习理念而不同，如果以此为核心课程，一个品格主题的学习需要 2~4 周，如果以此为兴趣课程或周末课程，那么这一时间会相应延长。

③ 在整合学习中每一品格主题都有相应的家庭作业，或是画下自己在家里实践品格主题的图画，或是给父母讲述相关品格故事，演唱相关品格歌曲。

且包括主题完成后的不断渗透和消化的时间，也就是要求时间上要有连续性和持久性，用一种类似润物细无声的方式逐渐地、慢慢地让幼儿接受和吸收，断断续续或者戛然而止的品格主题会让教育的效果大打折扣。

空间的渗透性：环境的刺激和熏陶也是品格教育的重要手段。进行主题活动时，幼儿教师将品格的教育要素处处渗透在孩子的生活空间中，如布置关于品格的班级标志、挂饰、墙饰，教师、家长示范的品格行为，等等。通过长时间的耳濡目染，通过环境的渲染和刺激，幼儿会不知不觉地将品格内涵带入内心。教师非常重视空间的渗透对幼儿学习的帮助，因此，每一次新的主题开始的时候教师都会认真地去思考如何将教室的环境设计得合理一些，以幼儿容易接受的方式去设计和摆设。

内容的丰富性和整合性：品格教育模式提出品格教育包括品德教育、艺术教育、学科教育、冲突解决和社区服务五大领域，和合学习中的品格教育的目的和方式是要将这五大领域的内容充分地整合，使品格教育不那么单一，而是更加丰富和富有活力。在品格主题过程中，幼儿教师会采用各种方式如音乐、品格剧场、绘画等作为品格教育的载体和辅助手段来呈现品格内容（见图 6-3、图 6-4）。

我在“耐心”的主题中就是运用“蜗牛纸浆画”的形式来作为载体的，幼儿先在画纸上画出蜗牛的形状，然后再将纸浆慢慢地粘贴上去，这实际上融合了艺术的内容。（教师访谈）

图 6-3　耐心品格墙饰

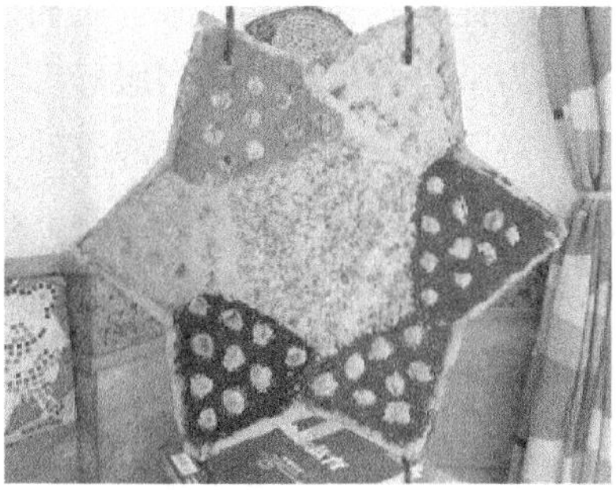

图 6-4　耐心品格艺术作品

方式的行动性：没有实践的理念是空洞的，只有实践中的理念才具有价值。任何一种品格的学习都需要在实践中去体验，良好的品格学习需要在行动性的实践服务中，才能得到更深入的内化。因此，幼儿教师非常注重品格教学的实践阶段，这一阶段不仅可以检验幼儿对品格内涵的理解程度，而且可以让幼儿亲身体验品格学习带来的快乐感受。

在服务者提名策略实施过程中，幼儿去实践某种品格后才有被提名的机会，他们很喜欢为集体服务，因此也就很注重在日常生活中去实践品格。(教师访谈)

用行动的方式、感受和体验的方式让幼儿学习品格是很有意义的，幼儿不仅是学习的，也是快乐的、最有收获的。幼儿教师认为要保证幼儿能对所涉及的品格内容加以消化吸收，就必须在活动设计时注意这四个方面的运用和协调，教学活动设计得越合理，幼儿吸收得越好。

（三）对和合学习模式中品格教育常用策略的理解和掌握

和合学习理念认为，儿童良好的品格习性只有在持久深入的滋养、学习、实践的基础上才能获得。基于品格的整合学习既强调教育的广度，也强调教育的深度。正因为以上几个特点，特蕾莎将她的这一模式命名为“Full-circle Learning”。它既有整合之意，也有完满、全面、深入与不断循环发展之意。在《助人者的习性》中介绍了十余种教学策略，幼儿教师常用的有四种：服务者提名策略、夹心蛋糕策略、冲突桥策略和品格冥想策略。那些教学策略对帮助孩子们理解品格内涵、解决同伴冲突、强化良好的品格行为非常有效。但是如何应用这些教学策略？幼儿教师经过了一段时间的摸索，总结了一些经验。

1. 服务者提名策略

服务者提名就是在需要服务者的时候，请幼儿根据他对同伴是否实践了良好品格的行为来提名由谁来充当服务者①。通过服务者提名培养幼儿的他人意识与利他性品格。这一策略的有效源于幼儿常常认为充当老师的小助手或为群体服务是一件光荣的事，这是幼儿期望的一种荣誉和机会。服务者提名的意义在于帮助学生观察应用良好品格的实际方法，并帮助学生学习辨识他人的“好”，以促进团队协作、耐心、谦恭和礼貌。服务者提名是每一个品格主题都需要运用的一个策略，教师可以以此作为幼儿在日常生活中练习心灵习性的一个重要环节，此环节通常是在需要服务协助者的时候设置。其具体的操作如下：

有需要服务的项目，开始服务者提名时，首先，让幼儿坐下来，将需要服务

① 这一策略有些类似于我国幼儿园实践中常用的选派值日生。但服务者提名不同于值日生选派的地方在于，它把值日生的确定与品格主题的学习联系起来，并要求由幼儿自己在对同伴品格行为进行观察的基础上推选服务者。用服务者提名的说法突出了值日活动的服务内涵，也突出了给予孩子观察同伴行为的练习机会。

的项目准备好（如分发食物，或是其他需要帮助的班级事务）。接着，宣布提名是公开的。询问幼儿，谁观察到哪位小朋友用行动表现出了当前的心灵习性（比如正在进行的善良品格主题）。请注意，教师开展上述活动的目的是帮助幼儿有意运用心灵习性，因此，最好是从当前的习惯着手。若没人观察到该行为，那么，教师可以询问，谁观察到哪位同学用行动表现出了另一个心灵习性。让举手的幼儿站起来回答。这名幼儿必须回答，提名谁为服务者，以及他所见到的他们行动中表现出的心灵习性的事实。（幼儿如果不能很好地表述，只要简单指出就可以了。）幼儿讲述完上述内容，被提名的幼儿便站到前面。还可继续提名 2 名或更多的幼儿，或进行有效的就餐服务所需要的人数。提醒幼儿，接下来的一天他们需提名新人，还要开始留意那些实践了心灵习性的人。接下来，祝贺被提名的幼儿，根据情况给他们分配任务。这是一个显得有些烦琐的程序，但一旦成为班级的常规，孩子们也能很快完成这一活动。

心灵习性之服务者的提名是任何整合学习项目所必需的，它已被证明是大多数孩子一天生活中最重要的部分。这一策略试图达到这样的效果：（1）让幼儿明白，即使在不同的文化背景中，向他人提供一些服务也是对自我最好的报偿；（2）帮助学生观察实践心灵习性的方法；（3）帮助学生学习辨识他人的“好”；（4）培养团队协作、耐心、谦恭和礼貌等品格。

服务者的提名有两条重要原则：一是学生不能自己提名自己；二是学生不能对提名提出异议，提名总成立。对于某个可能一整天表现得都不太好，或是班级里最不受欢迎的学生，只要某个孩子看到他有一次表现得非常好，则他也可以获得提名。这样做是为了强化或提高这名孩子的品质，也是为了培养孩子的利他性品格，已有无数事实证明了这一策略的有效性。

我们的幼儿教师将服务者提名策略运用到了请值日生这一活动中。每天的教学活动结束后是请幼儿做值日的时间，幼儿教师把幼儿聚在一起，让幼儿说出今天哪名幼儿表现了某种心灵习性，幼儿可以推荐几名备选幼儿，再从中选出票数最多的那名幼儿作为今天的值日生来为大家服务。如果幼儿今天一整天都没有表现出教师提出的那种心灵习性，则教师可以换成另外一种心灵习性，直到有幼儿表现出来。

与我们平时请值日生的方法差不多，只是平常是我们教师指定某个幼儿来做，而心灵习性的服务者提名策略比较强调由孩子来提名服务者。孩子们很喜欢这种提名方式，因为这样可以有机会为其他人服务，他们认为这是一种荣誉。（教师访谈）

2. 夹心蛋糕策略

通过协同制作知识的“夹心蛋糕”来培养孩子的合作意识。这里知识的“夹心蛋糕”是指我们关于任何一个问题的看法都有不同的层面与角度，集中起来它就变成了一个知识的“夹心蛋糕”。

对一些简单但引人思考的问题，可以让全班每一个儿童尽可能发表他们的不同看法，最后组成一个有丰富内容的知识蛋糕。这一策略的运用主要是为了帮助儿童将他们的知识积累视为集体协作的过程。相互教和学被视为基于经验的品格的一部分，它可以减少源于“正确”和“错误”答案的竞争感，也可以避免总让那些因举手而获得注意的学生起来回答问题，而忽视班级中那些占相当数量的害羞学生。其具体的操作是：

在任何合适的时候，提出可自由回答的问题（如：什么是善良?）。教师要激发每个幼儿回答问题，直到建造一个夹心蛋糕，同时运用图解或绘画的方式将不同的答案写在黑板上，这样，可以鼓励幼儿相互倾听但又不相互复制问题的答案。教师也可以请一名幼儿，在每次有新答案时给蛋糕添上一层。如果幼儿想不出答案，教师可以说“我一会儿再请你回答”，让幼儿有足够的思考时间，最后记住再请这名幼儿起来回答。详见图 6-5。

运用这一策略的原则是要让每一个儿童都发表他的意见，并尽可能是不同于其他孩子的意见，当然如果重复了其他答案也不要紧。重点是让每个孩子都参与“知识蛋糕”的建构，并让其意识到自己也为“知识蛋糕”的建构贡献了自己的思考。这对于培养孩子倾听意识与合作意识不失为一个日常的策略，在所有的领域教学中我们都可以采用这一策略来培养孩子的合作意识。

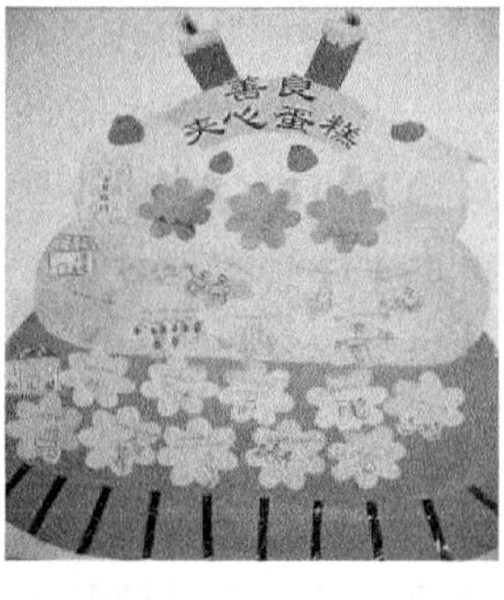

图 6-5　善良品格蛋糕

夹心蛋糕策略是和合学习模式中的教学策略，它重点强调使每个幼儿都有自我表现和善于思考的习惯，也是培养幼儿合作意识和能力的有效策略。幼儿教师在使用夹心蛋糕策略时，除了用于探讨共同解决品格问题以外，还以此来帮助孩子梳理经验，进一步理解品格内涵。比如，中班进行的“善良花开”主题中，幼儿教师在日常生活中发现，一些小朋友已经有了帮助别人的愿望，但不知道可以做些什么，什么才是善良的行为。为了进一步帮助孩子梳理经验，知道什么是善良、怎样去帮助别人，小朋友在家里、幼儿园、其他场所（公共场所）可以做哪些力所能及的善良的事，幼儿教师运用夹心蛋糕策略，让孩子们充分表达在家里、幼儿园、其他场所（公共场所）可以做一些什么善良的事，写在“善良花”上，并且设计了孩子们看得懂的标志，张贴在“善良”夹心蛋糕上，提醒孩子，这样那些想要帮助别人的幼儿就知道该采取哪些行动了。夹心蛋糕策略其实就是给幼儿提供这样一个平台，让他们每个人都有机会表达自己的思想和愿望，也提醒我们教师要全面地关注到每一个幼儿的心理。这可以促进整个班级向新的思考水平发展，也给孩子们树立一个学习的榜样，激发孩子实践善良行为的愿望和动力。(教师访谈)

3. 冲突桥策略

冲突解决是一种基本的社会技能，它包括表达个人需要的能力和倾听他人解释的能力，也包括愿意让步的心态及处理侵犯的能力。协商的过程要求儿童既能关注自己的感受和需要，也能关注别人的感受和需要。这些复杂的技能需要经过专门的学习。实践品格项目的班级会定期地组织正式的练习，以帮助学生将冲突解决策略和所学到的品格主题与假设的生活中的挑战联系起来。冲突解决训练的基本方法是两个参加者站在“冲突桥”① 的两端，通过分别说出自己的需要与感受，寻求能够有利于双方的问题解决的方式前进，在桥中间言和（见图 6-6）。教室中的其他小朋友借此机会观察，并在被请到时发表意见。其基本的步骤如下：(1) 两个学生脱去鞋子，分别站在桥的两端。最初提出要求的人说出他的需要。(2) 对面的人说出相反的需要。每个人向前一步，说出一种感受或情绪。(3) 第三步，学生必须给出足够的信息以说出他们能够获得对方同情的理由。(4) 在任何时间，教师都可以“冻结”参与者，并要求其他同学提出建议，或者参与者自己也可以从听众那里寻求建议。这一点在改述步骤中是非常重要的，在这一步中，每个参与者都要表达出对另一个参与者的感情或处境的同情。最后，两个参与者都考虑集中解决方案。(5) 如果可行，他们可以就多个想法达成一致，并且给每人发表意见的机会。冲突桥策略的运用可以帮助学生看到，同一个问题可能存在很多的解决方案，这些方案是可能满足双方的需求的。也可以让不止一对幼儿连续应对同一种冲突，以说明面对一个问题可能通常有不止一种有创造性的解决方案。教师可以根据现实事件设计出自己的冲突，同样也可以引入发生在操场上的当前事件或冲突。

① 在地面上画出的由两两相对的小脚印组成的一个角色扮演桥。

图 6-6　冲突桥练习

在品格主题的实践中，也有的教师将冲突桥作为一个常规的环境放置在活动室内，他们发现，一旦孩子学会了冲突解决的方法，他们自己有了冲突与纠纷以后，会主动地到和平桥上去协商解决，这对孩子协商能力的培养起到了积极作用。

为了能更好地适应孩子的年龄特点和学习能力，幼儿教师目前对冲突桥的使用有以下几种方式：

（1）幼儿之间：主要用于个别教育，在教师的引导下解决同伴间的矛盾冲突。这与《助人者的习性——整合学习手册》中的方法和目的一致。幼儿教师认为冲突桥的搭建会造成财力和精力的浪费，“冲突桥只是一种解决冲突的平台，我们在努力用更好的方式代替它”。但是尽管冲突桥这个物体被淡化了，但是整合模式的冲突桥策略的精神实质保留了下来。

（2）师幼之间：主要用于情景表演，再现幼儿生活情景，帮助幼儿理解品格内涵。如“小蝌蚪的心声”。

（3）各种角色之间：用于由幼儿扮演的角色游戏，教师利用故事情景中的角色冲突，让孩子以他人的角色来解决问题，丰富幼儿的品格体验。如“三只羊过桥”。

我认为冲突桥本身就是一个载体，起到桥梁和纽带的作用。在运用这个策略的时候我们特别注意让幼儿学会解决问题，而不是为了应用冲突桥而使用它。（教师访谈）

幼儿教师能灵活地运用冲突桥策略，把握尺度，让幼儿学会自己解决问题。

4. 品格冥想策略

品格冥想的练习教会学生去放松，这在控制愤怒时是非常有用的，这些练习帮助学生想象出积极的场景、图像，使他们迈向与心灵习性相联的概念或目标。起初幼儿教师会选择上午或下午某个室内活动时间，按照《助人者的习性——整合学习手册》所描述的那样，大家围坐在一起，教师用柔和的声音根据参考书中的内容和孩子一起引导想象，目的在于提高孩子的集中注意力和自我指导能力。但是在实际操作中，幼儿教师发现：由于幼儿人数比较多（35 个），大家围坐在椅子上的方式不容易让孩子们安静和集中注意力，外面走廊上经常会传出其他班发出的声音，这时就会有孩子睁开眼睛，不能进入教师引导的情境中。同时引导想象的文本中有些词语和句子比较难理解，存在一定的文化差异，所以也在一定程度上影响了孩子的想象活动，孩子们的兴趣也不大。

后来，幼儿教师对品格冥想策略在形式上进行了一些修改，每周开展 2 ~ 3 次引导想象，选择在中午睡前，让孩子们听着柔和的音乐躺在床上进行引导想象。教师根据孩子品格学习的不同阶段将发生在孩子生活中或大家一起收集来的合适的相关品格故事改编成引导想象文本。根据主题需要也会在引导想象后进行一些品格分析。品格冥想练习场景见图 6-7、图 6-8。

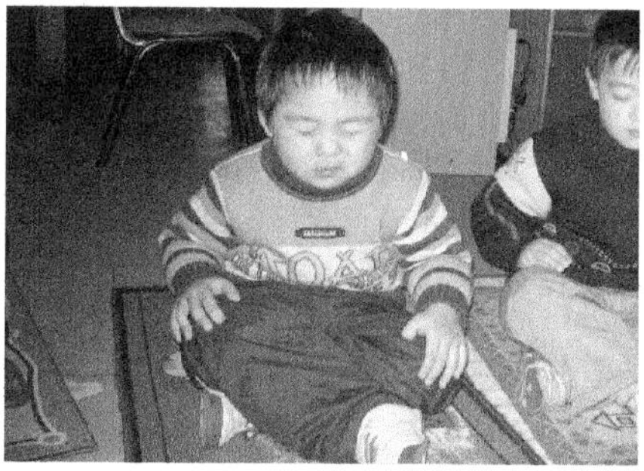

图 6-7　品格冥想练习 1

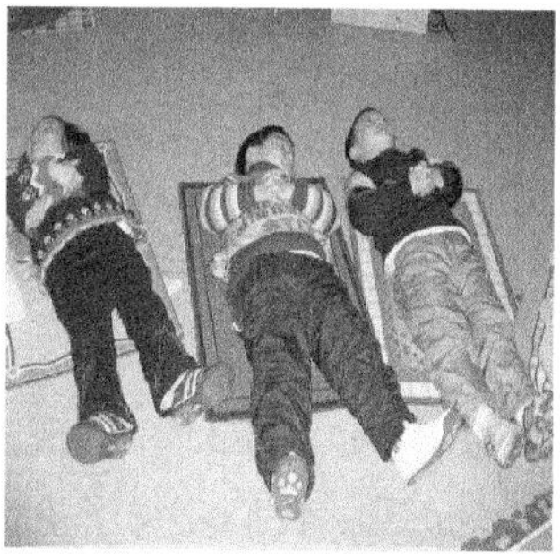

图 6-8　品格冥想练习 2

有的教师认为，品格冥想的“效果非常明显，这是我们班非常喜欢的一个活动，每天中午睡觉前就会要求老师：‘老师我们玩品格冥想练习吧！’”（教师访谈）

可见，幼儿教师实施的品想冥想已经深入到幼儿的习惯中，帮助幼儿控制自己的情绪，保持平稳的心态和积极乐观的态度。

活动案例：

让孩子们围坐在地毯上，准备好放松，我们将进行一次想象之旅。

首先，让我们为旅行做点准备吧。闭上眼，深吸一口气，屏住气，然后轻轻地呼出气。

想象：我们在一个公园里，坐在草地上，让我们躺下来，看到云朵在我们头顶上飘浮。云朵飘呀飘，我们好像也在跟着云朵飘，我们让云朵帮我们带个信，带到我最好的朋友那里，轻轻地告诉他：我喜欢你。

分析：孩子们在品格冥想时，非常投入，这是我事先没有想到的。当老师说“闭眼”时孩子们就进入了安静的状态，随着老师的叙述，孩子们更安静了，教室里一点声音也没有。阿姨从外面回来，惊讶地说：“怎么那么安静呀！”说完轻手轻脚地，生怕惊了大家的梦。老师说：“睁开。”问小朋友们：“感觉怎么样？舒服吗？”孩子们都说：“舒服。”我感觉品格冥想可以让我们的孩子从浮躁转入沉思，利于孩子集中思想。（教师访谈）

（四）对品格教育实施效果评价方式的理解

幼儿教师主要通过案例观察记录、家长的反馈、孩子的毕业感受、家长调查问卷等途径，了解到一些开展过的品格主题所收到的成效，了解孩子们在品格认知和行动上的一些成长变化。

1. 通过日常观察和幼儿记录来评价

幼儿教师主要是通过日常的观察来关注孩子的积极的变化和成长，并把它记录下来，同时也让幼儿自己记录对品格主题内容的理解。通过幼儿自己的记录，教师可以了解到孩子的内心世界；通过教师的观察和记录，教师可以了解到幼儿行为的改变，这也是在幼儿园获得教学效果的主要途径。通过对教师的访谈和对孩子的成长记录，我们获得了下面的信息：

在开展宽容主题的过程中，为了了解孩子的内心世界，能够真真切切地感受到孩子的变化和洞察力、解决问题的能力，我们先让孩子利用日记记录“什么是宽容”，随着主题的开展，在每一个不同阶段要求幼儿写关于宽容的命题日记。（教师访谈）

轩轩是这学期刚转来的小朋友，对于新环境和新朋友非常好奇和喜欢，但是有一个非常大的特点或者说是缺点——总喜欢说别人的缺点和错误，因而引起了大家不满，这对于他在新环境中的同伴交往非常不利。在这个主题中，轩轩的父母非常重视，根据主题开展的进程坚持写口述日记来了解孩子的变化。轩轩陆续写了“宽容是什么？”“我看到的宽容的事”“我做过的宽容的事”“说说我的闪光点”“说说好朋友的闪光点”等，这样的口述日记帮助轩轩改变了观察方向，全面地去了解同伴，发现了他们身上有很多值得自己学习的地方。现在的轩轩已经不像以前那样“毫不客气”地直指同伴的不足了，而是会用好听的话提出中肯的意见。比如翔翔、皮皮家长反馈中说到孩子最近总是说脏话，现在这种现象没有在他们身上出现，他们已经能有意识地控制自己的不良习惯。孩子们也开始学会欣赏别人，愿意给别人一次机会了。以前在同伴间交往中明显缺乏宽容的孩子，发生了很大变化。（教师访谈）

幼儿教师相信品格的教学可以给幼儿带来从内到外的变化，而且这种改变是看得到的。

2. 通过对家长的调查和访谈来评价

幼儿教师认为家长的反馈是幼儿教师评量教学效果的一个重要途径。通过家长和教师的沟通，教师能够了解到幼儿基本的品格状况、所学习的品格内容在家庭或社区环境中运用的情况，教师还可以根据家长反馈的信息或家长提供的思路及时反思教学、调整方案，以进一步提升教学的效果。

幼儿教师进行的“品格教育项目实施效果家长调查”显示：86%的孩子常常能友善地对待动物；60%的孩子常常能承担自己的行为责任；82%的孩子善于与同伴友好相处；75%的孩子常常能原谅和宽容别人；61%的孩子常常愿意倾听别人说话……这些数据在一定程度上体现了品格主题的成效。

在大班毕业前夕，我们做了一份“品格教育项目实施效果家长调查”。有一位妈妈这样描述道：“小雨很善良，这种品质常常会通过许多小事体现在她身上。就拿毕业典礼上发生的一件事情来说，由于场地座位有限，所以只能有一位家长参加。妈妈、爸爸，还有从小带小雨长大的外婆都很想去参加。我们把选择权交给了小雨，她非常爱爸爸、妈妈，特别想让妈妈去，可是最后她选择了外婆。小雨说：‘因为外婆年纪大了，要让外婆去。’虽然只是很小的一件事情，可通过这件事，我们发现小雨真的长大了，懂事了。非常感谢老师们开展的那些非常有意义的品格主题。”（教师访谈）

3. 幼儿教师对家长在品格教育中作用的认识

家园合作进行幼儿教育一直是幼儿教育中关注的焦点，家长的支持和理解是幼儿园开展教学活动的主要动力之一。幼儿教师认为家长对品格教育的理解和支持对其品格主题建构起到积极的作用。

绝大多数的家长很愿意配合我们的工作，而且非常关注孩子品格学习的情况，这说明他们也意识到了品格对孩子的重要性，这对我们幼儿教师来说是一件非常好的事情。也有一小部分家长不太知道品格教育的意义，通过我们的沟通，家长也通过观察到幼儿发生的改变，逐渐地明白了我们教师为孩子所做的努力，也转变了对品格教育的观念，能积极地配合我们反馈孩子的信息。有些家长能提供一些好的建议来帮助我们做好品格主题，这样我们的教学更轻松，也更有意义。(教师访谈)

三、影响幼儿教师品格教育信念建构与转变的主要因素

信念是一种内隐于人的无形的观念性形态。信念指导、激励与影响行为。

学者赵昌木认为教师信念的发展主要受到从教后的教育实践、所处的社会环境条件、教师群体间的文化特质及自身的知识储备等因素影响。也有学者认为教师信念受教师自身因素的影响。如教师的知识储备、教学经验、反思能力等。也就是说，影响教师信念的因素可能要从教师自身因素和外部因素两个方面去分析。教师自身因素包括教师的知识储备、反思、实践因素等；外部因素包括教师群体的文化特质、社会环境等。本研究将基于以上因素和教师自述的影响其信念的因素加以整合，分析出影响幼儿教师品格教育教学实践和信念的具体因素。

克拉克（Clarke）和霍林斯沃思（Hollingsworth）提出的关于教师变革的模式比较系统。他们认为教师变化受个体、外部、实践和结果四个领域影响，这四个领域通过教师的创生与反思联系在一起，形成一个教师变化的复杂系统①。王慧霞在总结了国外的一些学者的观念后认为改变信念需要一些条件：（1）已有信念使个体不满，这种不满要达到一定程度。（2）要取代它的新的信念应是很有吸引力；新的信念还要能够与原有的信念体系相协调；当新信念取代旧信念时，新信念还要被证明是有效的，才可能真正站住脚，否则还会被放弃。（3）对有关事物的认识及这种认识的深度和发展水平都影响信念的形成和变化。（4）情感体验在信念形成和改变中起重大作用，没有包含情感的内心体验，认识是不会转化为信念的，而且消极的情感还会阻碍个体形成正确认识。

以上因素都可能对教师的信念的建构与调整产生一定的作用。结合以上观点，通过与幼儿教师的谈话，笔者发现影响和转变幼儿教师和合学习信念的因素主要有以下几点：

---

① 林一钢. 教师信念研究述评［J］. 浙江师范大学学报（社会科学版），2008（3）：82.

（一）教师自身因素

1. 幼儿教师的成长经历

幼儿教师认为教师的家庭成长经历对其从事幼儿教育工作后持何种教育理念有较大的影响，成长经历包括社会、家庭、学校给予的熏陶和影响，而在这三种影响因素中，家庭因素起最重要的作用。家庭的教育环境和成长环境给了他们今天的性格、为人处事的态度，甚至作为幼儿教师的教育理念。幼儿教师认为今天的幼儿同样受三种因素的影响——社会、家庭和幼儿园，这三种因素对幼儿的影响力的大小是不同的，家庭对幼儿的影响力应该是最大的，其次是幼儿园，再次是社会。（教师访谈）

一位幼儿教师说："很多后天形成的一生都伴随着你的习惯、性格、持有的观念等都是父母、家庭环境给你的，其次才是学校、社会。现在我的很多教育理念都是从父母那里得来的，我觉得很正确，很有道理，我认为家庭教育在人的一生中是最重要的。"（教师访谈）所以，幼儿教师认为幼儿园的教育不应该只是幼儿园的事情，幼儿园应该充分地和家庭教育相结合，甚至家庭应该发挥更重要的作用，只有和家庭建立平等、合作的关系，充分地了解幼儿的家庭状况（包括父母的教育方式和理念）等，才能了解幼儿，为展开家园合作打好基础。"我家里有姐妹几个，我的爸爸比较宠我，把我当作男孩子来对待，所以我的性格比较像男孩子，也比较淘气，心胸宽阔一些，所以我在做了幼儿教师之后特别能理解那些淘气的孩子，其实他们很聪明，比如我们班的大可可，他就比较顽皮，但是我觉得他很聪明，而且在学习品格的时候我对他很有信心，也会给他更多的鼓励和信任。"（教师访谈）由此看来，幼儿教师的教养方式和理念会对他们的工作理念和方式方法产生很大的影响。

因此，幼儿教师应坚持家园共育的理念，在进行品格教学期间，坚持和家长沟通，让家长们尽可能地了解品格教育的内涵及品格教育对幼儿成长的重要性，让家长能够理解、支持并参与到品格教育中来。事实上，很多幼儿家长积极地配合着幼儿教师的工作，关于品格的家园共育也让家长学会了如何在家中实践品格教育。家庭和幼儿园的教育一致性是保证幼儿教育良好发展的前提，也使幼儿教师的教学取得了很好的效果。

2. 幼儿教师对品格教育模式的理解与认知水平

幼儿教师承认，实践反思中困惑与迷茫反映出的实质是对相关理论理解得不够透彻，教师若没有深厚的理论素养，即使有强烈的反思意识也不能达到良好的反思效果，只会陷入无效的或错误的循环。通过与理论的结合，教师的实践才有实际意义，幼儿教师的品格教育教学效果的不断提升是与其理论水平的提升分不开的。

H 教师："如果我不了解什么是品格，什么是和合学习模式，那么实现品格教育是根本不可能的，理论学习是必需的，与实践同样重要。"（教师访谈）

G 博士："对和合学习模式的认知水平也是教学活动成功与否的关键，H 老师和 F 老师参与品格教育的年限不同，对品格教育模式的认识水平也有所不同，H 老师对于这一模式及实践品格相对而言会更加得心应手一些。其实他们都意识到了对品格教育认知的重要性，只是这种理论素养的提升还需要一些时日。"（专家访谈）

幼儿教师意识到了和合学习模式及其理论的重要性，通过文献学习与实践加强自身的理论修养，从而不断突破理论上的偏颇与行动上的"故步自封"。但是，光有理论的吸收是不行的，幼儿教师还需要消化、理解透彻，而且应该将理论与品格教学实践相结合，因为和合学习模式毕竟是从国外的实践经验中总结和提炼出来的，与本土的实际情况还不尽相同，因此，对品格教育模式的认知不只是对其理论本身的照搬照抄，还应该包括在实际教学情境中的反思性运用。

3. 幼儿教师的反思意识和能力

美国学者波斯纳在反思研究中得出一个著名的公式：教师成长=经验+反思，可见反思对教师成长的重要程度，反思也是影响幼儿教师实践的重要因素。反思是教师不断审视、思考、探究、自我调适、解决自身与教育过程中各个方面（教育目标、教育策略、教育对象、教育效果等）存在的问题，达到对问题行为、教学方法策略等的优化和改善，努力提升教育实践合理性的过程，是教师自身能力提升的一种重要途径①。幼儿教师认为反思对于自己的工作很有帮助，它是对自己的教育教学行为、语言等进行的思考、分析和总结，考虑什么地方做得较好，哪些方面存在不足，找出更有针对性的办法，运用到日后的工作中，以便提高自身的认识及水平，更好地开展工作。反思意识和能力严重影响教学的效果。赵昌木等人认为教师的自我审查和反思是使教师信念转变的重要因素。"初任教师需要对自己原有的信念和观念等进行审核、梳理和反思，并决定是否对其予以修正。"② 由此看出，教师对自己原来的信念、观念的反思和修正能够改变教师的信念，使其朝着合理的方向迈进。

---

① 朱小娟. 幼儿教师反思能力培养研究［M］. 北京：教育科学出版社，2008：19.

② 赵昌木. 论教师信念［J］. 当代教育科学，2004（9）：11-14.

幼儿教师工作中使用的反思方式有内省式、经验记录式和交流式三种。内省是幼儿教师在内心对自己教学上的所思所想、所作所为的反省、评价或调节，这种思考可以提示自己哪里还有欠缺，还需要改进。经验记录是教师教学后撰写文字材料来反思自己的教学行为等，这可以帮助自己理清思路，因为是文字材料，所以可以为以后的工作提供参考。自我反省是幼儿教师几乎每天都要做的事情，在教学之余或教学过程中幼儿教师也会采用记录的形式进行反思，这种经过自己认真思考的问题再经过文字记录会加深印象，也形成了一笔经验财富，“把我们所做的品格主题的内容和反思记录下来，以后我再重新来做或别人来做的时候回顾这些材料，就会知道哪些工作必须要做，哪些不必要的或不合理的活动环节不要做，去除糟粕，留下精华”（教师访谈）。交流式的反思是选取与人交流的形式进行，也可以称为合作反思，就是通过与其他教师交流和沟通来集体反思自己的教学。交流式反思是幼儿教师最常用的反思形式，也是他们认为效果最好的形式。“因为自己思考问题的角度比较单一，而与他人交流，听取他们的意见和经验，看看别人是怎么理解品格内涵的、怎么设计活动的，判断自己的教学行为有哪些不太合理等，会使自己对问题的分析比较全面具体，也比较客观，有些自己怎么想都想不通的问题可能别人一点拨就茅塞顿开了，这就是集体智慧的力量和优势。”（教师访谈）反思是个体内部的思考活动，幼儿教师的思考取决于其态度与责任感。那些反思意识不够、重视程度不够、对反思有错误认识的教师通常只停留在经验层面，很难有自我突破；具有问题意识的教师通常能够以敏锐的洞察力发现问题、解决问题，善于通过反思来发现教育教学中的疑点，敢于创新，敢于坚持自己的见解，从而突破自我，实现新的知识建构和实践方式。

但是，幼儿教师具有反思意识并不等同于会有同样的反思效果。反思的能力还受内隐的教育观念、个体知识经验、反思方法的影响，“我们的反思有时会遇到障碍，可能反思能力还需要提升”（教师访谈）。事实上，指导专家对幼儿教师的反思态度和教学能力的成长给予了肯定的态度：

H老师最开始做的主题是“尊重”，那时她对品格理念了解得不多，品格教学活动设计基本是按照《助人者的习性——整合学习手册》来的，我们之间讨论的内容也都是不具体的，在我们了解到班级及幼儿的具体情况后想到了调整策略，但是不知道如何调整。后来H老师在做一个活动叫作“爱护图书”，目的是让幼儿注意不要破坏图书，H老师给他们讲解书的历史，但是“爱图书”也仅仅是停留在了口头上，第二天幼儿还是在书上乱画。对于这种情况，我和我们的品格活动研究小组与H老师进行了探讨，希望以“尊重和爱护图书”为主题来开展一次品格主题活动。首先给幼儿讲解纸张的制作过程，从书写，到印刷、装订，到在书店上架，再到从书店把它们买回来，这个过程是很不容易的，书是很珍贵的东西，这时幼儿就明白了自己为什么要爱惜它。拓展了这部分内容之后，又安排幼儿修补图书活动、开展服务项目，帮助小班的幼儿修补图书，终于使幼儿认识到了如何去珍惜图书和修补图书，这个过程下来以后效果非常明显，幼儿在书上乱写乱画的行为明显减少了。这个过程是有些痛苦的，就像幼虫化茧成蝶，有一个蜕变过程，但是在有交流、有指导、有反思的活动成功之后，H老师明显地成长了。（专家访谈）

下面以F教师“耐心”主题活动为例看一看她的活动反思过程：

（1）明确主题的侧重点

我们这个主题以“耐心”品格培养为主线，通过各种各样的艺术形式来发展孩子的耐心是我们的重点。最初我们设想的主题线索如下：第一，作品展开式；第二，欣赏一些有关耐心的小故事和做一些训练耐心的小游戏。接下来我们还会对幼儿一些生活方面的事件进行记录、重现和讨论。但是在做的过程中我们出现了偏差，做完以后我们发现这个主题给我们的感觉更像是一个美术性的艺术主题，而非品格主题了。这是我们在活动开展的过程中没有考虑到的因素。其实主题做到后来我们应该慢慢地感受到，耐心本身就有多个评价的维度，等待是一种耐心，坚持是一种耐心，我们在第二周慢慢地把重点转向“坚持就是一种耐心”这一品质上。

（2）注重主题的多领域性

一个优秀的主题应该为孩子提供更加丰富的学习资源，它应该是多领域的。我们要为孩子搜集更多的材料，创设更多的领域活动，使孩子的能力得到全面的发展。

（3）重视主题开展的时间选择

我们选择在学期快结束的时候来做这个主题，结果发现这个时候并不适合做这样一个需要长时间且自主生成的主题。学期末老师们都忙着整理资料，孩子们的情绪也因快放假而变得不是很稳定了，所以对我们主题的开展造成了很大的影响。不过没关系，这也是一次不错的尝试，最起码我们明白了主题开展的时间选择是非常重要的。经过大家的讨论，我们得出在开学后一个月来开展品格主题活动最为适合的结论。

从以上的案例中，我们可以明显地看出幼儿教师在做“耐心”主题的教学活动的整个反思过程产生的效果，从开始活动时出现的偏差，到寻找策略弥补偏差，再到找到主题切入点、丰富完整主题，F教师在做“耐心”主题的时候完全是模仿前面教师做过的模式来的，并没有做太多的思考。在我提出用报纸做纸浆对于幼儿身体健康有害和“耐心”的主线不清晰的问题之后，F老师反复进行思考，扬弃前面教师的教学设计模式，结合自己班级的幼儿情况，最终提议以“小蜗牛”为主线，以画蜗牛、做纸浆蜗牛、听蜗牛故事、学习蜗牛的耐心精神为活动过程，取得了很好的效果。“耐心”主题的完成就是F教师不断思考和总结自身及教学活动不足的结果，从案例中也可以看出反思的意识和态度对教师成长及教学过程圆满完成的重要性。（专家访谈）

（二）外界因素

1. 专家的指导与幼儿园的支持

专家的指导对幼儿教师学习和建构品格教育的信念有很重要的作用，幼儿教师认为专家的引领和带动作用是其品格建构的最主要外界动力。A幼儿园和高校联合教师建立了品格教育研究小组，由高校专家带领幼儿教师学习和合学习的相关理念，指导幼儿教师实施品格教学，及时解答幼儿教师在学习和实践过程中的问题和疑惑，与幼儿教师及时讨论、交流经验等，这对幼儿教师的品格建构和实践品格主题起着至关重要的作用。

专家的指导让我们省去很多力气去自己再重新摸索和合学习的理念，有的时候对一个问题怎么想也想不通，但是可能通过专家的某一句话的点拨，我就茅塞顿开、幡然醒悟了。它就像一条线贯穿在我们的实践当中，使我们的教学有个标准，及时提醒我们不要走偏路。（教师访谈）

另外，特蕾莎博士也亲自从美国赶来将她的理念带到了幼儿园。通过与特蕾莎博士的交流、讨论，以及观摩课程，幼儿教师也有了很大的收获，如他们通过了解美国品格教育的实践发现自己的幼儿园和美国的幼儿园是有所不同的，品格教育模式的理念也要和本幼儿园的实际相结合，而不是照搬照抄。专家拥有相关领域最丰富的理论和经验，而幼儿教师拥有丰富的实践经验，理论与实践的结合是实施品格教育的最佳方式。

从幼儿教师的谈吐中我们也可以看出，品格教育的开展和实施如果没有幼儿园园长的支持、其他实施品格教育的幼儿教师的参与和帮助是很难坚持下去的。

在A园和合学习小组中，园长在长期的品格主题参与、观察、探讨过程中起到了引领和指导的作用，正是因为有了园长的支持和指导，整个幼儿园的品格文化氛围才得到了很好的维护和培育。和合学习小组的其他成员也十分积极和主动参与，同行的支持和鼓励使F教师和H教师对品格教育信心十足，因为团队的力量是无穷的，幼儿教师秉持着更加坚定的信念和态度不断努力，推动品格教育的进步。

2. 成熟的品格主题教学方案与丰富的课程资源

幼儿教师对品格主题教学方案寄予很大期望，他们认为如果品格主题教学像其他主题一样有一个成熟的品格教学方案来指导教学，那么品格主题实践起来就事半功倍了。有了成熟的指导方案和足够丰富的课程资源，教师就不必挖空心思、耗费时间去思考和摸索如何建构主题，实践品格主题的前期工作就会省去很多时间，幼儿教师可以将更多的精力和时间放在具体的品格实践中。

我们开始做品格主题的时候之所以会磕磕绊绊，很重要的原因就是没有经验提供给我们、可供参考的东西太少，几乎都要靠我们老师自己去一点点地摸索。因为我们幼儿老师的工作本来就很多很杂，日常的教学就要花费很多精力，实在是没有那么多的时间去思考和完善教学方案。如果有一套完整的、适合孩子的品格主题教学方案和较丰富的课程资源可以利用，品格教学会做得更好。（教师访谈）

3. 浓厚的日常品格教育氛围

幼儿教师认为一个幼儿园的文化氛围会影响到园所中每一个人的工作和学习的状态。A园很注重幼儿的社会情感、道德教育，是一所很强调德育氛围、品格文化氛围的幼儿园。这集中体现在幼儿园的环境设置、教育理念、人际关系等品格氛围的营造上面，这与特蕾莎强调的品格教育理念是相通的。

幼儿园教室物质环境的创设可以陶冶幼儿的良善品格。A园的室内外环境布置充满了品格气息。从室内品格主题墙面布置、图书角、挂图区到走廊，再到室外场地的设置，都可以看到温馨的标语、挂件、艺术绘画等体现不同品格主题的内容的呈现，环境的熏陶和渲染让教师和幼儿随时都能感受到品格，从而实践品格（见图6-9、图6-10）。

图 6-9　品格环境装饰

图 6-10　品格墙饰

A 园从园长到教师都很认同品格教育的理念，并积极投入到品格教育实践中去，除了平时的品格主题之外，每学期园长都会组织幼儿教师开展持续一个月的品格教育全园联动，从主题的准备、整理到实施、总结，每一位幼儿教师都参与其中，发动每个人的积极性，活动期间整个幼儿园都充满了浓厚的品格气息，这种气息会直接影响幼儿的身心。

此外，教师有意识地给予幼儿的关怀、自由、平等的对待及幼儿教师之间的关系等都会影响幼儿，所以，园长与教师、教师与教师、教师与幼儿之间的关系也是教师应该注意的，园所中的人际氛围构成了整个园的大氛围，它影响着幼儿园的每一个人。良好的氛围可以使教师自身具有好的心态、好的精神面貌，能发挥好的模范作用，在品格教育中也更有说服力和感染力。

4. 品格教学活动后的集体研讨

通常品格教学活动进行一段时间之后，幼儿教师之间会就教学情况做交流和沟通，这给幼儿教师提供了一个相互学习、相互借鉴、交流思想的平台。一个人的想法和思路总是有限的，大家集中在一起讨论教学情况不至于让幼儿教师闭门造车，同时也给教师们提供了相互了解、相互倾听的机会，会对促进品格教学更有利。集体的智慧是无限的，每次研讨过程中，幼儿教师会就自己在教学活动中遇到的困惑、问题、感受等和其他教师进行交流，然后每个人提出自己的看法，把一些好的想法集中起来，提出解决问题的思路。没有品格教学经验的教师将自己的问题和想法提出来，有品格教学经验的教师会根据实际情况给新教师提供一些有效经验，教师们再将这些集体思考的成果投入到实践活动中去检验，结果可能是一些想法达到了预期效果，一些想法效果不佳或没有效果，这时大家再进行交流和讨论，直到品格教学令幼儿教师满意为止。

集体研讨起码可以达到两个效果：一是分享别人的经验和成果，自己有所收获；二是通过讨论明晰思路。大家在一起讨论之后总会有一些新的收获，因为每个人可能对品格教育都有独特的心得和体会，我们可以相互补充、相互借鉴。在没有专家指导的情况下，集体研讨是我们学习和思考品格教学的最好的方式。另外，我们还会相互听课、评析，这些都是我们学习和进步的很好的方式。（教师访谈）

四、培育与提升幼儿教师品格教育信念的建议

虽然幼儿教师对于品格教育模式及其实践效果有良好的态度、认知和信心，但是，在我国品格教育还是没有被普遍认可的教育模式和内容，所以幼儿教师仍需要品格教育信念上的培育与提升。依据品格教育模式实践过程中的现存问题与幼儿教师在品格教育实践中遇到的问题，我们建议从以下几方面提升幼儿教师品格教育信念：

（一）专家与幼儿教师共同协商、交流，系统规划品格教育的活动方案

笔者在与两位幼儿教师的谈话中了解到，幼儿教师对于规划和建构课程这一块存在很多顾虑和困惑，同时，他们对于由幼儿教师自身来建构和设计品格教育活动方案存在不同看法。他们认为系统地规划和建构课程、设计教学方案应该是专家的事情，而他们应该做的是根据班级具体情况做具体教学方案、实施方案，并在思考与反思中整理方案。幼儿教师特别期望能有一套具体的品格教育实施计划和方案来参考。

笔者认为，制定和建构品格教育方案与计划不应该是专家或者幼儿教师一方的事情，而应该是二者通力合作，专家与幼儿教师共同协作和交流，幼儿教师提供实践经验与问题，专家提供建议与理论归纳，专家将建议反馈给幼儿教师，幼儿教师再将解决方案投入到教学实践中去，从而在反复推敲与实践中总结和制定一套符合普通幼儿的品格教育方案来。专家与幼儿教师可以成立品格教育教学研究小组，定期召开小组会议，加强经验和理论交流，共同完成品格教育教学活动方案的设计和规划，在不断的设计、调整、实施、再调整、再实施的循环往复、螺旋上升中共同提高，使最终的方案能够有效促进幼儿良好品格的形成。笔者从与幼儿教师的交流中看出，幼儿教师对专家关于品格教学实践的指导十分满意，并希望通过与专家的进一步交流来促进自身专业水平与教学实践上的提高，因

此，通过专家与幼儿教师的合作来建构和制定品格教学活动方案是十分可行的。有了专家的指导，有了可行的教学活动方案，幼儿教师定会秉持更加坚定的信念来实践品格教育教学。

（二）有意识地提高理论素养，增强幼儿教师的反思意识与水平，提升其品格教育信念

我国幼儿教师的师资和学历水平一直是学前教育教师培养主要改进的方向和目标。我国 20 世纪 80 年代幼儿教师的学历要求是中专毕业，90 年代开始推进“三二分段”和五年一贯制的大专学历教育，希望用 10 年左右的时间普及大专并向本科学历目标过渡，到 2020 年达到本科化①。这说明我国幼儿教师的学历普遍偏低，这会导致理论素养、反思意识等环节的薄弱，从而影响幼儿教师教学水平的发挥和教学效果的实现。

幼儿教师提高理论素养除了要进行学习之外，更要注重自身有意识的提高和改进。笔者在与两位幼儿教师交流之后发现，他们对于品格教育相关理论知识的掌握还不够深刻和透彻，在教学实践中常常因此受到制约，达不到理想的教学效果，对品格教育失去信心，因而加强理论学习是非常必要和迫切的。如果有了充足的理论知识，并取其精华运用到品格教学实践中检查效果，通过不断的思考和反思，反复实践，最终一定能够达到良好的教学效果。因此，品格教育教学实践的一线教师一定要抓紧时间去学习，通过文本阅读、借鉴他人有效经验、专业交流等手段用丰富而营养的理论知识充实大脑，为将要来临的各种品格教学活动做到有备无患。在理论与实践结合的同时，幼儿教师有意识地思考与反思也是提升品格教育信念的途径，主观能动性的发挥是一个人主动要求提高的表现，幼儿教师反思的结果一旦得到实践检验、得到大家的认同，必然会使幼儿教师更加积极地去思考和进步，从而更加坚定地进行品格的学习和教学。

（三）制定较系统的幼儿品格学习效果评价方案，使幼儿教师从教学效果中获得更多品格教育的认可和信心

从两位幼儿教师的讲述来看，幼儿教师依据幼儿的行为、语言、绘画作品等来了解幼儿品格学习成效，通过提问、作品评价、日常行为观察及家长反馈来认定品格教育模式下的品格主题教学是否有效地促进了幼儿良好品格的发展。但是这些评量的方式是零散的，缺乏系统性，没有正式的品格学习效果的评量还是难

---

① 吕苹. 浙江幼儿教育发展史［M］. 杭州：杭州出版社，2009：120.

以说服他人，从而很难得到教育者和专家的认可，不利于幼儿品格教育的推广和普及。因此，需要由实施品格教学的一线教师及指导专家携手合作研制科学合理的品格学习效果评价方案。

在《助人者习性——整合学习手册》中有学生自我评量量表和家长测评量表，幼儿教师和指导专家可以根据这些量表与幼儿的特点来制定一套专属幼儿的品格学习效果量表。根据量表的结果，幼儿教师知道哪些地方达到了效果，哪些地方做得还不够，效果不明显，哪些幼儿的哪些品格还需要培养，再制定有针对性的品格教学计划，从而为一线幼儿教师实践品格教学提供有据可依的教学实效量表，教学也有了明确清晰的目标，幼儿教师的教学工作会更加顺畅、高效。用数据说话也使幼儿教师更有信心面对自己的品格教育工作，从而提升品格教育的信念，也让更多的学者和专家认识到品格教育的重要性，让品格教育在我国有更加广阔的发展空间。

第七章　幼儿教师品格主题教学实践性知识及其建构

知之愈明，则行之愈笃；行之愈笃，则知之益明。

——［宋］朱熹

教师实践性知识是教师真正信奉，并在教育教学中实际使用的和（或）表现出来的对教育教学的认识。教师的实践性知识由教师的教育信念、自我知识、人际知识、情境知识、策略性知识和批判反思知识六个部分组成①。实践性知识对教师将相关理论转化成有效的教育实践与行动有重要影响。品格教育中教师运用自己的实践性知识和品格教育经验，将特定的品格主题内容融入具体的情景和游戏中，激发孩子的品格认知、情感和行为非常重要。本章对实践品格主题教学中Z老师的实践性知识状况及其建构进行了考察，力图厘清品格主题教学所需要的实践性知识构成及其建构与改进策略。

一、幼儿教师品格主题教学实践性知识的现状考察

品格教育是一个复杂的系统，品格教育的实践性知识主要包括教师的关于品格教育的自我知识、关于品格教育的一般教学法知识、关于品格教育的课程知识、关于品格主题教学情境的知识、关于儿童品格发展的知识、关于品格教育反思的知识等六个方面的知识。包含了教师如何收集和准备品格主题资料，如何设计品格主题方案，如何进行品格主题环境的营造，如何根据幼儿品格发展的年龄特点设计相应的品格主题课程，如何进行幼儿品格学习评量，如何利用家长和社区资源配合相应的品格主题教学等。

---

① 陈向明．实践性知识：教师专业发展的知识基础［J］．北京大学教育评论，2003（1）：104-112.

（一）品格教育的自我知识

自我知识，包括自我概念、自我评价、自我教学效能感、对自我调节的认识等。主要是指教师是否能够运用“自我”进行教学，知道自己的特点、个性和教学风格，扬长避短，适度发展；能否从错误中学习，并及时调整自己的态度和行为①。在本研究中，根据收集的资料和分析整理，品格教育的自我知识主要是指个案教师关于品格教育的认识、自我的性格特质及自我品格教育教学效能感的认识。

Z老师虽然接触品格主题教育的时间不长，但是从第一次接触品格教育时的“不怎么了解”和“迷茫”状态到现在，Z老师已经能够总结出一些品格教育的经验，面对实施品格主题教学中遇到的一些问题，在分析和处理问题时也显得从容了许多。这几年是Z老师接触品格教育过程中实践性知识发展最快的时期。从刚开始的迷茫，不断迎难而上，经过自己的努力和学习，Z老师已经能够设计出比较适合本班级孩子年龄特点的品格主题课程，关于品格教育的认识也在这几年的锻炼中得到了发展。下面将通过具体的研究资料来分析Z老师所具有的关于品格教育的自我知识的内涵。

1. 教师性格特质与品格教育信念

Z老师，性格开朗大方，在幼儿园人缘好，领导对她的评价是：“做事情很积极，想法比较有创意，是一个很有个性、很有原则的老师。”在工作中Z老师对自己要求很高，做什么事都精益求精。幼儿园举行课例研究，园长鼓励教师推荐自己擅长的课例，通过上园内公开课和研讨等形式来促进教师对“合作”主题的把握。Z老师第一个主动提出来上课，她精心准备了语言活动“石头汤”。在访谈中Z老师说道：

每次想到要上公开课，我都要好好地准备，自己在私底下练习几次。第一次准备“石头汤”这个活动时，我在网上也找了很多的资料，我也急切地想了解孩子对我设计的“合作”小游戏的兴趣，所以我努力把它设计到最好。

Z老师虽然第一次接触“合作”这个品格主题教育内容，但是她认为教师第一次活动对孩子的引导是一个重要的开始，因此，在活动中设计了一些合作小游戏。第一次活动结束之后，老师们开始开会研讨，每个老师都对她提出了很多意见和建议。Z老师不是全盘接受，她认真思考每个人的建议，最后总结出原因，

① 陈向明．搭建实践与理论之桥——教师实践性知识研究［M］．北京：教育科学出版社，2011：70.

按照自己的思考来修改教案，进行二次试教。

Z 老师性格当中有好强的一面，对自己要求很严格，做事情认真负责，敢于接受挑战，在处理品格主题教学中遇到的问题时，能够听取同事的意见，该坚持自己的意见时，坚持自己的意见比较多，非常有主见。

2. 教师对品格主题教学的认识

在幼儿园进行品格主题教学对幼儿教师来说是一个全新而充满挑战的实践领域，需要幼儿教师融合大量的实践知识和相关理论知识来进行整合，更需要教师有扎实的实践知识，对品格教育有一定的认识，有不断学习和探索的精神，教师首先要非常重视并学习品格教育知识。

Z 老师非常重视品格教育，她认为品格教育关系孩子一生的发展。她自己做了母亲之后，对品格教育的理解也加深了。在平时的教育中，她对待班里的孩子就像对待自己的孩子一样，希望孩子能在自己的班级里自由快乐地成长，成为一个品行良好的人。在访谈中她谈道：

我认为品格教育很重要，一个孩子从出生，父母就开始进行品格教育。孩子一出生就应该进行品格教育，三岁看到老，一个孩子如果在小的时候没有养成好的品格和习惯，长大之后就很难再养成良好的品行。

Z 老师在幼儿园坚持做品格主题教育已经有 6 年的时间了，随着对品格教育理解的加深，在实施品格主题教学时越来越能发现问题的存在，也克服了许多的困难。

3. 教师的品格主题教学效能感

Z 老师觉得要做好一名幼儿教师很难，培养孩子的品格更加充满挑战。Z 老师曾经一度想放弃幼儿教师这个职业，但是强烈的责任感和自信心又使她坚持下来了，这么多年来，她对自己做老师的评价是这样的：

现在要做一名好的幼儿园老师非常难！人人都在做，但是也有的人想过要放弃！因为我们面临的诱惑很多，工作压力很大，工作任务又很重！还坚持留在这个岗位的原因是留恋教师这个职业的单纯吧，孩子单纯，环境也单纯。

Z 老师认为，“好的品行和交往能力比认知方面的学习更重要”。因此，在教育中目标和态度很明确，教师要有自己的思想和原则。Z 老师的教育目标是“我希望我手里出去的孩子能够落落大方，有礼貌，有智慧，有高的情商”。

但是Z老师在品格教育方面，教学效能感较低。在访谈中，笔者经常听到Z老师说起“做是做了，看起来效果总是不那么明显”等无奈的话语，品格教育成效的滞后性让教师不能很好地感受到教育效果，影响了教师的教育效能感。访谈中，Z老师说道：

坚持品格主题教学这个过程，几个主题设计下来，虽然是干劲有余，但有些方法不足，原因有两个方面：一方面是自己专业知识不足；另一方面是幼儿园的某些条件不足。老师本身的专业知识有限，工作之后，靠的都是实践中积累的知识，还有很少一部分是大学里学到的理论知识。现在自己生成自己的品格主题教学一系列教案和计划，感觉很需要动脑筋，自己在学校里面没有接触品格教育的理论基础。这次品格主题设计的要求也提高了，要求各个活动之间有连续性，难度也相应提高了。大部分教案和计划都是自己生成的，幼儿园没有现成的教材改编。教案和计划大多根据我这几年积累的经验和同事一起讨论而来。

Z老师的教学效能感之所以低，一方面是由于自己的专业能力有限，对品格教育的接触不深，缺乏实践经验；另一方面是由于幼儿园的现实条件不容许，如面临行政等各方面的压力等。经过6年的教学实践，Z老师已经经过了新手时期的干劲十足和浪漫幻想时期，逐渐认识到品格教育是一个需要持续耕耘的领域。

【小结】教师若不能很好地了解自我，也就无法了解自己所教的学科。教师若能真正地了解自我，将有助于教学过程中知识的转化，提升教学的成效。本研究整理的Z老师关于品格教育的自我知识，包括对自我个性特征的认识、对品格教育的信念、对品格主题教学的认识、品格主题教学效能感的程度几个方面。Z老师对自我的要求在品格主题教学、学生的行为习惯培养、学生的态度养成等方面也会产生潜在的影响力。

（二）儿童品格学习和品格发展的知识

教师的实践性知识是“特定的教师，在特定的课堂，以特定的教材、特定的儿童为对象形成的知识”①。可见，教师的实践性知识中，关于学生的知识是很重要的组成部分。关于学生的知识包括学生学习时的认知过程和发展过程、每个儿童的特征等②。本研究中关于儿童品格学习和发展的知识是教师选择教学内容

① ［日］佐藤学．课程与教师［M］．钟启泉，译．北京：教育科学出版社，2003：370.
② 钟启泉．教育的挑战［M］．上海：华东师范大学出版社，2008：218.

和方法时，对儿童品格学习和发展特点的灵活理解与运用的知识。

1. 儿童品格的可教性

Z 老师之所以选择和坚持在幼儿园工作，坚持做品格主题教学，就是因为她深信品格对于儿童来说是可教的，好的品格不仅能够通过有计划的教学来教给孩子，而且可以发展成为影响孩子一生的行为习惯。

2. 儿童品格学习的生成性

在进行“合作”品格教育之初，Z 老师了解到大班孩子在合作方面的一些特点，认为在大班阶段进行“合作”主题教育，有一定可行性和必要性，因为大班的孩子面对的挑战越来越多，难度越来越大，他们已经具备了独立解决一些问题的能力，但是如果在此时他们习惯于独来独往、我行我素，独立于集体，那么他们亦是很难适应以后的社会的。在此时让他们品尝到合作的甜头，在初始阶段让他们探索合作的方法与技巧很重要。不然等到他们已经习惯固有的解决问题的方法了，你再想来改变他们，难度就更大。

Z 老师认为，每一个活动都不可能完全按照原来预想的设计来实施，要经过多次修改，教师应该根据孩子的需要来调整计划和教案。大班孩子已经有一定的绘画基础，有些孩子在绘画方面还表现出独特的天赋。然而，Z 老师在接触“合作”品格主题之前，很少尝试让幼儿集体合作绘画的形式。因此，在品格主题教学开始的第一周，Z 老师设计了一次小组绘画活动。首先学习了《三个和尚》的故事，孩子对三个和尚的特点也有一定了解。绘画活动的重点就是让幼儿能够以小组的形式合作画出三个和尚。然而第一次的尝试，效果不尽如人意。在反思初次引导幼儿合作时，Z 老师说道：

三名幼儿以自由组合的形式组成一个小组，虽然在引导幼儿开始绘本之前，我组织幼儿讨论了如何分工和合作的问题，请幼儿自由讨论由谁来勾线、谁来涂色，然而在实际操作的过程中，幼儿之间还是有冲突：负责勾线的幼儿最先完成勾线，但是还想帮忙涂色；负责涂颜色的幼儿要等待一段时间才有事情做。在涂色的过程中，幼儿之间缺乏沟通，孩子们又为该选择什么颜色，怎么分配涂色区域的问题产生了分歧。

面对这些问题，Z 老师上课之前也没有预想到，经过观察幼儿的表现和评估最后的绘画作品，Z 老师决定可以先组织一次讨论课，让幼儿自己讨论如何解决这些问题，紧接着给幼儿提供继续尝试合作的第二次机会。

教师挑出几张幼儿的绘画作品，然后提问：

教师：你们觉得我们这次的画与以前画的有什么不一样吗？

幼儿1：以前是一个人画画，现在是三个人一起画。

教师：说得很好，还有呢？

幼儿2：这一次我们画得很乱。

教师：为什么人多了，反而没有以前画得好呢？

幼儿1：因为大家想自己一个人画完。

幼儿2：太多了，太挤了。

幼儿3：因为三个人挤来挤去的，涂色不好。

教师：那我们来看看子涵这一组一起画的画。（教师展示画得比较好的一组的作品和画画时的照片）我们请子涵来说一说他们这一组的小朋友是怎么做的。

幼儿1：因为我们勾线完成得很快，勾线完成后还帮助其他小朋友涂色。

幼儿2：夏添乐勾线比较好，所以让他来勾线，小聂涂颜色。

教师：如果下次一起画画，我们要怎样做呢？

幼儿：小朋友在一起要团结，一起完成。

教师：很棒，画画之前商量好的事情，谁做什么要清楚，做好之后可以帮助其他小朋友一起完成。

儿童合作绘画场景见图7-1。

Z老师认为教师的角色应该是观察者、指导者和诊断者，在幼儿遇到问题时，帮助孩子发现问题、解决问题。尽管刚开始孩子尝试合作的过程不是很理想，但是孩子在探索的过程中，明白了怎么样才能更好地在一起完成一件事，那就是要合作：大家要一起分工、一起讨论、互相帮忙。

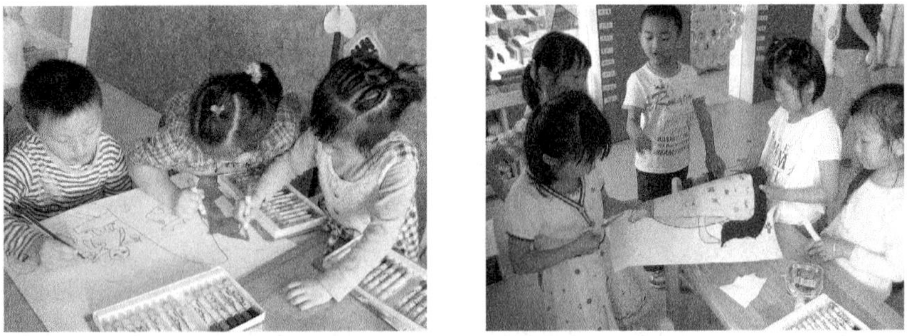

图7-1　儿童合作绘画

3. 儿童品格发展的持续性

Z老师所在班级的孩子已经是大班的孩子，马上就要幼儿园毕业了。孩子们跟她相处了三年，说到离开，Z 老师还有几分不舍。孩子们性格各异，有的调皮可爱，有的乖巧懂事，但在老师眼里都是小天使。几年来，老师一直希望在孩子的心中播下爱和善的种子，培养孩子良好的品行。尽管效果没有立竿见影，但是 Z 老师一直在不断地探索，调整自己的计划和教学活动。在品格主题教育的后期，由于时间刚好接近六一儿童节的毕业会演，Z 老师结合“合作”主题和毕业会演，设计了一次家长、幼儿、教师之间的大合作。在整个过程中，孩子们感受到了合作的乐趣，孩子们和家长也感受到了齐心协力表演带来的快乐和成就感。看着孩子们的成长，Z 老师感觉非常幸福。在谈到最后的合作演出时，Z 老师说道：

最后大家一起合作的毕业典礼还是蛮不错的，因为是第一次，所以我们都非常尽力，但是可能因为我太想追求完美了，结果还是不如自己想的好。通过毕业典礼和现在托班小朋友的现状的对比，我现在真觉得孩子们长大了，他们合作的能力很强了，毕业后也有和很多以前的小朋友聚会，也有小朋友来看我，让我觉得很欣慰。

Z 老师认为，对待孩子要综合评价，不能只看技能和能力方面的表现，要注重孩子身心的全面发展，根据每个孩子的特征给予适当的支持和帮助。

全班 28 人，男生 11 人，女生 17 人。但是总体来看，孩子的发展差异很大，有些孩子认知能力很强，学习能力强，在活动中表现也很积极，但是行为习惯稍有欠缺，缺乏合作的意识和与人交往的能力。

每个孩子都有自己的优点和缺点。根据加德纳多元智能理论，人类的智能应该包括八个方面，包括语言智能、逻辑数学、空间、肢体运作、音乐、人际、内省、自然探索智能等。每个孩子的发展可能是某些智能的组合。这种理论认为，每个人都是聪明的，“天生我才必有用”。在这种观念下，教师应该全面地看待孩子，更加关注孩子，促进孩子的全面发展。Z 老师对孩子的期待就如她在博文中写到的一样：

亲爱的孩子们，你们马上就要离开我了，飞向一片崭新的天空。我希望你们以后能经历些许挫折，但不要遭受风雨；能体验各种情感，但不要被陷害；能认识更多的朋友，遇到更好的老师，游历各地，幸福快乐！这就是我对你们的期待，不用成绩很好，但是要去尝试，去经历，去感受，在生活和学习的磨炼中成为一个品行良好的人。

Z老师一直是一个比较有主见和坚持原则的老师，不约束于世俗的规范和看法，清楚自己应该坚持的原则，以教师的角色责任和社会的要求改变自己。Z老师以多年生活教育经历告诉自己，要做一个符合社会规范、适应未来变化和发展的人，必须要有良好的品格，因此，对待孩子的成长，应该从长远的眼光来看待，尽量培养孩子与他人长期交往的能力。

（三）品格主题教学课程知识

作为一个特定主题的教学领域，品格主题教学涉及的范围非常宽泛。下面，笔者通过Z老师对品格教育的认识，以及品格主题教学教材的来源来分析她的品格主题教学课程知识。

1. 对品格教育的认识

Z老师认为，品格教育需要系统化、正规化的教育，在幼儿园开展品格教育，系统的教学活动固然重要，但更需要教师坚持以潜移默化的方式来配合进行。作为幼儿教师进行品格教育还要掌握一定的技巧和方法。在访谈中，Z老师谈道：

我们既然同意开展品格主题活动，就是我们认同它开展的必要性。其实中国人祖祖辈辈都在讲品格教育和道德教育，只是先辈们没有像幼教工作者一样把它提升到教学活动、主题活动这样的一个高度，更多的是日常的说教。

但是我觉得品格教学仅仅靠教学活动是不够的，更多的是需要老师关注孩子的日常生活，进行言语的引导、成人的示范、表扬，只要成人关注孩子性格、品格各方面形成的影响因素，分析、思考如何把自己的孩子培养成为有道德、有品格的人，那么随时随地都蕴藏着品格教育的机会。

我觉得幼儿园在开展主题活动之前对我们进行的培训活动是非常有效的，它帮助我们更深层次地理解“合作”品格的内涵，我们不会框在自己的思路里，大家在一起讨论时，我能吸收大家对“合作”品格的不同思考，非常有意思。

2. 对品格主题教育教材的理解

幼儿园进行品格主题教学有别于中小学，没有固定的教材，也没有考试的量化要求，但是，这对教师的要求反而提高了，幼儿教师需要根据自己的已有经验和对品格教材的理解及幼儿的品格发展特点自主生成教学的一系列活动。在选择材料和设计方面，Z 老师认为，材料的选择和教学前的准备很重要，关系整个品格教学主题的架构和教师能否顺利地实施品格主题的教学活动。关于品格主题教学内容的选择，Z 老师认为：

现在的品格教学没有固定的教材，但是也有很多的内容可以选择，一部分内容是老师根据自己的经验在以前的教材的基础上，结合本次品格活动的特点进行改编的，也有一些活动是老师根据幼儿的年龄特点，结合对幼儿实际生活的观察，自己随机生成的。在选择教材的时候，我们更多的是考虑幼儿的年龄特点、兴趣方向、教学活动实施的可行性等方面的因素。

Z 老师在正式实施“合作”品格主题之前，做了大量的准备工作，包括前期的园内培训，以及园长主持的有关合作主题的研讨会。经过多次研讨和讨论，Z 老师带领大班年级组的老师，最终设计了“合作”品格主题的教学方案。

幼儿园的品格主题教学活动设计根据《幼儿园教育指导纲要》的教育内容与要求来设计，其中品格教育内容结合健康、语言、社会、科学、艺术五大领域相互渗透来进行。

这些领域其实都是你中有我，我中有你的，任何一个活动都离不开语言。这样设计的优点就是让老师在组织活动的时候更加清楚自己活动的中心应该在哪里，在活动中会有所侧重，不至于把活动设计成四不像。

Z 老师感受到品格教育任务的重要性和艰巨性，在访谈中，Z 老师说道：

自己独立地设计教学的计划和教案对于我来说是一大挑战。品格教育中遇到很多的困难和问题，但是我觉得它是在对老师提高要求，要事事不离品格，时时不离品格，心中常有品格也是有难度的，至少这是现在老师面临的很大的一个问题，如何把品格跟日常的教学活动融合在一起，又让品格教育有自己的特点，是一个很难的问题。

这些要求使得教师对自己的角色的定位也发生了相应的改变。在设计品格教育计划和方案时，教师已经不是一个单纯的课程的实施者，而由课程的执行者转变为课程的开发者和设计者，由知识的传授者转变为幼儿品格学习环境的创设者和提供者，由权威的管理者转变为幼儿学习的合作伙伴。整个合作过程是教师与幼儿、家长、同事合作的过程，这本身就是一个学习的历程。

（四）品格主题教学情境知识

教学情境知识是指教师对教学环境的知觉及对学校的社会经验的建构观点而言。包括教师与同事的关系，对教室情境的观察，对行政人员和行政体系的观点，对社区资源系统的了解、应用，以及体会政策因素对教学的影响，等等。这些都是教师和教学情境、社会环境互动所产生的认识①。本研究主要从班级物质环境创设、班级精神环境创设和家园合作方面来分析Z老师品格主题情境知识。

1. 班级物质环境创设

品格学习具有潜移默化的特点，是综合学习领域。教师要结合五大领域，将品格教育融合在各种学习活动中，并渗透到日常生活各个环节之中。教师不能直接通过单纯的说教来实施品格教育，而要通过环境来影响和感染儿童。

（1）主题设想

Z老师在创设和营造班级物质环境时，“快乐合作”就是她的目标。她希望孩子能够在快乐、轻松、开放的环境中合作。Z老师在创设“合作”品格主题的环境时，跟随合作主题的进度，和幼儿一起合作来完成主题创设，主题墙、走廊和活动室随处都可以看到孩子亲手制作的作品。

Z老师将“合作”主题与孩子身边的游戏结合起来，让孩子以绘画的形式把孩子所想到的有关合作的游戏表达出来，与孩子一起做成“夹心蛋糕”。Z老师认为，孩子们在幼儿园接触最多的活动就是游戏，孩子的学习和生活与游戏息息相关，应该让孩子在游戏中学会合作，在游戏中体验合作带来的快乐。大班的孩子已经能够进行一些合作游戏，但是在与人交往的过程中还是会缺乏一些合作的意识，不懂得如何提高做事的效率。为了让孩子感受到合作之后做事效率的提高及合作之后大家体验到的共同的成就感，应该从孩子能感受得到的、看得见的地方着手。在品格主题教学的环境设计方面，Z老师认为：

环境布置方面，我们主要是让大班的孩子看得到，然后想到。因为孩子思维更直观，他们需要成人的引导和提醒，所以在“合作”的主题活动中，在日常生活中，我们对幼儿随机产生的关于合作的童言稚语进行及时的记录，对幼儿相互之间发生的合作行为及合作语言和画面进行记录，将记录表布置在班级显眼位

---

① Elbaz, F. L. Teacher think: A study of practical knowledge [M]. London: Room Helm, 1983.

置，方便家长及幼儿的观察及交流。

（2）区域环境的创设

区域环境的创设作为品格主题教学的一个重要的延伸，对教学活动起到一定的巩固作用（见图 7-2、图 7-3）。Z 老师根据主题的变化，结合“合作”主题，对各个区域进行一次调整。例如在建构区，教师提供一些大型建筑的图片，请幼儿与伙伴一起合作搭建，并对他们的作品进行保管。在美工区，教师提供大的背景，引导幼儿将作品进行集中展示，形成一定的效果。教师与幼儿协调沟通，幼儿之间分配好各自的任务，在区域活动时可以画童话剧“大禹治水”的背景和道具。在图书吧，幼儿能与伙伴尝试轮流，一起通过“你说我听”等形式看一本书。让幼儿能与伙伴一起合作修补喜欢的书。幼儿能在图书吧里寻找有关合作的小故事，并为班级伙伴或老师讲述。

图 7-2　合作绘画作品呈现

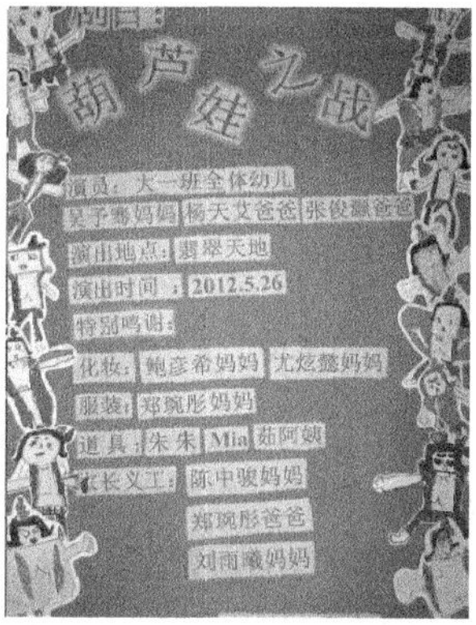

图 7-3　“合作”品格剧场演出海报

2. 班级精神环境创设

（1）教师的榜样示范

想要完成品格教育的认知、情感、行动等各方面的教育层次，教师不仅需要进行言教、身教，更需要在日常生活中创造合理的情境让学生在实践中培养良好的品格情操。其中，在幼儿园实施“合作”品格主题教育，需要幼儿教师设计好一定的情境，让幼儿能学会面对情境、思考策略以完成相应的工作，让幼儿在尝试合作的过程中，学会面对挫折，获得合作的快乐。教师扮演的是一个提醒和鼓励支持的角色，幼儿对合作的概念可到具体的游戏和生活中去理解。

Z 老师平时很注重身教，她认为，身教对孩子的品格教育是很重要且最有用的。

因为很多孩子回家会模仿老师，孩子还会因为老师对他们的态度，喜欢或者不喜欢上幼儿园，所以我尽量要求自己把孩子当朋友一样对待，现在也尽量把他们当成我自己的孩子一样教育。

在家里，父母就是孩子最好的老师，因为父母在一开始是和孩子接触时间最长的人，他们能通过语言、行动、眼神等给孩子带来很多的影响。现在孩子来到幼儿园，来到了我们身边，我们成了他们一天里接触最多的人，自然我们对他们的影响是很大的，所以我觉得教师在言行上一定要管好自己：管好自己的嘴，管好自己的手，管好自己的心！

Z老师认为，孩子在幼儿园跟教师学习、生活在一起，教师有责任和义务为幼儿树立良好的榜样，尤其是合作氛围的营造特别重要，包括教师与教师、教师与幼儿、幼儿与幼儿之间的随机的默契合作。

（2）家长参与合作

“合作”主题设计之初，关于“合作”的含义也包含了家长与幼儿及教师之间的合作，“学会合作”不是挂在嘴边的一句口号，需要幼儿园及每一个家庭的配合与支持。首先，Z老师用合作倡议书的形式帮助家长了解开展合作主题的意义、主题的内容及需要配合的事宜。其次，请家长根据主题的进程，对合作童话剧在家里进行巩固练习和指导。最后，Z老师结合幼儿园的毕业会演，根据家长的意愿及特长进行挑选，邀请家长参与到合作童话剧的演出中，开展了一次意义非凡的家园合作（见图7-4、图7-5）。家长也很乐意参与关于毕业演出的活动，除了来当演员协助话剧演出的家长外，还有一些家长组织在一起，帮助孩子一起准备演出服装和制作道具，孩子和老师合作宣传话剧海报等。

图7-4　家园合作排练品格剧

图7-5　亲子演出品格剧

由于Z老师所在幼儿园是一所私立幼儿园，私立幼儿园的生源和家长之间的合作是幼儿园很看重的一项工作。要提高教学质量，幼儿园也要有自己的特色，教师在这方面也面临一定的压力。Z 老师对家长工作非常重视和敏感。

在家长这一方面，包括我们幼儿园领导也是很重视的，每个班都有家长委员会，推选一些家长作为委员会的成员，他们会定期参与幼儿园的一些座谈会，尤其是幼儿园要组织大型活动时，都需要家长的配合和支持，有时候也需要多组织一些活动，来提升幼儿园的知名度等。家长愿意把孩子送到我们幼儿园来，一方面是因为我们幼儿园的特色是品格主题教育，这对家长来说是很重视的一个方面；另一方面，我们老师也有很大压力，在实施品格主题教学的过程中，家长也想看到孩子能够成长，有进步。不过，正是因为有这种压力，我们也才更有动力去把品格教育做好。

【小结】教师在幼儿园工作，但是对外界环境的认识依然很敏感，包括社会环境、幼儿园的组织文化、班级环境营造、与学生及家长的关系等。这也成为教师实践性知识的一部分。Z 老师在实施品格主题教学中尤其注重班级物质环境和精神环境的创设，同时对环境的敏感性较大，尤其注重家长的评价和支持。她的目标是要让学生有所收获和成长。她关注了幼儿园本身的品格特色课程，同时在生成和实施品格主题教学活动时有一定的压力和动力。

（五）品格主题教学法知识

方法是人们为了解决一定的问题而采取的措施，教学法就是教师为了实现教育目标、完成教学任务而采取的手段和措施。舒尔曼将教师在教学法方面的知识划分为一般教学法知识和学科教学法知识。一般教学法知识是超越具体学科的关于课程管理和组织的广义的原则和策略。学科教学法知识是将所教学科内容和教育原理有机结合而形成的对具体课题、问题或论点如何组织、表达和调整以适应学习者不同兴趣和能力及进行教学的理解。本研究所指的“品格主题教学法知识”是指以一般教学法知识为依托，结合幼儿园品格主题教学的性质所形成的特殊的方法性知识。依据课堂观察和深度访谈及 Z 老师的品格主题教学方案设计，归纳 Z 老师在实施品格主题教学时的教学法知识，可以结合以下教学策略的运用情况来探讨。

Z 老师的课堂策略并没有固定的形式，一个活动中往往采用多种教学方法。下面，笔者根据 Z 老师经常使用的方法来做分析。

1. 故事法

我国古代有很多有关品格学习和道德教育的小故事，这些有关品格的故事是中华民族的宝贵财富。Z老师根据主题要求，和大班的老师一起讨论，决定利用三个有关合作的小故事把主题设计串联起来：《三个和尚》《七个葫芦娃》《大禹治水》。故事中主角人数和合作的人数由少到多，由个人之间的合作到众人集体的合作，让幼儿慢慢过渡，体会故事的连续性。Z老师认为：

不同的人数组合能完成不同的事，会产生不同的合作效果。基于这样的思路，我们让大班段幼儿座位的形式（三个人一组—七个人一组—十四个人一组—全班为一大组）不断地变化，来帮助幼儿感受由人数的增加来合作完成不同事情的快乐。既然有了这样的主线，就需要以非常形象的内容帮助我们完成这样的思考，所以我们以非常经典的动画故事《三个和尚》《七个葫芦娃》《大禹治水》来展开，这里有不同人数的组合来合作完成一件事，幼儿在单纯学习合作行为与意识的同时也要努力完成分配给自己的事情，需要学会谦让、理解、控制自己的情绪和欲望，来完成集体的一个目标。幼儿在完成这个目标之后，不仅能体会到合作带来的快乐，更加深了幼儿与同伴之间的感情。

在同一个活动中，Z老师会运用多种方法交互进行。比如在故事法当中也引导幼儿参与故事表演，采用角色表演和改编故事、续编故事的形式。尤其在角色表演中，增加了同伴之间的分工合作。几个孩子之间又进行小组协商，小组之间互相讨论来决定角色分工等。在不断演练和讨论中，孩子学会了合作，感受到了合作的重要性，也体验到合作给他们带来的乐趣。

2. 角色扮演

角色扮演是孩子们最喜欢的一个项目，心理学家莫雷诺认为角色扮演是幼儿在联系实际情景，设身处地地扮演一个真实生活中不属于自己的角色行为。幼儿可以通过不断的练习，学习更多的角色模式，增加对生活的认知及对社会角色和自己角色的认知，使自己在今后应对生活环境时更具有弹性和适应性。

学习《三个和尚》故事时，为了让孩子们能更好地理解故事中人物形象和事件的经过，Z老师安排小组以分角色的形式进行表演，在课堂上进行彩排，老师可以进行指导，有效地指导孩子组内讨论和角色分工。每天还安排一个组去别的班级表演。孩子们非常喜欢这种形式。

有一次班里的一个孩子家里有事情，家长准备跟老师请假，孩子却不愿意请假，孩子跟家长说班里有“非常重要的活动”。家长打电话来问我：“最近班级有什么重要活动吗?”经过了解我才知道，孩子所说的非常重要的活动原来是指每天放学前要去别的班级表演的事情。原来孩子是非常注重和珍惜这样的表演机会的，尽管每天只有几分钟的时间去别的班级表演。每次孩子都很用心，我觉得孩子能感受一起表演的乐趣。

班级表演的形式非常自由，孩子自由讨论，自己分工，这些都不需要老师太多的干涉，孩子都能做得很好，每个角色的台词有时候孩子记不住，这时候老师会充当旁白，来提醒和帮助孩子一起完成表演（见图7-6、图7-7）。这样的形式孩子们准备得也很充分，全组参与的形式很好地培养了孩子们的分工合作的品格，也为孩子们提供了有趣的团队合作的机会。表演结束之后，老师和孩子们都会一起讨论，讨论的重点是为什么要合作，不合作和合作的结果分别会是怎样，或让孩子们总结以后如何改进合作的过程，以帮助孩子学会正确的合作技巧，体会合作的不同效果和合作成功带来的乐趣。

图7-6　小组合作表演

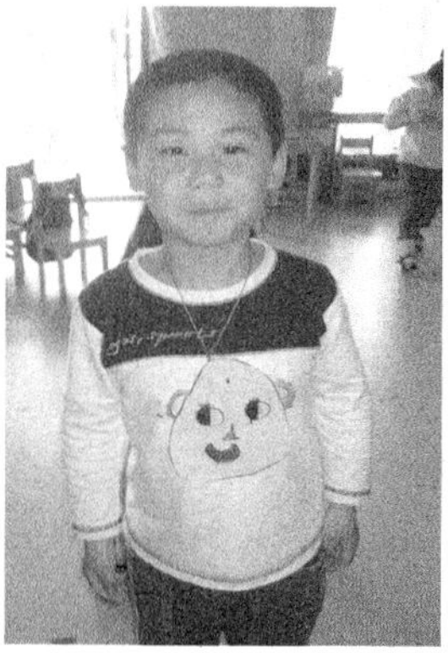

图7-7　合作表演角色分配

3. 讨论法

讨论法是Z老师在课堂上经常用到的教学策略。有两种形式：一是组织全班大讨论，全班参与的讨论一般由教师提出问题，幼儿自由讨论做出回答；二是分组讨论，教师分配任务或抛出问题，幼儿以解决问题或总结经验教训为目的进行分组讨论。在讨论中，可以刺激孩子们的想法，也会让一些平时文静、不爱说话的孩子参与讨论，参与大家的分工合作。讨论的时候，教师在班级巡视，最后询问大家的讨论结果。

在分组方面，Z老师采取两种形式的分组依据。一种是以能力互补为原则，把能力强的孩子和能力稍弱的孩子分在一组。研究表明，合作伙伴间的互补可以增强合作的有效性。当儿童与能力更强的伙伴进行合作的时候，其自身能力也能得到更大的激发。这在一定程度上有助于幼儿间更好地沟通和协商，增强合作的效果。第二种分组策略是根据幼儿亲密程度和熟悉程度，让幼儿自己选择自己的好朋友搭档，一起合作完成任务。幼儿间友谊的建立能增强彼此的合作效果。如果幼儿间发生冲突，幼儿在此之前已经有了一定的友谊基础，他们更倾向于通过协商来解决冲突，然后重新修补和建立合作关系①。

4. 榜样示范法

品格教育离不开榜样的示范，良好的榜样示范对儿童的品格教育十分重要，对合作行为的产生更是如此。积极正面的榜样形象能极大地促进幼儿合作行为的发展。有研究表明，儿童在观看了友好、合作主题的电影之后，表现出的合作行为明显增多。榜样示范在幼儿园品格教育中的运用有两种：一是以教师作为榜样，因为教师作为成人，在幼儿当中有一定的权威和威信，幼儿对权威的榜样更加关注；二是以同龄的伙伴作为榜样，一个班级当中，以一些在合作方面表现得更加突出的幼儿为榜样，幼儿同伴学习的行为更加容易和直接。

Z 老师认为榜样对孩子的重要性不可否认，并且在教学和日常生活中注重自己的品格示范。Z 老师说道：

教给孩子良好的品格，作为教师，我们首先要做好自己，自己要树立行为榜样，平时要严格要求自己，以身作则；其次就是要多学习一些品格教育的知识，多看这方面的书，尽量把品格主题教学设计得更加适合我们班的孩子。根据孩子出现的一些不好的习惯和行为，作为老师，就要时刻提醒孩子，告诉孩子哪些是好的行为，必要的时候，还可以设计一些相应的活动来巩固。

具体到合作主题，Z 老师认为教师之间的合作和示范及孩子间的合作是非常重要的。在主题设计的精神环境设计中，Z 老师是这样描述其示范要求的：

在整个主题活动中教师要特别注意相互之间的合作，包括教育教学、一日生活。(1) 在教育教学中，班级教师要根据需要为对方提供配课，比如音乐课的钢琴伴奏、话剧排练的对戏示范等，在寻求帮助和商议合作时，要注意自己的用语给幼儿提供的榜样作用，有意识地将协商的过程展现在幼儿面前。(2) 在一日生活中，班级教师要乐于为对方提供生活和工作中的帮助，对于双方合作完成

---

① Mize J, Cox R. Social knowledge and social competence: Number and quality of strategies as predictors of peer behavior [J]. Journal of Genetic Psychology, 1990, 151: 117-127.

的事情要感到高兴和雀跃，并愿意将合作成果和喜讯与幼儿分享。

Z老师认为，榜样行为对幼儿的合作品格发展的影响是一个长期的过程，需要家长和教师的共同努力，家长也要在榜样示范中发挥一定的作用。成人在与幼儿的示范互动中，要注意自己的言行，不断强化训练，对幼儿的合作品格发展产生一定的积极影响。因而，在主题开展前Z老师还在告家长书中，对家长提出了榜样示范的要求：

家长是我们合作主题中的重要力量，他们的榜样作用是不容忽视的，也会带给幼儿很关键的影响，只有家长从自身做起，加强家庭成员之间的沟通、协商，才能更好地帮助幼儿形成合作意识。指导建议如下：

1. 为幼儿营造一个宽松、和谐的家庭环境，成人之间如若发生争执，不当着幼儿面争吵，以协商、沟通的方式解决问题。

2. 对家庭内部的任务和琐事，定期开展家庭会议，欢迎幼儿参加，并根据能力、年龄、意愿分配任务，并认真落实开展。

3. 积极创造机会，鼓励幼儿与他人交往、分享，获得他人的喜爱，在遇到矛盾冲突时，能自己与别人沟通解决，实在解决不了再寻求大人的帮助。

4. 利用双休日开展一些家庭小旅行或者游玩活动，感受家人一起参与、游玩的快乐。

5. 当家长与幼儿意见不统一时，家长要给予幼儿解释的机会，与幼儿一起分析原因，并帮助幼儿进行后续的弥补工作。（来源于主题活动设计）

6. 当幼儿合作意识和行为发生时，要及时地给予肯定和表扬，帮助幼儿巩固这一行为。

5. 创设合作情景

合作行为的发生需要在一定的情景和生活中，因此，教师首先要利用幼儿在幼儿园的一日活动之中的生活情景来培养合作品格。如让幼儿与老师一起绘制“六一”演出的海报，与保育员一起分发饭菜，与老师一起讨论如何照顾植物角的花草和小动物等，让孩子做老师的小助手，以及为孩子多提供同伴之间互动性行为机会。Z老师在主题教学计划中谈道：

在教育教学中，教师要注意师幼之间的互相配合，如幼儿遇到困惑时及时解答，幼儿任务没有完成时及时沟通，等等。在一日生活中，教师要为幼儿提供师幼合作的机会，帮助幼儿感受师幼之间合作的快乐，提高幼儿的责任心和服务意识，如让幼儿帮助教师分餐具，分教学用品，学会整理自己的桌椅，等等。

在音乐和体育教学活动中，Z 老师非常注重利用合作情景开展合作行为练习。在音乐活动学唱《三个和尚》这首儿歌时，Z 老师设计了教师与幼儿的合唱、幼儿分组合唱、男女生分开合唱的形式进行练习。

《三个和尚》的歌词当中，副歌部分需要伴唱。如唱完“一个和尚挑呀么挑水喝”歌词，需要重复“嘿嘿挑呀么挑水喝，咿咿挑呀么挑水喝”，这时候教师提问：

T：歌曲当中重复最多的是哪一句歌词？

C：嘿嘿挑呀么挑水喝，咿咿……

T：对了，每一句歌词后面都需要重复。

T：老师唱前面这一部分，我需要大家跟我一起唱“嘿嘿……”和“咿咿……”这一句接下来的部分（全班幼儿和老师一起合唱整首歌曲）。

教师示范讲解，师幼合唱，如老师唱“一个和尚挑呀么挑水喝”，一部分幼儿接唱“嘿嘿挑呀么挑水喝”，一部分接唱“咿咿挑呀么挑水喝”。Z 老师采用了多种形式的分组，如老师唱主唱，男生唱一部分，女生唱一部分。请幼儿自己分小组讨论如何分工合唱，然后进行表演。或者请个别幼儿与老师合唱整首歌曲。Z 老师先后采取了师幼合作、男生女生合作、幼儿分组合作等多种形式。在整个教学过程中，都贯穿着合作的情景，歌曲合唱的形式对幼儿合作品格的发展产生了积极的作用。

在体育活动中，人与人之间需要频繁地合作。在主题活动下，Z 老师还创设多种形式的体育活动，如“抢新娘”“拔河比赛”“救爷爷”“七人两足”等（见图 7-8、图 7-9）。其中，“抢新娘”活动是根据传统民间游戏改编的游戏活动，需要三名幼儿为一组，其中一名表演“新娘”，另外两名幼儿搭建“轿子”把新娘抬到目的地。在整个游戏过程中，需要三名幼儿密切配合和坚持不懈才能完成，一般两名男孩和一名女孩为一组，或者体重较轻者扮演“新娘”，力气稍大的男孩承担搭建轿子的任务。三个人协调一致到达目的地最快的一组为抢“新娘”游戏成功。在游戏中，如果同伴间没有合作意识，很难取得胜利。速度最快的一组，除了有个人能力和技术方面的因素之外，更主要的是同伴之间的默契合作，游戏的设计目标是让幼儿懂得更融洽和更和谐地合作才能取得成功。

图 7-8 合作游戏“抢新娘”

图 7-9 合作游戏“拔河”

【小结】Z 老师关于品格主题教学法知识的运用最大的特点是比较注重教学形式的多样化。为了尽可能地调动学生学习品格主题内容的兴趣，Z 老师在课堂教学活动和课后延伸活动中运用了多种形式的教学方法，有故事法、角色扮演、榜样示范、讨论法及创设合作情景提供幼儿合作的机会等。在讨论法的运用中，不仅有小组讨论、师幼合作讨论、集体讨论等多种形式，还有课后的延伸活动等设计，都反映了教师关于教学形式运用的知识。但是在方法的创新方面，还没有合理的设计和实施，Z 老师所运用的品格主题教学方法，是一些传统的教育方法，尚缺乏对品格教育特有的教学策略的运用，例如夹心蛋糕策略、冲突桥策略等。

（六）品格主题教学反思的知识

反思是教师形成实践性知识的重要途径之一。在前面的文献探讨中，陈向明对实践性知识的定义为“教师对自己的教育经验进行反思和提炼后形成的，并通过自己的行动做出来的对教育教学的认识”。可见，实践性知识区别于经验性知识的重要特征是实践性知识需要教师经过反思和提炼。实践性知识的形成是动态的和不断丰富的过程。本研究通过教师在具体的教学实践中对教学行为的反思来阐述 Z 老师关于品格主题教学反思的知识。

1. 课堂教学中的反思

在教学中，Z 老师主要是从孩子的课堂反应、绘画作品和活动中的表现等方面去反思自己的教学缺失。

W：您是通过哪些方式来了解学生的学习状况和做出调整的？

Z：根据当时的教学活动中孩子回答问题的反馈或者美术活动中绘画作品的呈现来判断孩子的学习状态。老师也希望孩子在实际生活中学会运用合作，但是首先要在课堂上能明白这种品格的含义和表达合作这种意向。比如在绘画的时候能不能很好地合作绘画，小朋友需要合作到其他班演出，很多小朋友很重视，把它当作一次重要的集体活动。

Z老师也在发现问题的同时寻找原因，也许是方法上、评价上，或者是孩子本身的问题，也许是活动设计考虑得不周到。对于这次主题出现的一些问题，Z老师有不同的感悟和思考。她谈道：

可能是我刚开始的引导方法不对，孩子能不能感受到，我没办法判断。我通过问题了解孩子能不能感受到合作的渗透。三次绘画过程中，我们可以感觉到绘画的效果很明显。从他们的绘画作品看，每一次都有进步，原因就是他们更懂得分工和合作了。第一次绘画的时候，开始很多小朋友不知道干什么，一直在旁边等待，大家之前也不知道怎么商量分工；多次合作之后，大家更知道谦让，分配任务更合理。

2. 课后的自我反思和经验总结

Z老师认为品格教育的过程是一个不断在反思中成长的过程，需要自己不断去总结每一次的成功和失败的经验。

孩子们经常会在教学活动中出现没有达到预期目标的情况，那我作为老师要懂得思考这个教学活动存在什么问题，孩子为什么会出现这种情况，最后采取相应策略进行教学补救。

一个主题式教育结束后，Z老师还善于发掘和总结影响主题品格培养的更深层的原因。Z老师认为：

有家庭环境的原因，家长的引导很重要。孩子本身的性格也是影响因素，例如有的孩子更合群，有的孩子性格比较内向。另外，老师的影响作用也很重要，日常生活中的渗透和教师一言一行的引导也很重要。

培养孩子合作的品格的过程中需要各方面的支持和努力，家长和幼儿园的相互配合很重要。Z 老师认为：

作为教师更加需要提高个人的专业素养，心里有没有合作的品格，有没有这个意识和能力是关键。另外，老师需要用心，用真心在孩子身上，真心想让孩子感受到这些品格的力量。幼儿园前期的准备不能太匆忙，前期的培训需要更充分一点。要注意时间的调整，尺度的把握也需要调整。不能指望一下子出什么样的成果，这样对我们来说是一种压力，教师应该把更多的精力放在小朋友身上。三者联合行动起来，教师、家庭和幼儿一起协调才能更好。

在进行品格主题教学的过程中，Z 老师遇到了很多的问题和困难，也有了成长和收获，Z 老师非常注重自我总结和反思。

W：通过这次品格主题教学研讨与实践，您认为自己的主要收获是什么？您认为哪些方面还可以进一步完善？

Z：我还是很开心的，主题墙满满的，感觉很有成就感，主题活动痕迹很明显，我希望每个活动能提高。在认识上有提高，老师对合作的认识更深刻，刚开始总是觉得让孩子做出点什么才叫合作，现在慢慢地嘴巴上不提合作，心中却有了合作的意识，对合作品格的理解更透彻了。

W：此次品格主题教学中有什么感受和启发？

Z：设计的教案要更充实，每个内容更实在，对孩子有用。首先考虑孩子的现有状况和年龄特点来设计内容，在实践中才能收到更好的效果。这是我最大的感受。

3. 集体研讨中的反思

集体研讨是幼儿园针对教学中案例及出现的问题进行的集体反思和诊断。Z 老师所在幼儿园非常重视这一形式，下面结合 Z 老师在课例“石头汤”中的案例，来分析 Z 老师在集体研讨中和其他教师的合作反思过程。

大班语言活动“石头汤”课例研讨记录

教师 1：你觉得这节课的重点和难点是什么？

Z 老师：重点是讨论和讲解故事。难点是开放式的提问。

教师 1：你有没有有意识地把他们引到合作式的讨论？

教师 1：重点是你的目标里需要重点把握的能力，难点是需要你的引导才能达到目的。

主持人：假如你们都来设计这节课，怎样设计这节课？

教师2：难点是原有经验和教学的衔接。理解故事是比较容易的，后面第四环节，提升生活经验可作为难点。

教师3：让小朋友知道大家合作是一起解决一个问题。

教师4：让小朋友自己去找到故事中哪里体现了合作，故事外的就是：让小朋友联系生活经验来回忆有关合作的事。

教师5：让小朋友来讨论故事里的合作。

教师1：前面的课我没听课，想问一下，这个活动本身就一直在调整？

Z老师：以前就是按绘本来上的，没有太大调整，这一次是变动最大的。

教师1：在提问部分你们觉得哪些是好的，哪些是可以调整的？

教师2：在回答问题环节，采用了一个幼儿问一个幼儿答的形式，本身就是合作的表现。

教师6：老师通过两次讨论来挖掘故事的内涵，第一次讨论应以小组讨论的形式让幼儿理解故事，第二部分的提问的设计是不是有点简单？

Z老师：我觉得他们都回答不上来。

主持人：你认为有什么原因？

Z老师：我不知道，我也在想。

教师6：可能你讲过之后小朋友都忘记了。

主持人：你有什么办法可以加深他们的理解？

Z老师：是不是可以把前面的图片再放一遍，让他们看着故事回答，但是这样对大班而言太简单了。

教师1：前面的故事铺垫太少了。你的提问和故事的处理上应该再提升一些。前面引入，小朋友有很多的回答，天马行空。

教师7：对，你这样提示，我也可以想到很多的回答。

Z老师：我给了他们两个提示。

教师1：提问“石头可以煮汤吗”，很多小朋友是有疑问的，大部分小朋友认为不可以煮，但是老师说能煮，他们也没说什么。提问的设计可以把疑问交还给讨论，让孩子思考石头是否可以煮汤，让他们讨论，这样孩子的注意力就不只放在石头可不可以煮汤的疑问上了。

……

集体研讨反思，不是对教学中教师的行为做简单的评价，更重要的是，教师在集体研讨中，不断抛出问题，解决问题，教师将对问题的思考和看法与大家分享，教师在互相交流、互相诘问、互相争辩中，反观自己的行为和意识。全体教师针对案例中的问题分享自己的知识经验，畅所欲言，挖掘价值，这也是教师之间的合作和反思。

【小结】Z老师关于品格主题教学的反思的主要形式有课堂教学之内教育活动的自我反思和教师集体研讨的合作反思。反思也是接受他人经验和坚持自我，形成自己独特的实践性知识的有效方式。正如Z老师所理解的，在反思中“为了大家的意见，自己要放弃很多，也要坚持自己的观点”。

二、幼儿教师品格主题教学实践性知识的建构历程与成效

（一）品格主题教学实践性知识的建构历程

教师的实践性知识与教师的生命历程、教师的专业生涯不可分离，更与教师本身的体验和感悟息息相关。实践性知识不是普适性的，也并非完全精确的，而是一种客观寓主观的具有浓厚色彩和家族相似性的知识①。作为一名教师，他所有的生活历程都成为其专业知识建构不可分割的一部分，因此，要分析个案教师在实施品格主题教学中实践性知识的建构，就要先从个案教师的成长历程中了解个案教师是怎么样的一个人，其所处的环境脉络是如何形塑这样的一个人，又有哪些事情影响了该教师对品格主题教学的思考，建构其以后品格主题教学中实践性知识。每位教师的实践性知识都是独特和唯一的，也由其个性气质、教育背景和成长环境的独特性所决定。教师的实践性知识与其从小的生活环境和教育背景有密切的关系。Z老师如今许多的教育信念也来源于从小父母、老师及伙伴对其的深刻影响，本节以Z老师回忆所经历的关键成长片段为例，从个案教师的成长经验、求学经验、教学经验和专业发展四个方向维度来分析Z老师的成长经历及这些经历与Z老师实施品格主题教学中实践性知识建构的关系。

1. 自小父母的品格教育，奠立了Z老师的品格意识

Z老师出生在浙江省温州市，家境还算富裕。她的父亲和母亲都在浙江做生意，父母的工作虽然很忙，但是一直很重视对Z老师的教育。家庭教育大多采取“无为而治”的思想，父母很少以大道理来教育孩子，也很少强迫孩子做自己不喜欢的事情。在孩子犯错的时候，父母都会先观察，不盲目介入，通过互相沟通让孩子自己思考，学会解决问题。Z老师作为家里独生女儿，父母对她也没有太

① 陈静静. 教师实践性知识论：中日比较研究［M］. 上海：华东师范大学出版社，2011.

多的溺爱，尤其对她的学习成绩和人格发展要求甚严。

我小时候父母对我的管教还是很严厉的，尤其是做错了事情，他们也会进行严厉的惩罚。到了上初中之后，父母对我一般以说理的方式进行劝诫，对我也很尊重和宽容。

所以Z老师从小到大跟父母一直无话不说，沟通也很顺畅，父母认为学习很重要，但是也要学会与人相处，培养一些与同伴交往的技巧，懂得合作，与人友好相处。因此，“只要我写完作业，保证自己的学习的情况下，父母鼓励我出去和小朋友玩。记得小时候写完作业就出去玩耍，玩到晚上八九点才回来洗澡休息”。

虽然没有兄弟姐妹，但是小时候也不觉得孤单，每天都过得很开心。小时候最好的玩伴也是我的表妹，我们两个人年纪相仿，所以有很多共同语言，现在的关系也一直很亲密，父母没时间照顾我们的时候，两个人就是最亲密的伙伴。我们那时候有一群周围的邻居，我觉得那时候在没有大人指导和看管的游戏中，我们开始学着如何与人交往。

所以，Z老师在这样一个自由快乐的环境下成长觉得非常幸福和知足。她认为无论是父母还是教师对孩子不能管束和要求太多，要求得越多，孩子越不容易快乐。这样的观念深深扎根在她心里。现在作为一名幼儿园老师，她也是以这样的态度和信念来教育自己班上的孩子。访谈中Z老师谈道：“我确实也是在受自己小时候的影响，我希望自己能够对班里的孩子宽容，因为我觉得现在的孩子被管得太多，缺少快乐。”因此，Z老师对待班上的孩子是这样，对待自己的孩子也是这样。从Z老师对她女儿的教育可见其对孩子品格教育的重视：

现在我对我的孩子也是一样，我不要求她学习太多东西，一切根据孩子的兴趣，但我要求她每天出去和各种小朋友玩，让她自己去体会该如何与人相处。希望她每天能和身边的小朋友玩得开心，每天都快乐地生活。但是好的习惯，我是从她小就开始在努力培养的，比如让她每天晚上看半小时书。她非常喜欢看书，每天晚上都要求看书。但是我也不强迫她，如果中间她注意力不集中了，那今天就不看了。

可以看出Z老师在开放自由的环境下成长，一直影响她如今对孩子的教育态度。她希望孩子能够在自由的环境下学会与人相处，学会更多的社会交往技能。尤其是品格和道德教育应该从小开始培养，从小打好基础。

培养孩子的成长，学习成绩不是最重要的，做人才是关键，学会融洽地与同伴交往、懂得感恩和爱护周围的人、做事有耐心等，这些都是成为一个优秀的人的重要品格。

可见Z老师因为在从小的家庭教育中体会到了品格教育的重要性，也懂得了做一个品行良好的人才是最主要的原则。

2. 求学期的师长鼓励，坚定了Z老师的品格教育信念

Z老师的求学经历是幸运的，她从小就担任学生干部，一直受到班主任和同学们的爱护。尤其是小学到初中时期，因为成绩优秀，又担任重要学生干部，很多教师对她帮助和启发很大。从小学到大学教育，对Z老师影响最深的老师有很多。在被问到求学期间对她的影响最深的老师时，Z老师说：

印象很深的老师有很多，但是有一位老师，虽然我们只相处了一天的时间，但是她对我的肯定一直在激励我。那是我读小学的时候，我担任班干部，那时我的责任心非常强，对班里同学非常严格，连班里的男生对我也是有些畏惧的。有一位市里的高级教师来班里上课，课前和班里的学生熟悉一下。当时她非常热情地和我握手，还说我以后能成为一名法官，我估计当时她是因为听班主任说了我平时的表现，才这样说的。但是她对我无意的一句话，却对我以后的人生观产生了很大的影响，虽然我现在不是一名法官，但是我做事都要求自己尽量公平公正。

这位老师的话影响到Z老师自己的价值观，也影响到她对待幼儿的方式。她说：

我希望每个孩子，至少在我这儿，能得到尽量公平的对待。我希望自己班里的氛围自由开放一些，因为我觉得现在的孩子被管得太多，缺少快乐。我也希望孩子能够得到公平的对待，如果有人遭到歧视或者别的，我心里会非常难受。

教师的实践性知识的形成与其求学经历和整个生活经历及早期受教育的经验

都息息相关，教师对教育、教学的早期经验，通过个体的主观感受和诠释，成为他对教学的价值取向和信念结构。教师的教育信念、知识、技能早已在早期学校学习和生活经验中形成①。

3. 实习期的教学磨砺，积累了初步的教学实践知识

Z老师从省内一所师范院校毕业，学习了五年的学前教育相关知识和技能。三年中专和两年大专阶段，Z老师成绩优秀并获得过“优秀实习生”“优秀毕业生”等荣誉称号。三年的中专生活，她练就了扎实的绘画、唱歌、钢琴、舞蹈等基本技能。Z老师觉得三年的中专生活过得比较充实，三年来对技能的学习丝毫没有放松。因为“那个时候学校的老师对这方面抓得很紧，所以我现在经常还会做梦梦到中专老师钢琴要回课的”。

2004年中专毕业后，Z老师继续学习，大专的最后一年，以实习为主，从这时候起，Z老师也开始进入自己的教师生涯，多次的实习经历，给Z老师留下了美好的回忆：

大学里受益最多的其实就是几次的实习，我记得那时候去到一个新的单位实习，心里非常担心，所以自己很勤快！每天都帮助保育员做很多工作，每次上课也非常认真、仔细。还记得第一次是在浙幼师国际部，也是在那里，我评上了“优秀实习生”。

我觉得刚实习的老师其实也像一张白纸，每个辅导她的有经验的老师就像是画家，他们是什么样，怎样描绘，我们也会模仿和学习他们。我很庆幸，我那时候遇到的实习辅导老师，国际部和大关苑实验幼儿园的老师真的很负责，教了我很多东西。我看着他们上课，学习处理班级常规问题。这些实习的经验在幼儿的工作中使用起来是最实用的。它能让你结合实际，不会是纸上谈兵，在实习中自己能积累很多经验，接触孩子真实的状态，开始了解孩子的特点：他们到底脾气怎么样？哭了怎么办？

我在不同的幼儿园实习过，虽然到现在已经不记得我第一次上课的情景了，但是我从实习开始到现在还一直保持这样一个习惯：只要有公开的展示活动，我都要自己默默地在心里组织很多遍教案，也要找没人的地方一个人练上好几次。

---

① Borko, H., Putnam, R. T. Expanding a Teacher's Knowledge Base: "Cognitive Psychological Perspective on Professional Development." In T. R. Guskey & M. Huberman (Eds.), Professional Development in Education: New Practices. New York: Teachers College Press, 1995: 35-66.

因为实习辅导老师的影响，Z老师非常注重孩子的年龄特点和教学教案的设计。Z老师觉得，在设计主题时，首先要考虑孩子的年龄特点和需要。

在品格主题设计中，其实我应该来说确实有把重点放在教案上面，一来是真心希望孩子在活动中有所获得；二来是托班孩子年龄小，能开展的特色活动不多，那么我们就竭力在教学活动上让他们有所感受。

Z老师对实习的经历仍然印象深刻，尤其是几位实习辅导老师的悉心指导，对她以后的教育教学有一定的启发和引导。一些教学习惯的形成也与实习期间的学习和积累密切相关。

4. 新的工作岗位，遭遇品格主题教学的挑战

2006年大学毕业之后，Z老师考上了某市镇上的一所公立幼儿园，在幼儿园工作了一年，相对比较轻松。

那段时间的日子很轻松，完全没有压力，得过且过的感觉。在那里的那段时间，教学随意性较大，没有正规的教材，而且从托小班就开始学习认字，这让当时在杭州很多幼儿园实习过的我很不适应。

由于不适应当地的教学环境，Z老师决定回到另外一所城市私立幼儿园工作，也就是现在所在的A幼儿园，在这里她也找到自己的幸福，结婚定居在本市，还有了一个可爱的女儿。现在的幼儿园离家近，每天上下班也比较方便。比起以前在乡镇幼儿园的教育环境，Z老师觉得还是有很大差别。Z老师喜欢挑战自己，在工作的过程中也希望自己不断成长和进步。在A幼儿园已经有4年的时间了，在这里她从一个刚刚接触品格主题教学的新老师，开始成长，不断地积累了许多品格教育的经验，而且在这种痛并快乐的过程中不断进步，她说：

现在我在这个幼儿园虽然有时候工作压力很大，任务很重，但是我是真的学到了东西的，感觉自己成长和进步很多。我们幼儿园还是给我们提供了很多学习的机会的，不管是专家型的讲座，还是一线教师的教学观摩都是有的。我个人因为是一线教师，所以对教学观摩和研讨比较感兴趣，但是在这些培训中也深深感受到理论的重要性，知道教学经验需要理论的帮助才能不断提升，这样的幼儿教师，生命也会长一些，所以现在我也努力静下心来学一些专家的理论。

A 幼儿园是一所以品格主题教育为特色的幼儿园，每个学期都会围绕一个品格主题来进行有计划的教学。品格教育对老师的要求很高，A 幼儿园有许多年轻的老师，Z 老师在幼儿园成立之初就已经开始学习和开展品格教育。幼儿园的教学负责人也是一位接触品格教育十几年的有经验的老师。她对老师们的要求严格，对品格教育非常重视。她每周都会组织各年级组老师进行品格教育的相关研讨；请校外的专家来园讲解有关品格教育的知识；每年安排新老师出去学习，教学观摩。Z 老师觉得这些学习机会都是很难得的，虽然有时候觉得工作任务比较繁重，但是一切付出都是有收获的，不断地期待自己在新的环境里有挑战也有成长。

5. 品格主题教学研讨中实践性知识的建构与发展

（1）品格主题教学初期，迷茫中探索

在刚接触品格主题教学初期，Z 老师感到一片茫然，她说：

刚接触品格主题教学时，一看到品格两个字就有点头疼，也不知道品格到底要怎么教，怎样达到目的。可以参考的教材和资料很少，要完成一个教学任务，拼拼凑凑把四周内容填满就算完成任务了。现在，经过几年的实践和探索，品格教学还是以主题的方式每个学期照常实施和进行，但是依然不知道学生走上社会之后，我们所教的这些内容，对孩子到底能产生多大的影响。这几年，我们也一直在反思，怎样才能对孩子真正有帮助。所以我们也求助理论书籍和校外专家。

可以看出，Z 老师在刚刚接触品格主题教学的初期，有过迷茫，甚至对品格主题教学有些不知所措，经历过一个不断融合以前教学经验和不断更新学习的阶段，Z 老师认为，“不学习、不思考就没有进步”。如果只是停留在对品格教学经验的狭隘与肤浅的理解上，那么实践性知识也得不到修正，永远无法形成自己对品格主题教学的理解和看法。

（2）自荐课活动中诊断自我

Z 老师所在幼儿园对教研组活动非常重视，要求每位老师（不管是新手教师还是经验型教师）都进行平等的对话和交流，新老师要上课汇报，每个学期听取一定数量的课，并且做好相应的听课反思和记录。除此之外，教研组还组织自荐课活动，每周几位老师轮流进行与品格主题相关的自荐课交流，通过教师评课活动，教师亲临现场，实地观察和体验他人的课堂教学风格。

在自荐课中，教师之间可以互相学习各自的长处，同时发现自己的不足。大班的 Z 老师在品格主题月中，推选了自己的语言活动课“石头汤”。通过自荐课的磨砺，Z老师认为："我对品格主题教学有了一些更好的想法，也算是我开展品格主题教学的一个基础吧。"

（3）教育培训中领悟教育教学经验

教师的成长和成熟并不是自然而然或自发地实现的，而是受到很多因素的影响，离不开教师自身的努力和外部条件的支持。幼儿园既是教师实践的现场，同时也是教师成长的重要场所。在幼儿园，教师将教学、研究和学习融为一体，在做中学，开展行动研究，不断获取实践性知识。园本培训是基于实践进行的教育教学研究的重要形式，培训可以引导教师把教育与自我统一起来，实现自我发展。Z老师所在幼儿园为了提升老师的品格教育设计和实践能力，定期进行品格主题教学的园本培训。培训对Z老师的品格主题教学实践性知识的建构起了关键性的推动作用，她说道：

在培训之前，我没有很好地学会如何将合作主题教育与五大领域活动整合到一起，怎样由浅入深地进入主题，从而让幼儿慢慢感知和体会这个主题品格，我还是很迷茫，基本只能设计一个大纲，而不能考虑很多细节。经过几次培训，特别是有经验教师的传授之后，我基本领会到要从幼儿的生活经验出发，只有从孩子的生活经验出发，每一个环节才能体现主题的细节。

Z老师除了要参加园内的一些培训之外，还需参加一些园外的培训，经常参加一些有关品格教育的讲座，还有专业知识、园外交流方面的培训，此外，还参加继续教育，幼儿园教研组组织的园内教学论坛和经验交流会等培训。这些大大小小的培训活动，虽然没有直接移植在她的头脑中，形成可以直接指导品格教学的力量，但可以让她潜移默化地学习一些优秀教师的教学风格，吸收到更多新鲜的知识，这些对她的实践性知识的建构都起着积极的作用。

（4）园本研讨中反思和深化对品格主题教学的认识

美国教育家杜威认为，反思是根据情境和推论对自己的信念和知识结构进行积极的、持久的、周密的思考。Z老师所在幼儿园立足于实践和如何提高教师的反思能力，围绕品格主题教学组织了大量的园本教研活动，通过进行品格教育理论培训、开展案例研究、撰写反思日志来丰富教师的品格主题教学知识。Z老师认为在园本教研中，自己的收获很多，通过与同事的交流和分享，教师对品格教育的理解不断深化，在主题的把握上，也可以得到园领导和经验相对丰富的教师的指导。

幼儿园教师集体形成了一种同伴互助的合作文化，在这样一种积极有效的园本学习共同体中，Z 老师既能从同伴的观点中反思自己的教学行为，也能从集体智慧的碰撞与交流中，更新和扩展自己的品格教育理论和经验。

经过一个学期的品格教育实践，Z 老师对合作的理解不断深入。

原来这就是“合作”

当听到“合作”这个主题时，我和大家一样很困惑，合作并不是老师说教和夸夸其谈就能教会的，因此，在开始的时候，我想到的合作方法就是在教学活动中不断制造合作的机会和氛围。首先对我发动第一波冲击的，就是研讨和课例，大家都记得我的那锅汤吧，拼拼图是我给这锅汤下的一剂猛药，但是熬着熬着就被吴老师一锅端了。说实话我还是想坚持自己的想法的，毕竟那是自己的原创，但是后来我发现大家的想法效果更好，赤裸裸的合作效果并不明显。

在日常教学活动中，我利用榜样的作用来教会孩子合作的技巧。比如在一次数学课上，我们将合作顺利掌握技巧的一组设为最佳默契组，并把他们合作成功的秘诀告诉大家。在这个活动中，我没有引导孩子怎么合作，而是给予孩子合作的机会和榜样。聪明的孩子很快发现了要想合作好，首先要分工协商好。

在生活活动中，以就餐活动为例，餐前，每天中午选出两名小组长，由他们互相协商，分筷子和碗，渐渐地在班里形成了常规。在这样的基础上，我们逐渐将活动延伸到餐后，分四名小组长打扫位子，整理桌子等。他们同样处理得很好，小朋友之间合作得很愉快。原来合作与幼儿的生活可以这样零距离接触。

最后是我品尝到了合作小甜品。班里小朋友在户外活动时发生了打人事件，受伤的孩子来告状，我突然想到，通过“开庭”来处理这件事件，有了“证人”“原告”“被告”，我当起了“法官”，由幼儿来说怎么处理。“原告”脸上挂着泪水，叫了很多小朋友起来对“被告”提问。孩子们说得很好：“他不是故意的”，“她的出发点也是好的呀”，“你为什么哭呀？他为什么打你呀？”。我们听听，“证人”觉得“被告”不是故意的，所有小朋友都觉得被告的出发点是好的，只是缺乏沟通。最后我判“被告”向“原告”道歉，“被告”向“证人”道歉。最后在小朋友的拥抱中“退庭”。经过四周的延续，我感受到了这就是合作。

【小结】Z 老师的实践性知识建构经历了不同时期和不同阶段。家庭教育阶段父母的教育方式对其有重要的影响；漫长的求学经历，求学期，除了学习科学文化知识外，教师和同学也对其产生了重要的影响。经历了大学专业训练之后，大学实习阶段给她留下了深刻的印象，在实习阶段获得基本的教育教学技能，使她对教师行业有了深入的理解。毕业之后，走上工作岗位，正式加入教师行业，从事品格主题教学，通过向有经验的教师学习，与其他教师合作研讨、切磋，参与教育培训等活动中，她积累和更新了自己对品格教育的知识，在与学生、家长等接触中，从迷茫走向成熟，不断总结经验，在这样的探索过程中，不断总结出自己关于品格主题教学的实践性知识，并随着工作经验的积累和生活阅历的增加不断丰富这一实践性知识。

（二）幼儿教师品格主题教学实践性知识的建构成效

实践性知识可以说是教学实践的产物，本研究从幼儿教师实施品格主题教学的观点出发来探讨个案教师的实践性知识。当中涉及个案教师的自身品格教育认识、品格主题教学认知，以及多年来在幼儿园从事品格主题教学的感悟和思考，还包括教师的个案价值观、性格特质、成长背景和生活环境等，这些都是融合教师实践性知识的源泉。当然个案教师的实践性知识依然存在一些问题，依然需要在实践中不断完善和发展。本研究从教师叙说及反省的取向，来反思个案教师实践性知识存在的问题。

1. 关于品格教育的自我知识需要进一步完善

帕尔默指出，好的教师有一个共同的特质：他们能把个人的自我认同融入工作中，具有强的联合能力，能够将自己所教的学科和学生编织成一个复杂的关系网，以便学生能够编织一个他们自己的世界①。由此可见，教师认识自我、认识学生、认识学科同样重要。

从个案教师的成长来看，Z老师关于品格教育自我的认识过程，也是Z老师品格教学知识发展从新手阶段开始不断学习和进步的过程，不断提高自己对品格主题教学的认识水平的过程。在品格教育信念方面，由于性格的原因，Z老师坚持自我，对品格教育有一定的教育信念和原则，能够大胆尝试和实践自己的品格教育理念。但是在实践过程中，遇到问题和与其他教师产生不一致的意见时，Z老师一方面进行自我反思，遇到问题能够反复思考；另一方面，寻求外在帮助的意识不明显。

下面以Z老师执教的“石头汤”之后的一次研讨会为例：

教师1：整个活动的节奏太快，孩子思考的空间少，最后讨论太少，孩子拼

---

① ［美］帕尔默. 教学勇气：漫步教师心灵［M］. 吴国真，余魏，译. 上海：华东师范大学出版社，1998：13.

图的时候，自主性没有得到发挥。应该把重点放在大家来煮一锅石头汤或拼图上，这两个方式要择其一。

Z 老师：开始我也思考要把重点放在讨论村民为什么要煮石头汤这里，原来也有打算，后来改了，因此，这次试教还是让孩子利用拼拼图这个环节来体会合作。

教师 2：我觉得也可以利用故事激发兴趣。

Z 老师：但是我担心我把握不了这个分寸。

教师 2：你有没有考虑过大家的团队力量呢？

Z 老师：最后这个东西可能就不是我自己设计的了。

教师 2：当“合作”挂在嘴边一直说时，大家有什么样的感受？第一次上课的时候，没有讲出来，但是孩子感受不到；第二次上课，我全部说出来，但是太过了。这个修改应该再次反馈，自己反思合作的课怎么上，到底是为了合作而合作还是为了成功而合作？一直在孩子身边说“合作”，孩子最后是什么样的感受？最重要的是让孩子感受成功。

Z 老师：尤其是上公开课，我喜欢自己独立思考，并且自己私下里反复练习，争取拿出一个自己觉得好的活动来。第一次试教的时候，我本想让小孩自己去思考，我自己不讲，第二次试教的时候，我就把合作的点都放进去了，结果变成赤裸裸的合作了。我也在想，到底是隐藏呢，讲呢，还是操作呢？如果我一味按照其他教师的建议来上我自己的公开课，我觉得就不是我在上课了。

教师要提高自己的实践知识，必须寻求学习支持和帮助，包括教师实践共同体、其他有经验的教师、合作团队等，从而积累和发展能量。而 Z 老师在这方面的意识稍显薄弱。这可能与 Z 老师本身的个性和性格特征有关，Z 老师比较坚持自我，性格里也有好强的一面，在几次公开活动中，Z 老师都希望自己能独立完成任务并且有较好的表现。在集体活动中，她总是能想到很多特别的方法，希望自己与别人不一样。

Z 老师能坚持做品格教育，但是她认为，品格主题教学要自己设计课程方法，没有专门的教材，也没有系统的理论指导，在实施过程中有一定的难度。“有时候预想的效果很美好，而幼儿表现的结果却不是那么美好。”可见 Z 老师的品格主题教学效能感低。品格教育的效果不像其他领域的教学效果那么明显，需要教师长期的潜移默化的影响，加强幼儿对品格主题认知、情感和行为的内化，需要一个长期的过程，如果教师不能很好地认识这一点，就很容易产生美好愿望和现实的落差，因此，其教学效能感低。

教师对品格主题教学效能感不高有以下两个方面的原因：一是任务本身的难度过大，品格教育对幼儿教师来说有一定的难度和挑战，教师缺乏指导，实践中很难把握好，因此，没有激发教师对任务的最佳动机。二是教师不能适应的缘故。施良方认为，许多课程计划没有收到预期的效果，不是课程计划本身的问题，而是由于教师不积极或不能适应。教师作为课程的最终实施者和执行者，其本身所具有的专业知识和对待品格主题教学的态度在很大程度上影响了教师教学质量和效率。

2. 对品格主题教学策略的运用理解需要进一步深入

Z老师在实施品格主题教学时，能较好地运用故事法、角色扮演、讨论法、榜样示范法、创设合作情景等品格教育方法，但是对于为什么要用这些方法缺乏足够的理解，对品格教育还缺乏足够的经验。

W：您在实施品格主题教学时，主要运用了哪些教学策略？运用这些策略的理由和目的是什么？

Z：小朋友讨论，合作画画，演出，分析讨论，榜样示范，表扬鼓励，角色扮演，这些我都在教学过程中运用了。这些都是我平时上课经常用到的一些方法，有时候觉得合适了就用了。比如说，在语言活动中，经常用到讲故事和角色表演这些教学方法。在美术活动中，小朋友绘画画得不好，就设计一些讨论，通过讨论来让孩子发现自己绘画的不足。

根据达菲（Duffee）和艾肯黑德（Aikenhead）① 的研究，教师知识主要包括三个层面：一是教师过去的经验，包括受教育经历、生活状态、家庭因素等；二是教师目前的教学状况，包括课程内容、教材供应、外界环境等；三是教师对工作的看法，所受到的信念、价值和原则影响。影响教师实践知识的因素除了教师自身，包括个人的积累、领悟之外，还包括理论学习和同事之间的合作交流等。教学法的积累和运用，除了靠平时的实践外，还需要不断学习新的理论和新的方法，专业基本知识是教师开展教学的基本素养，因此，专业理论和知识的积累是影响教师教学方法运用的娴熟度的主要因素。

Z老师之所以在实施品格主题教学时对方法的运用和理解不够深入，主要原因是缺乏对品格教育理论知识系统的学习，对品格教育缺乏经验。艾尔贝兹指

① Elbaz，F. The Teacher's “practical knowledge”：The report of a case of study [J]. Curriculum Inquiry，1981，11 (1)：43-71.

出，教师自身的教学经验有助于他们的实践性知识的发展，教师应借助自身的教学经验建构关于教与学的理论，逐步形成自己的实践性知识①。教师的实践性知识来源于教育实践，来源于平时对教育方法的总结，同时又指向教育实践，建立在教师对教育经验的积累的基础上。

3. 对品格主题课程知识系统性的把握需要进一步提升

Z 老师关于品格主题教学方案的设计，结合了五大领域的内容：语言活动、健康活动、社会活动、科学活动、艺术活动。但是，每个领域活动设计内容单一，比如语言活动，以讲故事为主，例如讲述了《三个和尚》《七个葫芦娃》《大禹治水》三个故事，三个语言活动都采用一样的教学方法和组织形式——以教师讲述为主。以下是 Z 老师四周围绕“合作”品格主题所设计的结合五大领域的品格主题教学活动内容，如表 7-1 所示。

表 7-1 “合作”品格主题教学规划表

时间	健康	语言	社会	科学	艺术
第一周	“体育游戏：抬轿子”	“三个和尚” “三个和尚续编”	“夹心蛋糕” “风雨雷电”	“火火” “数学：三的巧数”	“绘画：我们的绘本” “绘画：合作标志” “水滴”
第二周	“救爷爷” “体育游戏：七人两足”	“七个葫芦娃” “打败妖精”	“社会游戏：各式服装”		“歌曲：葫芦娃” “绘画：神气的葫芦娃” “音乐：洞穴里的宴会” “崇山峻岭”
第三周	“体育游戏：过火焰山” “拔河”	“大禹治水” “三过家门而不入”	“垒墙” “你做我猜” “你问我答”	“治水的方法”	“绘画：大禹治水 1” “美术：大禹治水 2” “涂鸦：凿洞的人”
第四周	“足球比赛”	“大禹治水” “制作大禹治水的海报”	“幸福的社会” “我做你猜”	“条形统计”	“合作标记设计” “音乐：让世界充满爱” “音乐：游戏保护小羊” “手工：美丽的房子”

以上 Z 老师对课程的安排中，语言领域的活动和艺术领域的活动所占的比例最大，科学活动偏少。语言活动的设计以与“合作”品格相关的小故事为主，重点讲述故事引出一周的主题活动。Z 老师在设计有关“合作”主题的课程时，认为语言和艺术最容易与“合作”品格连接起来，而科学活动较难与品格连接。

① 姜美玲，王赛凤. 理解教师实践性知识［J］. 全球教育展望，2004（11）：51.

之所以出现这样的情况，是由于Z老师欠缺对品格主题教学课程知识的理解，缺乏对品格主题课程的设计的重构能力。可见Z老师虽然能围绕相应的主题来设计课程内容，但由于缺乏系统的学习，因此，设计的课程内容单一，且有重复的教学内容。Z老师对品格主题教学课程知识尚缺乏系统的认识。

作为品格教育教师，首先要具备所教领域有关知识，包括品格教育实质内容和方法结构。教师不仅应该知道所教内容有怎样的知识体系，而且需要知道如何把品格教育内容编排进自己设计的课程。如何设计方案，如何利用课程资源，这些都反映了教师关于品格教育课程的知识。教学实践方面的经验积累是影响教师实践性知识的重要基础之一。很多教师在这方面缺乏足够的了解，Z老师还不具备“信手拈来，旁征博引”的教育品质。

4. 对儿童品格发展和品格学习特点的把握需要更精细

教师要教什么，要根据学生的具体情况因材施教，教师对学生的基本看法和认识支配着教师的教学活动，这也是教师实践性知识的重要内容。Z老师没有将品格主题教学对于儿童的发展和学习更深层次的意义挖掘出来，在之前设计活动教案时，设计目标大多是在一次活动中让幼儿学会合作、合作拼图、合作绘画等。

大班语言活动“石头汤”

活动目标：

1. 幼儿能理解故事内容，感受合作带给村民的精神和变化。
2. 幼儿能尝试用协商的形式，合作完成一件事。
3. 幼儿喜欢与伙伴合作，体验合作的快乐。

首先，从以上活动目标的设计可以看出，Z老师对孩子现有的合作水平和能够发展的合作水平缺乏足够的了解，而在活动中，又急于让孩子学会合作行为，这样的目的明显超过孩子的发展能力。“合作”不是在一次活动中就能学会的，也不可能在一次活动中去实践和完成。

其次，Z老师实施品格主题教学之后缺乏对幼儿相应主题学习情况的评估，评估的方式和方法单一，主要以课堂教学为主，课后没有设计一定评价量表来做细化的评估，这样不利于对孩子学习结果的考察。

W：主题开展之前您对幼儿做了哪些方面的调查？

Z：没有，吴老师在我上课例的时候，有问到孩子们“合作”是什么，孩子们能根据自己的生活实践说出一些对合作的理解。品格主题内容是跟同事讨论后根据五大领域来设计的。

W：您觉得这些内容中哪些比较适合孩子的合作主题的学习和发展？

Z：有一些内容好开展，有一些很难开展，绘画和语言比较容易与合作主题结合起来，理解和开展也比较顺利，数学有点难，语文和绘画比较容易，没有办法兼顾。

W：您是否注意评估幼儿的品格学习情况？您常常采用哪些评估方法？

Z：根据当时的教学活动中答案的反馈，或者美术活动中通过绘画作品来评估。老师也希望孩子在实际生活中运用学会的品格，但是首先要在课堂上说出来。比如：绘画的时候表现在能不能合作绘画；小朋友到其他班演出，很多小朋友很重视，把它当作一次重要的活动。

W：主题课程实施以后，您认为幼儿的关于合作主题的学习有没有变化和发展？

Z：这种改变还是需要老师的引导的。一旦发生类似的情况，遇到问题要处理了，孩子可能会出于本能来处理，会有打架和争吵等，这个过程还是需要老师来指导。

舒尔曼认为，了解学生及其特质的知识是指对学生学习能力、学习动机、学业表现、认知形态、学习态度或认知过程的理解。教师对学生的学习背景、家庭状况、学习优点和缺点等的了解情况，是影响教师实践性知识的重要因素。Z老师之所以对儿童品格发展和品格学习的特点缺乏深入的了解，也是由于对学生的相关学习背景和学习动机缺乏足够的了解，缺乏了解学生及其特质的知识。

5. 品格主题教学情境知识有待进一步丰富

教师关于情境的实践性知识表现为教师对教育运作之社会与文化背景的了解和认识，如教室情境、教师文化、学习氛围、社区政治、文化传统等。在Z老师开展品格主题教学的过程中，家长参与的机会很少。一方面是因为家长对品格教育的了解不多，教师对相关知识的宣传和指导较为缺乏；另一方面是由于家长忙于工作，没有太多时间顾及孩子在幼儿园的学习情况。在访谈中Z老师说道：

孩子的父母主要从事商业，做生意的多，对孩子教育的重视程度不是很高。到大班之后父母没有给予足够的重视。家长很少配合，前期做品格主题时，教师也会设计家庭联系单，家园联系以前的主题有需要家长完成的，不是所有家长都能完成。绝大多数家长配合不是很积极。家长虽然认为品格教育对孩子很重要，但是由于父母忙于工作，因此，没有时间和精力参加及配合完成一些任务。本学期，本着减轻父母的工作的原则，我们班没有设计一些作业单给家长做了。平时的家长工作配合还是很积极的，例如“六一”节和国际文化节，演出服装等都是家长完成的。

W：您认为在开展品格主题教学中，幼儿园和研究者提供的哪些支持与帮助是好的？哪些方面的支持还欠缺？

Z：校外的研究者几年来一直指导幼儿园的品格教育，对我们启发很大，研究者的想法很深远。我觉得我们的合作可以缩短时间，充实内容，避免与“六一”的冲突，老师想实实在在做好，但是平时的开展过程中，没充分考虑孩子的需求。大家先讨论，分工备课，在两个星期空余的时间里扎扎实实做。在准备的过程中，方案改了很久，但是教案没有时间备课，领导把重点放在方案上了。

教育实践“是以一定的教育观念为基础展开的，以培养人为核心的各种行为和活动的方式”①。教育要面对的对象是个体或群体，其心理、认知结构和思维是多变的、复杂的，这就需要教师因材施教，采用多种教育方法结合学生特点开展。教育工作具有一定的情景性，教师单靠预设的内容很难应对变化多端的教育情景。在教学实践中，教师需要不断地总结和反思自己的教学经验，借助一切可利用的环境和情景因素，来应对随机变化的教育事件。

教师品格教育中的实践性知识的形成不仅需要教师自身的努力，更需要外在环境的支持。除了社会环境之外，学校的行政环境和相关活动，也会影响教师的品格教育实践性知识。从访谈中笔者了解到，Z老师对学校环境的认识很敏感，作为私立幼儿园，面临很多的压力，来自社会及幼儿园本身的领导制度等形成的文化环境的影响，给Z老师实施品格教育带来一定的压力。家长的配合程度、家园合作、幼儿园领导的管理等，都会影响Z老师实施品格教学情景知识的理解和运用。

6. 品格主题教学反思知识需要进一步丰富

贾维斯（Javriss）在《学习实践性知识》一文中提出了获取实践性知识的几种方法：专业/职业教育、实践、内化的规则、追踪和修正行为表现、反思和继续教育②。日本学者佐藤学也强调了教师反思的重要性。反思是提升教师实践性

① 郭元祥. 教育逻辑学［M］. 北京：人民教育出版社，2002：298.

② 姜美玲. 教师实践性知识研究［D］. 上海：华东师范大学，2006：42.

知识的重要途径，从教师的专业发展和成长来看，反思是一种能力，也是教师的一种教育习惯与独特的思维、判断和决策方式。

Z老师在品格主题教学后，最后自己总结，并没想象中的那么自信，她在访谈中说："预期结果实现了一半吧，前两周孩子们感受到了合作的快乐。因为后面有太多其他的活动，忙着排练'六一'节目，感觉一周的时间都不够用。"Z老师接受访谈时认为，从整体上来看，主题活动的开展还是不错的，只是没有自己想象的那般美好，自己希望达成的东西没有实现，为此感到很遗憾。下一次再进行主题教学的话，她会更加考虑孩子的需要，希望扎扎实实地写好每一个教案，做好每一个活动。Z老师的反思是从整体上来概括她对品格主题教学的过程和结果的反思。反思内容仅是对教学活动的反思，缺乏对游戏活动、生活活动及个性化教育的思考。反思的方式以独立反思为主。在大多数情况下，她主要根据活动中孩子的反馈进行调整，也借助幼儿园提供的一些主题中的反思记录表来反思自己的教学活动。

三、促进幼儿教师品格主题教学实践性知识建构的策略

教师的实践性知识无论是对教师自身专业成长还是对幼儿园的发展都有重要的作用。本节主要讨论如何提升幼儿教师品格教育中的实践性知识，以便为教师进行品格主题教学提供有效的经验。下面根据文献评述和观察所得资料，提出幼儿教师实践性知识提升的策略。

（一）改变品格主题教学的思维惯习，提升反思能力

教师的实践性知识不是一成不变的，它具有动态性和生成性，每一个教学事件都会对教师的实践性知识产生重要的影响，产生影响的力量来自教师的反思。教师的反思就是教师对自己的教育理念、教学策略与反思、教学行为、教学过程、自我意识等方面的审视、深思与修正的过程①。对幼儿教师而言，品格主题教学是幼儿园五大领域当中社会领域的一个延伸部分，实施品格主题教学过程中会遇到很多的问题和困难。例如，Z老师发现，"品格教育在前期的设计和规划过程中，非常详尽，但是实施中就会出现不如预设那般热烈和美好的情况，而幼儿在主题过程中似乎有一些变化，但是主题活动之后，变化不大"。为什么会出

① 王鉴，徐立波．教师专业发展的内涵与途径：以实践性知识为内涵［J］．华中师范大学学报（人文社科版），2008：5.

现这些问题和困惑，需要教师不断反思和总结，更需要总结出一些不同于教授一般知识技能的教学内容和教学方法。面对不同的问题，教师要及时观察和反思自己教学过程的每一个细节，反思自己的教学重点是否偏离，反思自己是否根据幼儿的品格发展特点而开展活动，如果下一次开展类似的活动，应该如何把握等，这些都是教师需要思考的内容。

反思有很多形式，教师可以写一些课后小总结和札记或者教师成长日记，可以以写博客和日记等形式来记录和描述，并回忆课堂中的事件和重点，以便分析、反思，寻找教育行为中所蕴含的丰富意义，发现问题、分析原因、做出修改以便在实践中加以检验。在个案教师的实践性知识中，主要用的反思方法有记日记、做报告、与同行交流对话、教学观摩研讨等，其中教师用得最多的是写教养笔记。通过写教养笔记，教师在回忆自己的教育行为的时候，可以更加客观地看待自己的行为，对自己的教学做出监控和改进。

（二）建立品格主题教学的有效教研模式，理论和实践并行

幼儿园教师在品格教育的实践中，需要根据具体的情景脉络的发展，根据自己的思考与选择对自己所设计的内容和教案进行修正与调整。在实践和调整过程中需要加强自己的理论储备，逐渐积累个人专业实践理论。教师在实践和实施品格教育时，需要质疑和挑战的勇气，具备一定的创新思考能力，且不断地在学术理论与教学环境中辩证、探究，逐渐形成自己鲜明的专业实践理论。品格教育教学需要教师根据教育的原理原则，在实践与理论之间不断修正，以审慎的态度提出并落实有效的教育策略和计划，让学生逐步成长。因此，教师需要在教学实践中，不断加强理论学习，要有革新与验证的思维，不墨守成规，这样教师的实践性知识才能得到提升，学生才能获得更好的品格学习和引导。教师的知识包括理论知识和实践性知识，两个部分是相辅相成、互相促进的。个案教师谈到自己接触品格教育以来，很少参加专业的学习，希望自己能够更加静心地学习品格教育相关理论知识。理论知识的缺乏必然会影响教师实施品格教育的实践过程，因此，要提升品格教育的实践性知识，教师需理论和实践并行。

（三）建立品格主题教学实践共同体，促进教师合作

教师合作与教师专业发展有紧密的联系，教师和教师之间的关系是幼儿园里人际生态的重要组成部分。教师要提高自身的实践性知识就不能闭门造车，把自己孤立起来，必须建立积极的合作关系，互相支持，彼此配合，相互合作，形成积极的学习氛围，以促进教师的共同进步。要培养孩子的合作品格，教师首先要

学会合作。由于教师的教育工作对孩子有一定的示范作用，教师之间的合作不仅可以加速教师个人的实践性知识发展和专业成长，还能促进幼儿之间的合作行为的出现，在整个幼儿园中形成合作的环境和氛围，形成合作的教学文化。本研究中幼儿园实施的“合作”品格主题必然要求教师之间首先学会合作，示范合作，这样孩子才能学会合作。

教师的合作组织形式多种多样，一般包括学校的备课组、教研组和年级组等，由教师和专业研究人员组成的研究共同体，具有民主性的教育科研氛围的合作性探索研究小组等形式①。个案教师所在幼儿园的教育组织形式有相对稳定的幼儿园园长领导的品格教育合作组，分年级的日常教研组，以特长兴趣为主的教研组。个案教师除了参加固定的品格合作组的研讨外，作为年级组长，每周定期组织年级组成员研讨教案和课例。其主要的“合作”品格主题教学方案和详细教案都是由年级组合作完成的。个案教师所在年级组成员不多，而其他年级组的成员的合作交流较少，甚至不同的年级和班级的老师不清楚其他班级的教学状况。同事之间交流的密切程度还需提高。

1. 以品格教学“课例”为载体，加强园本教研

园本教研是基于幼儿园，以教育教学中出现的问题和现象为对象，以教师为主体，以学科组合教研组为依托，以专家为引领，以行动研究和叙事研究为主要方法的一种活动。从内容和形式上来看，以“课例”为载体，通过教案设计、课例、说课、讲课、评课来开展教研活动。在长期的教学生活中，每个教师都形成了自己的教学风格和智慧，在教研中，教师互相讨论，对话交流自己的不同意见和建议。教师可以协商合作，通过讨论的方式，交流各自对教育教学的认识、感悟、经验、直觉等；也可以澄清自己在实践中遇到的迷茫和困惑，解决课堂中正在发生的实际问题，从而使教师的实践性知识得到提升。个案教师所在幼儿园非常重视“课例”研究，每个学期都要求每位教师写出规定数量“课例”的研究论文。笔者在访谈中了解到个案教师尤其在数量要求上很难达到要求，好的课例，讲究的不是数量而是质量，教师应该认真做好自己所熟悉和接触过的课例，详细研究，目标指向于在理论和实践上让自己有所提升。

2. 完善幼儿园管理制度，营造支持性的教学研究环境

费斯勒（Fessler）② 在论述学校组织环境对教师生涯的影响时，认为起影响

---

① 韩国梁，黄志成. 合作发展型教研组：教师成为研究者的有效组织［J］. 全球教育展望，2004（11）：56-60.

② Ralph Fessler，Judith C. Christensen. 教师职业生涯周期——教师专业发展指导［M］. 董丽敏，高耀明，等译. 北京：中国轻工业出版社，2005：37-40.

作用的因素包括学校的规章制度、管理风格、公众信任、社会期望、专业组织等。积极的幼儿园外部支持环境，对教师的实践性知识发展和自我专业成长都有积极的促进作用。营造积极的工作环境和氛围，与园领导的工作风格密切相关。园长的个人管理风格也会对教师的实践性知识发展产生很大的影响，园内领导应该营造一种对年轻教师信任和支持的氛围，为青年教师提供更多的发展机会，使教师积极热情地投入工作。由于个案教师所在幼儿园是一所私立幼儿园，该园教师流动性较大，教师普遍感觉压力较大，尤其幼儿园要求教师的文案工作任务较重，教师每学期要写教养笔记、课例论文、主题计划、孩子成长记录、读书笔记、教师研讨反思总结，准备平时的各种比赛、演讲活动等。由于教师的时间和精力有限，有些任务幼儿教师难免会应付了事，因此，园领导应加强与教师的联系，听取教师的意见，给予教师更多的发展机会和思考的空间，优化幼儿园管理制度，建立更轻松和谐的幼儿园工作环境。

第八章　幼儿园品格主题教学的设计与实施

教也者，长善而救其失者也。

——《礼记·学记》

在有了品格教育信念，并具备相应知识与能力后，幼儿园教师又如何去具体设计与实施品格教育呢？本章以“勇敢”品格的设计与实施为例分析T老师实施基于和合学习理念的品格教育课程的情形，以为幼儿教师设计与实践品格教育提供具体的思路参照，培养幼儿教师的品格课程设计与实施能力。

一、幼儿园品格主题教学的规划与设计

教师要如何去规划品格主题课程教学呢？我们结合T老师的实践重点呈现其课程开启动机与规划设计思路。

（一）教师实施品格主题课程之动机

T老师自大学毕业后，一直在A幼儿园任教。T老师也是第一批参加特蕾莎教授“品格”工作坊的学员。工作坊中特蕾莎教授通过现场活动讲解，让学员以游戏化、多感官、艺术化等多种方式学习一个品格主题的操作过程。之后的多次培训，使得T老师对如何在幼儿园实施基于品格模式的品格主题课程产生了深深的思考。

1. T老师深感品格教育的必要性

T老师认为品格是一个人终身发展的基石，没有好的品格，再聪明也不会被社会承认。良好的品格必须从幼儿期开始培养。但幼儿园课程中，道德教育与品格教育并未单独成为一门课程，从某种程度上削弱了品格教育的地位，使品德教育受到忽视。再者，她认为，当前的品格教育因为缺乏系统性及环境营造的不足而未收到良好的教育效果。

平日里看到电视中或生活中那些学业有成或事业成功的人们，都会被他们身上所具有的人格魅力及坚持不懈、诚实勇敢的品质感动和鼓舞。我觉得好品格是一个人成功的关键。从我个人的成长经历来看，我觉得孩子3岁入幼儿园的智力水平都差不多，而3年后甚至5年、10年后差距越拉越大，最重要的原因是是否拥有自信和完善人格的特质。因此，我觉得幼儿园的品格教育显得尤为重要。

2. T老师愿意为了孩子尝试新的教育模式和方法

在访谈中笔者了解到T老师起初选择幼儿教育这个职业的原因是，她非常喜欢孩子，希望所有的孩子在她的精心呵护下健康、快乐地成长。她认为只要是对孩子成长有益的教育方法和教育理念，她都愿意去尝试。

在与其他教师的访谈中笔者亦了解到，T老师是一个非常认真负责且乐于学习新知识、新理念、新方法的学习型教师，她具备非常强的反思能力。

无论是幼儿园的道德教育，还是中小学的道德教育，都并未收到良好效果。国内很多学者和一线老师都在尝试不同的道德教育的方法。我们在网络上看到日本很多幼儿园的教育感到很受启发，我们觉得幼儿教育比中小学的道德教育更具弹性和开放性。所以我们也特别愿意尝试新的教育方式、教育模式，提高我们幼儿教育的质量。

3. 家庭教养使T老师认为品格教育是教师责无旁贷的责任

T老师良好的家庭教养，使其从小养成遵守社会公德、文明做人的习惯。父母从小教育其与人为善，勤勤恳恳做事，明明白白做人。T老师如幼儿之父母亦对孩子严格要求，尤其在品格与道德方面。同时她认为自己是一名光荣的人民教师，更有责任承担起肩上的担子，为培养德才兼备的孩子奠定良好的基础。

T老师意识到自己必须发挥为人师表的楷模作用，在待人接物、与人为善方面做好榜样，言行一致地为幼儿良好品格的塑造营造良好的氛围，使幼儿在潜移默化中受到感染。

4. 家长的期望与要求，推动教师的行动

在入园接待及离园送孩子的过程中，很多家长都会反映孩子在责任、勇敢、宽容、坚持等方面表现得非常不足，非常希望老师能够帮助家长在教育孩子的品德方面做些指导和引导。幼儿园日常生活中也会出现争吵、攻击他人、撒谎等不良行为。这些都是家长和教师关注的焦点。这种无形的压力也让教师产生做好品格教学，促进幼儿良好品格的养成的强大动力。

现代社会变得越来越现实，对人的要求也越来越高。我们迫于社会现实的压力，工作非常辛苦，所以我们希望孩子各个方面都发展得比较好，有好的前途。但要发展人际交往关系，必须教育孩子懂得人际交往的基本规则。老师们实施品格教育后，我们觉得孩子都变得懂礼貌、守规矩，让我们感到很欣慰。

从 T 老师推动品格主题课程的动机与课程理念来看，她的想法反映了社会大环境对其产生的深远影响：由于 T 老师从小一直受到父母及师长的教导，因此，她将情意点滴积累在她心中，形成感恩、回馈的心意与信念；她有感于青少年道德滑坡的现象，倍感自己的责任重大。她认为学校是一个培养个体社会化的重要场所，必须担起培养幼儿良好品格的责任，从幼儿园做起，从幼儿的品格教育、生活规范做起。T 老师非常重视幼儿园的品格主题课程，通过深化、系统的课程学习，众多美德品格能深植幼儿心间。

（二）教师选择与设计品格教育主题内容和框架的思路

A 幼儿园品格协同小组的老师们实施的品格教育课程是以品格模式为基础而调整和修改之后形成的一系列品格主题课程。在《助人者的习性——品格手册》中提供了很多品格主题，为进行品格主题教学提供了素材，但“品格”模式中的课程内容与活动都是基于美国的文化氛围和环境而设置的，并不一定适合国内幼儿的品格学习，所以品格协同小组进行了两周一次的品格研讨会，共同协商、慎思，共同规划品格主题课程与内容。

因此，该幼儿园品格教育的内容与活动，并不是完全按照《助人者的习性——品格手册》中课程的内容与教材，而是协同合作小组的老师们按照品格理念、原则与策略，并考量不同年龄段幼儿的学习特点及幼儿园自身的文化特色，同时参考相关品格教育课程，共同研讨制定与建构的。T 老师参与品格课程的研讨已经是第二个年头了，在研讨中常常能贡献一些很好的创意。

1. 根据本班幼儿需求确定品格主题，明确品格教学方向

在进行品格教育时传授与引导何种品格或价值一直是教师们和学者们思考的问题。美国的戴安·泰尔曼和德国的戴安娜·许在生活价值训练广场中提出了全球 12 种核心价值：合作、自由、快乐、诚实、谦虚、爱心、和平、尊重、责任、简朴、包容、团结。杨淑雅在进行品格主题教学时选用了责任、勇敢、尊重、勇气、关怀、耐心。

而在特蕾莎的《助人者的习性——品格手册》中也提到了 56 种心灵习性，它包括人道主义者的习性、使人和睦的习性、明智的习性、英勇的习性、真诚的

朋友和爱的习性、合作的习性、表里如一的习性及心灵建构的基石。在这些大的习性领域里还有诸多小的子习性①。

每一种不同类型的教学模式可能选择的品格主题和价值也有所不同，但总体来看这些心灵习性都超越了民族、国家和社会的界限，体现了整个人类社会的基本思想和价值。它积淀了人类发展的最基本的道德与美德，蕴含了人与人交往、发展中最基本的道德价值和道德标准。罗迪认为，“品格教育基于这样的假设：人类具有超越性和普适性的核心价值，这些价值可以超越文化和传统，超越各种信仰，为所有文明公认并接纳”②。因此，品格教育强调传授和教导那些被人们广泛接受的、共享的、认同的、至关重要的核心道德价值观，如关心、善良、诚实、勇敢、公正、尊重等，这些共同核心价值是构筑人格完善社会人的基础。很多幼儿园在借鉴和运用不同品格教学模式时都结合了本地的实际，对其进行调整、修正。而有些品格主题的实施存在先后顺序，有些品格主题的实施则没有，并且有时不同的品格主题可能存在交叉与重复。

在进行品格主题的教学中，幼儿园和幼儿教师完全可以根据当地的实际来进行选择和确定。T 老师所执教的中二班自小班开始每学期实施一个品格主题，已经实施过尊重、友谊、善良三个品格主题的教学，即将实施“勇敢”品格主题的教学。T 老师将“勇敢”品格作为新学期教学主题，主要考虑以下几点原因：

（1）基于教师的日常生活观察、幼儿的发展状况及家长的反馈

研究者在同 T 老师的访谈与接触中，深切了解到中班年龄段的孩子自尊心、自信心增强，观察能力和自我评价能力逐渐提高。同时随着孩子的个性的增强，自我意识凸显，开始出现冲突、指责、批评等情况，但很多幼儿都不接受批评，不能忍受同伴的缺点。家长也反映，有的幼儿在家里只能接受表扬，不能接受批评。

一天下午离园接待时间，向扬爸爸向我反映：“T 老师，向扬这个人一点都输不起，昨天晚上和我下棋输了还发脾气，大哭大闹，一点都批评不得。还说我对他这么不善良，不跟他说好听的话……”站在一旁的天天妈妈也说：“我们天天也是，她明明很喜欢班里玩的抢椅子游戏，但每次都只看不敢参加。回到家却老缠着我们陪她玩，而且还一定得让她赢。现在的孩子真的是缺乏挫

① Langness, T. Habits of Helpers [M]. The United Stated of America: Full-Circle Learning. Topanga, 2005: 22.

② 罗迪. 美国品格教育特点及其启示 [J]. 中山大学研究生学刊（社会科学版），2004 (3): 134.

折教育啊！……”家长们的一席讨论引起了我的思考。在班级中挑食、不敢在集体面前表演、怕比赛等的现象不在少数，这些都是缺乏勇气的表现。并且中班的孩子自尊心增强了，同伴、家长的评价对他的心理影响比较大，于是碰到困难情愿选择哭闹、撒娇等方式逃避，也不敢迎难而上，就担心失败。针对孩子生活和心理发展的需要，我们决定开展“学会勇敢”品格主题，希望对孩子有所帮助。

T老师观察到班上的有些幼儿上课不敢举手发言、害怕攀爬及害怕小动物等，中班的幼儿仍然有很多害怕的事情，她觉得应该有责任和义务帮助幼儿变得勇敢、不害怕。

在整个研究过程中笔者获悉，T老师在确定品格主题时，做了很多方面的工作：日常生活与教学中对幼儿性格、生理等细心而敏感的观察；与家长的及时交流与沟通，听取家长的要求与建议。

（2）根据现有资料进行借鉴和筛选

在国内关于幼儿园品格教学的主题设计活动和品格课程不多见。基于现有的研究和资料收集，该幼儿园的教学主要参考美国学者特蕾莎教授著的《助人者的习性——品格手册》和我国台湾地区学者杨淑雅的《幼儿品格主题之课程活动设计》。T老师认为虽然国内的教育环境与国外不太一致，但有些具体的活动也可为国内幼儿园品格教学提供很多宝贵的资源和思路。除此之外，T老师身为资深教师在幼儿教学方面颇具经验，她亦可整合幼儿园领域教学中的相关资源进行教学。T老师自任教以来积累的教学经验和教育素材在品格主题教学中亦颇具价值。由于缺少有效的参考资料，因此，中二班T老师所进行的尊重、合作、耐心、善良等品格主题之课程资源与架构皆为教师原创。

品格主题教学中适宜的、适切的品格主题能够激发孩子的学习兴趣，真实反映幼儿该阶段学习、生活的特点，并且帮助幼儿解决这一年龄阶段发展中所存在的问题。

2. 根据本园课程情境确定品格主题教学实施时间，保障品格主题教学的有效进行

教学时间的安排既会影响课程的展开，也会影响课程进行的深度，因而，从实际出发做好教学时间的安排，也是需要事先规划的。

幼儿园品格主题教学有不同的形式和方式，可以是独立的专门的品格课程或计划，亦可以是融入式的品格课程，还可以是生活化的品格课程，更可以是三种品格教学方式的交叉和融合。如果采用独立的品格课程计划，可以单独确立某段

时间，可以是两周、三周、一个月或一个学期。融入式的品格课程可以将其与幼儿园正在进行的其他单元主题的课程进行融合，这种融合可以是一段时间，也可以是一个学期、一个学年。而生活化的品格课程应该是渗透在幼儿生活、学习的各个环节和各个方面。从这一层面上讲，处处有品格，时时有品格。

不同的幼儿园根据品格教学的方式及本地的实际灵活地确定品格教学的时间与节奏。以整个学校系统进行品格教学的幼儿园则会选择在整个幼儿园的学习生活中都进行品格教学；以主题形式进行品格教学的幼儿园可选择一个学期、一个学年的某段时间进行品格教学；而以亲子方式进行品格教学的家庭可选择在课余时间或者在家庭里参与学习和培训。

品格模式从整合角度出发，强调幼儿对品格学习的深度与内化，因此，它强调品格学习的连续性与延续性。A 幼儿园是一个比较注重创新，不断尝试新理论的幼儿教学基地，且品格教学同该园的情感教学的道德氛围是一致的。所以，该园自 2007 年开始分别在大、中、小三个年段中，每年段选择一个班级，共三个班级实践品格教育。一般来讲，主要是在每个学期选择一个为期 3~4 周的品格主题系统进行。在整个实施过程中，所有的课程都是围绕该品格主题进行设计的，品格的内涵渗透到任何一个活动及日常的生活之中。

品格形成的长期性决定了品格教学的长期性。当一个品格主题结束之后，品格教学并没有结束，这些进行过系统的品格教学的教师会比未进行过系统品格教学的教师在日常生活的渗透与教学中更具有品格教学敏感性和意识。因此，品格教学最重要的是要有长期性和持续性，无论是在幼儿园还是家庭中一定要有延续性。“有连续节奏的品格主题学习，可以保持一个连续的氛围，产生潜移默化的功效，这对孩子的品格形成来说是非常重要的。”① 在进行勇敢品格建构时，T 老师与园领导协商达成一致，确定进行为期三周的品格主题教学。这种共识达成的条件一则是不能耽误幼儿园的全园联动的活动，二则是不能贻误其他领域课程的教学时机。

3. 明晰品格主题内涵，确立品格主题目标

对品格内涵的明晰是进行品格主题课程内容建构的基础。而如何明晰品格主题内涵呢？协同小组采用的不是简单查词典、下定义的方式。小组成员分工协作，由指导者与研究者提供相关资料，参与教师阅读后提出自己对品格内涵的理解，并尝试从幼儿的角度去理解与感受品格内涵。

通过资料阅读，T 老师了解到，美国品格教育伙伴组织提出的有效品格教育

---

① 甘剑梅．幼儿园品格主题的设计与教学策略：基于品格模式的探索［J］．学前课程研究，2011（9）：5.

原则中第二点指出："品格必须是一个包含思维、情感和行为在内的综合性概念。"① 因此，品格教育要求对"勇敢"品格的理解，必须全面、到位，必须有血有肉，不能单独强调一个方面，而要兼顾每个层面。

勇敢的含义即为一个人面对恐惧的勇气，就是即使在确实艰难或让人害怕的情况下，仍然敢做应该做的事情。勇敢，就是在想要放弃和离开时依然勇往直前。有时候，勇敢意味着认识到危险却仍保持镇定。勇敢，并不意味着为了表现得大胆而去做不必要的冒险。

在尝试新事物的时候，在面对艰难处境的时候，在犯了错误需要重整旗鼓的时候，十分需要勇气。勇气，就是无论别人如何嘲笑你或咒骂你，你都坚持自己知道是正确的事情②。

可孩子会如何理解勇敢呢？在对勇敢的内涵进行分析之前，T老师已经在上学期的期末总结中确定这学期将要进行的主题，她在平日的活动中也就将要进行的主题从孩子的角度给予一定的关注和思考。从学者对勇敢的界定来看，勇敢的对立面是不勇敢、害怕、恐惧等。而害怕和恐惧正是孩子容易体验到的情绪，它可以成为主题教学的切入点与展开线索。基于此，T老师根据"勇敢"品格的内涵设定了如下主题目标：

1. 通过讨论知道勇敢就是能面对自己的各种困难和害怕。
2. 通过观察与学习能学会表达和分辨自己的害怕。
3. 通过各种创意体验与练习来增强克服困难或面对害怕的勇气。

这三条目标分别是从认知、情感、行为技能三个面向来表达的。它虽不同于《助人者的习性——品格手册》中的品格教育目标、学科教育目标、艺术教育目标及冲突解决与社区服务五维表述，但其总体内容符合促进儿童多元整体发展的品格目标要求。这也反映了国外教育模式的运用需要一种本土化的转化，这是由教育的文化性所决定的。

4. 建构品格主题框架，确立"勇敢"品格教学的思路

在明确品格内涵与确定主题目标以后，T老师将进一步对品格主题的教学框架与内容进行具体规划。详细活动的规划需要从幼儿的年龄特点及品格学习特点

① 戚万学，赵文静. 何谓有效的品格教育：美国CEP及其教育的基本原则［J］. 外国教育研究，2001（4）：45.

② ［美］琳达·凯夫林·波普夫，丹·波普夫，约翰·凯夫林. 家庭美德指南［M］. 汤明洁，译. 北京：中国言实出版社，2011：81.

出发来加以分析与联系。T老师通过研究发现，要使幼儿变得勇敢，首先教师必须知道幼儿害怕什么，在了解幼儿害怕事物的基础上帮助幼儿克服害怕，变得勇敢。遵循这样一种概念的逻辑思考原则，T老师根据勇敢品格内涵的定义和思考，将勇敢品格的学习分为三个阶段来进行：

第一阶段：说出心中的害怕
第二阶段：勇敢、智慧地面对害怕——创意点子
第三阶段：我是勇敢小战士

T老师在此基础上，对品格主题内容做了规划，详见表8-1。

表8-1 “勇敢”品格主题课程之规划（研究者整理）

品格主题	内涵与思路	教学活动	品格模式的内容范畴	时间	教学策略
勇敢	说出心中的害怕	活动一：魔奇魔奇树 活动二：调查统计“我害怕的事”	品德教育	第一周	故事讲述策略 统计调查策略 品格讨论策略 服务提名策略 手工制作策略
		活动三：动画片《狮子王》欣赏	学科教育		
		活动四：我害怕时我会……	学科教育		
		活动五：制作班级标志“狮子王”	艺术教育		
	勇敢智慧地面对害怕——创意点子	活动一：创意点子大聚会	冲突解决	第二周	夹心蛋糕策略 服务提名策略 冲突桥策略 角色扮演策略
		活动二：“勇敢”游戏	品德教育		
		活动三：歌曲《我是勇敢小战士》	艺术教育		
		活动四：三只羊过桥	冲突解决		
	我是勇敢小战士	活动一：打雷闪电我不怕	学科教育	第三周	服务提名策略 引导想象策略 体验实践策略 同伴楷模策略
		活动二：生活小知识闯关游戏	学科教育		
		活动三：小三毛送信	社区服务		
		活动四：才艺展示	艺术教育		
		活动五：真勇敢和假勇敢	品德教育		
		活动六：家庭体验活动	冲突解决		
		活动七：回顾嘉奖	社区服务		

【小结】

（1）T 老师对品格教育的动机直接影响她对品格教育的准备与投入。此项品格课程研究虽然有协作小组的支持，但具体的教学内容建构在很大程度上要依赖教师自己，需要教师投入相当大的精力与心力，若是没有真诚的实践决心是很难坚持的。T 老师在这一点上表现出了可贵的坚持与热情。

（2）在品格主题内涵理解、目标确立与内容建构上，T 老师能够根据本班幼儿的特点及现有课程文化，综合吸纳各种有益资源进行具体化的创造，使之成为一种可操作的行动理论，这是品格课程理论能够转化为有效课程实践的关键。例如：在主题内涵的理解上她没有局限于专家观点，而是重视如何把握幼儿自己的理解。在目标的确立上她没有局限于《助人者的习性——品格手册》中的五维表述（品格教育目标、学科教育目标、艺术教育目标及冲突解决与社区服务），而是从自身的课程文化出发，采用了认知、情感与行为目标的三维表述。在内容规划上，她也没有严格限于品格课程框架中的五轮模式，而是从幼儿学习递进的思路采用阶段筹划的方式；但她的规划基本涵盖了五轮的内容，同时也遵循了品格感受、品格理解→品格深化、品格内化→品格实践与拓展的逻辑架构及整合深化的原则。

（3）在品格主题的规划上，T 老师还表现出了很好的学习与反思能力。

在品格主题教学开始实施时，T 老师并没有明确提出“勇敢”较为详细清晰的定义，尽量保持“勇敢”品格内涵包容性强的特质，使幼儿全面深入地了解勇敢。因此，在进行品格教学时品格主题课程的内容遵循预设与生成的协调关系。品格课程的规划与建构融入和贯穿在整个主题课程的建构、实施、总结与反思、调整的历程中。教学过程中运用品格模式时，T 老师在不断地进行课程计划与活动的调整和修正。T 老师没有完全按照品格模式的格式来做，她在深刻反思幼儿园和本班幼儿的情况下，对品格模式的众多课程内容进行了调整与修正。品格模式的理念与框架及有效的教学策略是 A 幼儿园进行品格教学借鉴最多的内容，同时，她也参考和借鉴了我国台湾地区杨淑雅《幼儿品格主题之课程活动设计》一书中关于勇敢主题教学的一些思路与内容。

T 老师从协同合作小组共同对“勇敢”品格主题的选择、确立及目标的设计、内容与活动规划的历程中，吸取团体讨论与反思的经验，自主设计与规划适合中班幼儿的品格主题课程。从其品格第一课程的架构及目标的设立、内容的选择、活动的规划可看出，她基本遵循品格模式对品格教学的要求与基本理念，同时她透过团体慎思、经验分享、讨论等，融入自身对品格教育的思考，创设本土化的品格主题课程。

（4）在品格主题内容的材料选择上，T老师表现出了良好的教学批判性。

里克纳在《教师在品格教育中的角色》一书中指出，教师在培育学生好品格的过程中承担9种角色，而其中的第五点指出“教师通过学术课程教导核心价值”，同时指出教师自身要进行道德反省①。与之前的道德教育相比，品格教育与课程教学对教师自身有着更高的要求，他们必须是学生道德行为的监督者、道德榜样的示范者、道德教育的指导者。在准备进行品格教学时，教师必须对身边的品格教育材料及教学内容保持高度的敏感性。

在通过学术课程进行品格教学时，教师必须对教学内容和课程有全面、深刻、系统的考虑，才能系统地、有计划地将好品格教给学生。教师这种系统、逻辑的思考，也将引导学生学会思考问题、解决问题，通过同伴讨论、合作进行价值判断，从而形成道德认同感，践行良好品格。

在访谈中笔者获悉其他两个班级的教师也在实施“勇敢”主题教学，主题实施前、后对勇敢的理解基本一致。这样做带给孩子的是一种有意识的、思考过、筛选过的内容，易于幼儿理解与学习。T老师对品格内涵的深入分析和全面把握也影响今后教学活动的展开。整个“勇敢”品格主题的设计都是围绕“勇敢”内涵而展开的，而展开的思路和线索恰恰是勇敢自身的含义。教学活动内容的选择与规划都取决于教师对勇敢品格的理解。这样整个主题实施流程不是拼凑的、挤压的，活动与活动之间不是割裂的。

T老师说：

比如，“才艺展示”及“三只羊过桥”这两个活动，我们不能随便拿来乱放。如果把才艺展示放在第一部分里，小朋友也可能是打打闹闹、开开心心地展示了各自的本领，但是这样的活动缺少内涵，只有骨架，没有实料。同样“三只羊过桥”也不能随便放在其他的部分中，“三只羊过桥”主要讲述了大、中、小三只羊凭借各自的智慧与大野狼进行挑战，最后获得成功的故事。这样一个活动放在第二部分，正好表达了通过智慧克服害怕、战胜困难的想法。

二、品格主题课程的实施历程

本研究的目的之一是了解T老师品格教学的实施情形。在品格主题课程实施过程中研究者将品格教学的实施情形分作品格教育氛围与情境的营造、品格主题教学活动的展开与分析两个部分加以呈现。

---

① Lickona, T. The teacher's role in character education [J]. Journal of Education, 1997, 179 (2): 70.

（一）品格教育氛围与情境的营造

1. 营造和谐、关怀的道德氛围和精神环境

特蕾莎强调每一个孩子都应该成为班级文化的一部分。她认为关怀、和谐的班级文化与氛围应当支持全部的整个的品格教育课程。美国品格教育协会（The Character Education Partnership，2003）提出的品格教育原则中，也强调要形塑关怀的学校社群。里克纳在品格教学的原则中也指出，学校必须是一个关心的团体。

幼儿园及教室是幼儿学习品格的主要场所与环境。教师的言传身教都是学生学习的楷模。同时，教室物质环境的创设亦陶冶着学生的良善品格。美国品格教育专家里克纳在其1991年的著作《品格教育——我们的学校如何教授尊重和责任》中提出了全方位的课堂和校园策略，其中强调在教室里创造一种道德社区，帮助学生相互了解、相互尊重、相互关心，让每个学生感觉到自己是集体中一个有价值的成员；营造一种民主的课堂氛围，包括让学生参与决策、分担责任，使课堂成为学习和生活的良好场所①。因此，班级环境和民主氛围的营造对幼儿品格的发展具有潜移默化的作用。

品格教学环境的营造主要是指心理环境，而环境的创设主要是指物质环境的创设。品格教育要求教师营造一种关心、关怀的心理环境，这不仅包括教室班级的这种良好的道德氛围，也包括幼儿园的整个大的文化氛围和环境带给幼儿的安全、信赖、快乐、安详的气氛。“美国约翰·坦普里顿基金会的一项研究证明了有效促进品格教育的8种主要因素，第一是对学生的尊重和关爱。研究发现，这是促进学生品格发展的主要因素，因为在学生的生活中，别人怎样对待他，尤其是那些重要人物怎样对待他，对他的品格发展影响非常大。因此，要想使学生产生尊重他人的态度，他们自己首先必须得到他人的尊重；要想促进学生的亲社会行为和积极的价值观，学生首先要得到来自别人的关爱。”②

T老师介绍自从在中班上学期实施“善良”品格主题教学之后，在全体幼儿的投票选举之下，确立中二班为“善良之家”，里面住着的都是善良宝贝。在教室的入口处，悬挂着“善良之家”的标志。这样时刻提醒教师、幼儿及家长，时刻要求幼儿做一个善良的孩子。善良意识的培养和善良氛围的营造确实会深深影响孩子们的表现。

---

① 安钰峰. 托马斯·里克纳的品格教育思想：兼谈美国中小学的品格教育［J］. 道德与文明，2005（5）：64-65.

② 杨韶刚. 美国品格教育的最新发展研究［J］. 江西师范大学学报，2002（5）：65.

研究者在跟随中二班进行访谈和观察的过程中发现，T 老师经常会说："还记得吗？你们是善良的小宝贝？善良的小宝贝应该怎么做？""我请×××小朋友说一说。""还记得什么是'亮点'吗？请你想好了，再告诉老师！""我喜欢倾听的小朋友，当一个小朋友在回答问题的时候，我请其他的小朋友倾听，下次轮到你，你再来说。"在整个教学过程中，研究者发现 T 老师始终比较尊重孩子，当遇到问题和困难时，T 老师也会主动向小朋友寻求帮助，这样形成一种平等、自由、民主和尊重的氛围。

T 老师是一个善于思考、反思的教师，她总是鼓励幼儿大胆说出自己的想法，而她要做的就是认真倾听，不随意否定任何一个幼儿的观点。在访谈中她告诉研究者：

我看重每个孩子的表达，我尊重每个幼儿，给他们发表自己的观点的机会。在这个过程中，我可以全面真实地掌握有关他们的信息。因为关心他们就想知道他们的想法及他们在生活中发生的事情的意义，我尽一切可能地去帮助他们。我不想敷衍他们，那样的话他们一定会感受到我的不真诚的关爱，那么他们也不会把他们心中的想法告诉我，他们甚至为了让我表扬他们而表现出好行为，但这并不是品格教育的本意。

2. 向家长发出参与品格学习协同工作的邀请书

家庭教育的配合是品格教育取得持久实效的保障，因而，基于品格模式的品格主题课程非常重视家长的协同参与。基于此，在实施勇敢品格主题教学伊始，T 老师就向家长发放主题计划书，在实施勇敢品格主题教学的过程中，她又发放家庭作业单（1）（2）及周计划工作表等。在访谈中笔者了解到 T 老师在主题实施前发放主题计划书的理由有四点：第一点，让家长了解幼儿在这段时间以内即将学习的内容和品格，让家长有一个思想上和心理上的准备；第二点，通过主题计划书的发放让家长了解和关注勇敢品格主题的开展情况，有利于家长了解和监督幼儿园的教育教学；第三点，通过家长作业单的发放，希望家长能够配合教师的教学工作及完成需要家长配合和监督的教学任务；第四点，家长作业单的发放可以使家长掌握引导和协助幼儿成长的一些方法和技巧。

3. 创设利于陶冶的品格教育环境

关注物质环境的创设无论是在品格主题教学中，还是其他品格主题教学中都是重要的，需要做好充分的准备。环境是第三任教师。物质环境的创设，一定程度上潜移默化地影响着幼儿品格、美德、规则及良好行为习惯的养成。T 老师所带的中二班的物质环境创设也是与品格主题息息相关的。

（1）主题墙的设计

主题墙伴随主题的展开不断进行调整、丰富。首先在主题开始之前，T老师同配班老师一起把“我很勇敢”四个字打印出来张贴在主题墙上，时刻提醒教师和幼儿学会勇敢地做事情。随后，伴随着活动的不断展开，不断地将幼儿的绘画作品——魔奇魔奇树、夹心蛋糕，家庭作业单（1）（2），合作完成的美工作品——狮子王，勇敢小火车一起贴或者挂在教室里面。“勇敢”品格主题墙详见图8-1。这样做的效果有两点：一方面，鼓励幼儿展示自己学习过的勇敢行为、勇敢主题绘画作品；另一方面，让幼儿互相介绍、学习，评量对方的作品，形成一种互相帮助、指导和监督的氛围。

图 8-1　“勇敢”品格主题墙

（2）图书角的设置

在发放的勇敢主题计划书中，T老师倡议家长给幼儿寻找一些关于“勇敢”品格的图书，主要包括《弗洛格吓坏了》《弗洛格找宝藏》《波力不怕》《让孩子一生受益的励志故事——勇于探索》《哇，变色了》《胆小的猫头鹰》《我不会害怕》等绘本或图书。在主题进行的过程中，T老师有时也会以某个故事为主题进行导入，这样引起孩子的兴趣，在一些安静活动时孩子们都会拿一些故事书来读，在不断地阅读过程中，去了解小主人公是怎样勇敢的，小主人公是一个什么样的形象，一方面让幼儿学习不要害怕，另一方面让幼儿在阅读中去学习克服害怕的创意点子和办法。

（3）挂图区的设计

走进中二班，研究者明显感受到教室环境中各个区域的材料准备得非常丰富，并且随着不同的主题内容不断进行改变和调整。在“勇敢”品格主题实施过程中，T老师不断地将幼儿的作品张贴和悬挂起来，展示幼儿对《魔奇魔奇树》的理解，分享幼儿自己害怕的事情，分享幼儿自己想出的创意点子，这样给孩子们提供了一个互相学习的机会。同时，同伴之间的讨论深化了幼儿本身对勇敢的深入理解，形成了一种互相监督与学习的机制。在主题进行到第二周时，T老师利用《三只羊》的故事，让幼儿进行了角色扮演。通过三只羊、大灰狼的头饰及小桥的装饰，激发幼儿学习和表演的兴趣。在他们的讨论中，每个幼儿都对勇敢有不同的认识和理解，这样形成了勇敢的口诀。

为了进一步深化幼儿对“勇敢”的认识，T老师把在《三只羊》表演时的讨论结果，做成小火车的形式，张贴出去。在自由活动时间，很多幼儿都聚集在挂图区，看图指一指、说一说，一起讨论对勇敢的理解。图画与文字结合的方式，使幼儿对“勇敢”的内涵有了更深的理解。

品格主题教学过程是一个动态发展的过程，是主题课程活动的动态发展及教师、幼儿对品格内涵理解、感受与体验不断内化的过程。品格教育具有潜移默化的特点。物质环境中的挂图、照片、幼儿的绘画作品及手工作品对幼儿的身心产生一种浸润式的影响，使幼儿在班级环境中时刻接触到品格的影响。

【小结】

模仿是幼儿品格学习的基本方式，因而，环境的营造是品格教育实施的第一步。品格主题课程通常以一套核心价值和美德来营造一个促进幼儿品格发展的幼儿园环境和班级氛围，在班级教室里所有的因素都围绕某一个或某一些品格或美德，或用标识进行提醒，或反复解释强调，从而形成一种强劲的品格塑造力量。

品格模式受到关怀伦理学的影响，强调培养有能力、能关怀、有爱意的人。T老师在主题课程伊始着力营造关怀、尊重、自由、利他的班级文化氛围。T老师透过自身的语言暗示、提醒及通过行为影响中二班的小朋友表现良善品格。实验心理学家们证明，用言语来鼓励人们做出利他行为，能够有效促进人们把亲社会行为作为行为的榜样，而且其效果是长期的①。俗话说，榜样的力量是无穷的。行为主义心理学家班杜拉也曾指出间接学习对于学生行为的学习具有重要价值。也就是说学生们确实可以从他们所观察到的事物中进行学习。因此，道德角色榜样在培养幼儿良好品格方面显得尤为重要。幼儿品格学习的榜样可以是成人（教师和家长），也可以是同伴。

同时在课程进行中，T老师不断创设富有道德意义和品格意义的情境，在体验、感受、讨论的情境中深化品格内涵。郑富兴在建构德育情境时指出，德育情境则指学校在实施德育时用一套核心价值和美德把这些情境要素统摄、凝聚成的

① 杨韶刚．美国品格教育的最新发展研究［J］．江西师范大学学报，2002（5）：65.

德育系统，这种德育系统可以促使学生在其中理解、体验、践行所要求的价值和美德，从而形成自身品格①。T 老师注重跟随主题进展不断调整教室内制度环境、物质环境，以便于幼儿及时获取不同层面的信息与刺激。

总之，T 老师营造关怀的班级氛围和丰富的教学情境是其品格教学中的特色。但同时，品格教育的成效更大部分取决于家长、社区的影响与熏陶。家长工作及社区氛围的关联是该品格主题课程中所欠缺的。

（二）品格主题教学活动的展开与分析

品格模式强调品格的整合性，这不仅表现在整合融入各个教育领域，而且表现在品格主题自身各个活动的展开自有一种内在逻辑存在，这种逻辑或线索会因不同切入点和不同品格主题而有所不同。总体来说，任何品格主题的展开都有一种基本的思路，而“勇敢”品格主题的基本思路为：勇敢感受、理解→深化拓展→实践。基于此，中二班“勇敢”品格主题的实施共分为三个阶段：

第一阶段，大胆说出心中的害怕。这一部分主要涉及 5 个活动，通过故事《魔奇魔奇树》和动画片《狮子王》，让幼儿了解什么是勇敢，勇敢的另一面就是害怕，让孩子们说出害怕时有什么样的感觉，通过家庭作业单（1）来了解孩子和家长害怕的事情。主要包括 5 个方面：害怕打雷、闪电、地震等自然灾害；害怕一个人做事情（睡觉、待在黑房间里、迷路、游泳等）；害怕狮子、蛇等有危险性的动物；害怕比赛和玩有困难的玩具；害怕受爸爸妈妈批评。也就是在第一个部分让幼儿初步了解什么是勇敢，勇敢的表现是什么。然后让幼儿通过与家长的交流明确自己害怕的事情，只有明确了问题，下一步才能解决问题。同时，通过对《狮子王》的欣赏和讨论，共同制作出勇敢天使——狮子王，使得“勇敢”在幼儿的心中更加深化和形象化。

第二阶段，克服害怕，让自己变得勇敢起来。这一部分主要涉及 5 个活动。了解了幼儿心中害怕的事情，我们就要想办法让幼儿克服害怕的恐惧心理，变得勇敢起来，当然这也是一个慢慢变化的过程。通过展示家庭作业单（2），了解幼儿和家长是如何解决害怕的 5 类事情的。接下来通过创意点子的介绍让孩子在面对害怕的事情时有一定的思考，能够想到一些克服害怕的办法。随后通过“勇敢”游戏及“三只山羊”的表演让幼儿对勇敢有了更深刻的认识和了解。通过两周时间的学习和渗透，孩子们对勇敢已经有了很深的认识，在此基础上，让幼

① 郑富兴．德育情境的建构——美国 20 世纪 90 年代中小学校的品格教育实践［J］．比较教育研究，2001（4）：29．

儿根据日常生活中的经验来说一说“勇敢”是什么，最后搭建“勇敢小火车”。

第三阶段，体验勇敢，成为真正的勇敢小战士。这一部分主要涉及7个小活动。当孩子们对“勇敢”品格有了较为深刻的认识和了解之后，我们要适当地在日常生活中进行训练和拓展。“才艺大展示”“家庭体验活动”“三毛送信”等活动的开展使得幼儿在亲身的感受、体验和实践中深化对“勇敢”品格的理解，同时能够让“勇敢”品格在幼儿幼小的心灵中扎根、发芽。

1. 第一阶段：勇敢感受与理解

下面，研究者将对第一阶段的4个活动做详细的介绍，并在最后对整个阶段做相关的分析与讨论。

活动一：叙说品格故事，澄清概念——《魔奇魔奇树》

（一）厘清概念

通过访谈，笔者了解到T老师对“勇敢”的定义：勇敢是当面对自己害怕的事情和困难时，能够想办法克服，使自己不再害怕，敢于去实践。品格概念的学习和理解在教学时是至关重要的。这种重要性不仅是指教师在进行主题设计时的系统思考和逻辑分析，而且包括教师以何种方式将勇敢品格的内涵带给孩子。

梅教授在协同合作小组讨论中指出：“虽然我们不再保持品格是一种稳定的人格特质的观点，但品格有其自身的价值与行为倾向则是事实，把握这些倾向要点是我们有效与深入进行品格教育教学的基础。”

（二）以故事方式导入

活动中《魔奇魔奇树》的故事让幼儿初步了解什么是勇敢，认识到勇敢就是一种善良的行为。豆太是一个很怕黑，到晚上不敢出门的孩子，但是有一天晚上爷爷生病了，要找医生帮忙，豆太为了抢救爷爷，勇敢地跑出来找医生……在回来的路上，终于看到魔奇魔奇树发光、发亮。这样一个故事让幼儿具体、形象地了解到什么是勇敢，勇敢就是像豆太一样，为了爷爷，为了亲情，克服害怕，克服恐惧。魔奇魔奇树的故事用简单浅显的方式让幼儿认识到什么是勇敢。勇敢就是面对害怕的事情，敢于想办法去解决。

品格是一个相对抽象化、概括化的概念。在进行勇敢品格的学习之前，必须先让幼儿了解什么是勇敢。但对于幼儿来说，由于其抽象逻辑思维、理解能力等相对较弱，对于勇敢品格定义的理解必须结合幼儿的年龄特点和生活经验来教导。

品格教育专家里克纳认为："故事曾经是世界上许多伟大教育家最喜欢用的教学手段，讲故事是发展儿童品格的自然方式，因为故事使用吸引而非强迫的力量来教育人；每个人都会经历过好故事激起强烈情感的感受。"① 故事法始终是幼儿品德教学的一种基本途径。

在同T老师访谈的过程中，笔者了解到T老师之所以选择这个活动，有三点理由：

第一，故事中豆太的勇敢形象与幼儿的身份和角色比较相符。

第二，豆太比较怕黑，与幼儿的生活经验相符，很多小朋友也比较怕黑。

第三，魔奇魔奇树这个名字，比较有神秘感。

T老师在访谈中告诉我们："孩子们在听故事时，精力非常集中，非常感兴趣，愿意去倾听，去弄清楚故事里的豆太是个怎样的小朋友。"她认为听故事对于幼儿来说总是具有一股无法抗拒的魅力。讲故事的方式用具体形象的案例与情境使幼儿能更轻松地理解"勇敢"的含义。

活动二：统计调查，走出勇敢第一步——"我害怕的事"

（一）活动的选择

T老师认为当主题课程切入勇敢品格后，接下来就要考虑如何延续和引申勇敢品格。由勇敢的定义可知，勇敢即当我们面临害怕的东西或事情时，所采取的一种态度和行为方式，也就是有胆量、有勇气。勇敢

① 郑富兴. 美国中小学品格教育实践中的故事法探析［J］. 外国教育研究，2002（11）：42.

可以有不同的理解：果敢、坚强、顽强、无畏等。勇敢是指我们每个人处在危机时刻及一种困扰情境时所将采取的措施和行动。所以品格主题有效开展的前提是必须先了解自己现在所处的境地，老师们和家长共同帮助幼儿去觉察自己所遇到的苦难和害怕的事情。

调查“我最害怕的事”这个活动最初也是基于对勇敢概念的深刻分析。想变得勇敢的第一步是“说出你心中害怕的事”。只有真正意识到和说出你心中害怕的事时，你才能想出一些办法和点子克服它们。

从整个勇敢主题的思路看，对勇敢内涵的分析和理解是关键。同时在整个主题实施进程中，让幼儿能够说出心中的害怕是一个转折点。这个活动开展得成功与否直接影响到后续活动的展开。品格模式下的品格教学强调幼儿园的品格教学要切切实实地解决幼儿现实生活中的问题，使得品格真真实实地落在实处。

（二）活动实施

教师通过绘本《弗洛格吓坏了》进行导入，让幼儿了解故事中弗洛格被什么吓坏了，它害怕什么，故事中的野兔害怕什么，害怕时有什么感觉，从而引出幼儿自身害怕的一些事情。

通过家庭作业单（1）的分享，T 老师发现中班的幼儿有各种各样害怕的东西和事情：害怕一个人睡觉、害怕一个人迷路、害怕老虎、害怕狮子、害怕蛇、害怕比赛、害怕举手、害怕被爸爸妈妈批评等。在幼儿共同分享了各自害怕的事情后，T 老师利用夹心蛋糕策略整理了幼儿害怕的事情，对害怕的事情进行了归类，提升幼儿的生活经验。调查发现中班幼儿主要害怕 5 类事情（如图 8-2 所示）。

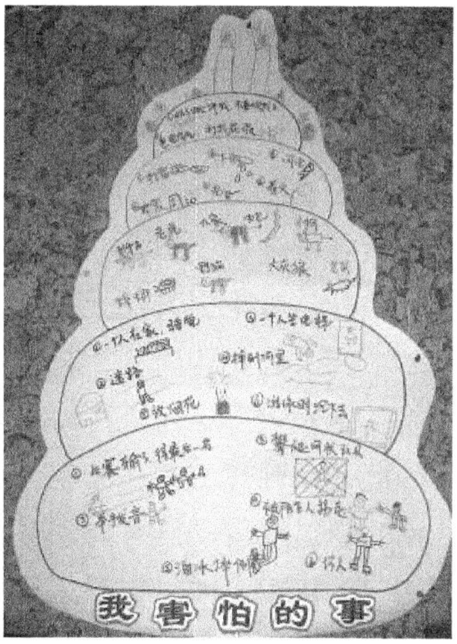

图 8-2　幼儿经验归类图

第一类：害怕打雷、闪电、地震等自然灾害，怕对自己造成伤害。这与电视上的新闻报道有关。

第二类：害怕狮子等凶猛的动物。这与对这类动物不了解有关。

第三类：害怕一个人做事情，如迷路等。这与缺乏生活经验有关。

第四类：害怕比赛、玩网状玩具等，表现在孩子的心理方面。

第五类：害怕受到爸爸妈妈的批评，不被喜欢了，属于情感方面。

接下来，我们将帮助孩子找到相应的合理对策，克服害怕。

活动三：共同合作、制作班级标志——狮子王

（一）活动的选择

品格模式强调在进行品格主题教学时根据所学习的恰当的主题来给班级命名，如人道主义者、给与者、和平使者等。设计制作班级标志可以使幼儿更清楚地了解近段时间所要学习的心灵习性，并形成一股凝聚力。教学目标是学习的出发点和归宿。设计制作班级标志可以使学生对学习建立一种坚定的信念，调动学习的积极性和主动性。

班级共识和班级信念的建立有助于幼儿在学习过程中，形成一种互相督促、互相监督的氛围，提高教学的有效性。勇敢主题的目标之一："通过各种创意体验与练习增强克服困难或面对害怕的勇气。"勇敢品格主题的目的是通过幼儿的学习和实践使其变得勇敢起来。勇敢品格主题的实施是针对中班幼儿所具有的年龄特点及心理特点，针对他们的生活经验和体验来提升幼儿发展，使勇敢的品质在儿童幼小的心灵扎根。

在主题建构时，T老师考虑到与勇敢品格密切相关的教学资源之一是动画片《狮子王》。观看动画片是孩子们非常喜欢的一种学习方式。因此，动画片《狮子王》欣赏是勇敢主题实施中非常重要的一个教学活动。通过观看动画片《狮子王》，幼儿对故事中的一些动物的表现有了初步的认识，通过讨论大家都认为辛巴是最勇敢的。这样幼儿对勇敢的内涵有了更深刻的认识："假装被箭毒死了，这样敌人就不敢靠近它。"辛巴的勇敢表现在运用各种办法克服心中的害怕。辛巴是幼儿所熟悉和喜爱的动物形象，而特定时间内幼儿想到、提到的概率比较大，这样可以不断提醒幼儿变得像"辛巴"一样勇敢。

狮子王既是勇敢形象的代表，也是幼儿熟悉和喜爱的。动画片欣赏

和手工制作都是基于幼儿生活经验提出的。T老师在日常观察中发现狮子王是孩子们非常喜爱的动物形象。通过动画片《狮子王——同心协力》的欣赏及班级标志——狮子王的制作，孩子们进一步了解了勇敢品格的内涵及外延。

（二）班级标志的制作

著名心理学家皮亚杰认为，2~7岁的儿童的思维处于前运算阶段，其主要特征是：能使用语言表达概念，但有自我中心倾向；能使用符号代表实物；能思维但不合逻辑，不能见及事物的全面。这一时期儿童对概念的理解是具体形象化的思维。T老师认为通过动手集体合作制作班级标志——狮子王，幼儿对辛巴的勇敢形象有了深层次的认识和理解。通过观看动画片《狮子王》，辛巴的勇敢形象深入幼儿的内心，帮助幼儿消化和理解勇敢的内涵。

从整个主题的发展脉络来看，狮子王活动设计与实施是前后连续的。之前，在“我害怕的事”调查中发现，很多小朋友都害怕大型的动物，如老虎、狮子、大象、鳄鱼等。所以，在与幼儿交流之后，T老师决定制作一个大型的动物，以消除他们的恐惧和畏惧心理。但是这个动物形象又不能让幼儿觉得特别害怕。所以最后确定来制作狮子王——辛巴。从幼儿害怕的心理及幼儿好动、爱动手的特点出发，决定由幼儿共同制作班级标志——狮子王。

活动四：接力比赛——勇敢小游戏

通过游戏的方式调动幼儿对勇敢品格学习的积极性。游戏的主要过程是两组小朋友轮流将“小狮子辛巴”扔到盒子里，投进的仿照“勇敢”字样写一笔，投不进则没有机会写。看A、B两组哪一组先完成“勇敢”，先完成的一组获胜。

T老师在考虑游戏设计时，认为游戏本身与勇敢有密切的联系，即：两组队员比赛，勇敢去面对，去争取；帮助幼儿树立不怕输的信念；通过规则游戏使幼儿更深刻地体验什么是勇敢。

在幼儿的回答中，“勇敢就是自己努力尝试去投掷小辛巴”“勇敢就是我这次没成功下次还要继续努力坚持”“勇敢就是自己努力想办法将辛巴投进去”“勇敢就是遵守游戏规则”“勇敢就是敢为同伴加油”……

【讨论与分析】

（1）品格主题教学活动的安排与实施情形

西方哲人亚里士多德认为知识应有层次，经由感官经验，循序渐进教给学生。虽然亚里士多德认为教给学生的知识不能只有具体的，还应有抽象的；但是其终究认为知识应有层次，经由感官经验，循序渐进地教给学生。而且亚里士多德偏重于建立知识之须经由经验之价值，亦即其知识是建立在经验的领域，有其实在的含义在内，而不完全归于思辨。言下之意，对于人之认识万事万物，亚里士多德认为应从感官经验开始，而后至抽象思辨。此外，瑞士心理学家皮亚杰也认为人的思考历程是由具体到抽象的逐渐转移①。

心理学研究发现，中班幼儿以表象思维为主，抽象思维初步发展。自古至今，品格与美德都以抽象和概括化为特征。因此，品格教育应注意考量幼儿心理发展特点，设计多样化的、具体生活的活动，便于幼儿学习和理解，并为其提供可参照和模仿学习的榜样。T 老师在进行品格教学时也观照幼儿品格学习的序阶性，由近及远，由具体到抽象，逐步渗透。

在整个品格主题课程中，“魔奇魔奇树”“三只羊过桥”“制作班级标志——狮子王”等活动都贴近幼儿生活经验，为幼儿所熟悉和了解，并通过由浅入深的故事讲述、品格游戏、手工制作等使幼儿从勇敢的表象发展到对其内涵的理解。

（2）品格教学策略的运用情形

在这一阶段，T 老师主要用到了故事讲述、品格讨论、游戏体验、手工制作策略。

① 运用故事讲述策略，阐释品格概念

T 老师认为品格内涵在品格主题规划与实施中尤为重要。教育的一切是为了幼儿的发展。促进幼儿的发展就是帮助幼儿不断建立正确的全面的认知结构。在所有的认知图式里，概念是最基本、最重要的，它影响着与这个概念相关的信念与思想的形成。所以在主题进行之时，让幼儿明白“勇敢”的含义是非常重要的，不管他们对勇敢的理解有多少、有多深，教师在设计活动时应注意这一点。

① 施宜煌，吴怡萍. 幼儿道德教学理念之探讨［J］. 课程与教学，2007，24（1）：99.

中班幼儿的思维形式主要以具体形象思维为主，对于抽象的概念无法理解，而讲故事的方式，用具体形象的案例与情境使幼儿能轻松地理解“勇敢”的含义。

品格教育研究者基尔帕奇克（Kilpartrick）认为，故事是发展儿童良好品格的重要方法，因为故事能够提供大量的良好示范，这种示范在儿童的日常行为环境中经常缺乏；故事能够帮助学生认识他们的生活①。而T老师认为：“在运用文学作品特别是故事讲述时，如果教师只讲述故事的内容，只是教师单方面的灌输，所以要鼓励幼儿进行讨论、思考，通过讨论的方式建构品格的意义。”

品格模式的理念是用品格统整其他领域的教学。任何活动设计的出发点即为品格。黄瑾指出：“能应对和覆盖教育活动的目标要求是教育活动内容选择的原则之一。”② 因此，选择《魔奇魔奇树》这个故事作为主题的切入点，使故事内容与勇敢品格的内涵和目标非常吻合，并且在幼儿的讨论过程中让幼儿知道勇敢就是能面对和克服自己的各种困难和害怕。

② 运用品格讨论策略，培养幼儿道德判断力

道德讨论法源自科尔伯格的道德两难问题。复杂的社会生活及人际交往给幼儿的生活、学习带来很多不利影响，他们需要认真而审慎地思考，在道德认知及道德情感的影响下做出善的道德行为。教师在设定了一个非相对主义的前提下，将故事或事件交由幼儿深入讨论，让幼儿在民主的氛围中发表不同意见与看法，同时将不同的思想、观点与同伴分享、讨论，有利于解决幼儿认知结构上的冲突，实现道德认同，达成共识。

根据研究者的观察，T老师在“勇敢”主题的很多活动中都会请幼儿发表自己的看法，或者进行同伴交流。同时她会提醒幼儿不断练习和实践以前学习过的品格。老师们认为发表讨论有助于幼儿品格认知的形成与习惯的养成，再加上适时的鼓励，优良的品格自然而然地会表现出来。

在活动“制作班级标志——狮子王”导入时，师幼互动如下：

师：我记得上次调查发现，很多小朋友都害怕像狮子、老虎那样看起来很凶猛的动物，为什么呢？

幼：它们会吃人的，会伤害我们。

幼：它们的牙齿很厉害。

① 郑富兴．美国中小学品格教育实践中的故事法探析［J］．外国教育研究，2002（11）：42.

② 黄瑾．幼儿园教育活动设计与指导［M］．上海：华东师范大学出版社，2007：48.

幼：它们长得很凶。

师：那你们怕狮子王辛巴吗？

幼：不怕！

师：为什么不怕呢？

幼：它很善良，小动物遇到危险时它会帮助它们。

师：那遇到敌人时辛巴是怎样的？

幼：它很强壮。

幼：它爸爸死了，可是辛巴很坚强。

幼：它很勇敢。

幼：很威风、超厉害……

T老师在遇到比较重要的问题时，总是抛出绣球，试图让幼儿自己去分析、去判断。在孩子们三言两语的讨论、争辩过程中，其他小朋友逐渐有了判断与结果，最后达成共识。讨论、争论可以帮助幼儿分析和辨明自身认知结构中的事物，并且能够在争论中消解冲突，实现道德认同。

赵佳李：我最害怕的是天天要打我的头。

老师：我担心我的脑袋会变笨。不过没关系，你有什么好办法？

老师：没关系，你说出来好了。

老师：她说，天天，我担心你打我把我打笨，天天说，我以后不打你了，我们还是好朋友，好不好？

老师：天天很勇敢，她说以后会改正错误。天天是个勇敢的孩子，赵佳李呢，你也要让自己变得勇敢。

老师：大家也说一说，什么叫打，什么叫玩，也许人家说只是碰了你一下。

老师：稍稍推一下赵佳李，这是不是打？你有没有感觉到痛？这样是不是打？不是。

如果我打到你，你会感觉到痛，而且他不会跟你说，直接来打你。这才叫打。你受伤了，感觉到痛了，才叫打。你也要让自己勇敢起来，分清楚什么叫打，什么叫玩。

人家不小心碰到你了，你不要以为她打你。好不好？

老师：请其他小朋友来帮助他们好不好？萌萌和王子琪都是他们的好朋友，你们要监督天天，要监督天天的手轻一点，让天天和赵佳李好好说话。一起来帮助天天和赵佳李。

在后来的绘画作品中天天创作了这样一幅作品（见图 8-3），以她自身独特的视角和方式表达了在“打架”问题中的解决方式及想要得到的结果。

图 8-3　幼儿品格学习表征

③ 运用动态游戏策略，引导幼儿深化理解

游戏是幼儿生活中最重要且最原始的一种活动，对幼儿而言游戏即课程①。幼儿园幼儿的大部分生活都是在游戏中度过的。游戏不仅是获取知识的途径，也是同伴之间学习的途径。在游戏中幼儿学习规则，学习安静，学习给对方加油，学习好的方法，借由这个过程形塑幼儿的道德行为。

教师可设计多种游戏活动，让幼儿在活动中学习解决冲突，学习规则、公正、等待、诚实、自律等，学习尊重其他幼儿，并且不妨碍其他幼儿的学习活动，这些也是好品格的展现。

④ 运用手工制作策略，激发幼儿学习兴趣

儿童心理学的研究显示，儿童的性格特征主要是好奇、好动、好冲动、好模仿。任何主题内容的学习都不可以是单一的故事讲述。单一的活动内容只能让幼儿感到厌烦和消极。动静结合才是激发幼儿学习兴趣的原则。“勇敢”品格主题的学习同样需要幼儿动手参与制作，才可激发幼儿继续学习的动力和好奇心。因此，在整个品格教学过程中，除了教导品格故事、分享家庭作业单这些比较静态性的教学活动之外，还可安排一些动态性的教学活动，包括品格游戏、手工制作、才艺展示及体育活动等。T 老师认为动手操作、全身参与、实践的过程更能加深幼儿对品格的印象。

---

① 施宜煌，吴怡萍. 幼儿道德教学理念之探讨［J］. 课程与教学，2008，24（1）：100.

2. 第二阶段：勇敢的深化与内化

下面，研究者将对第二阶段的五个活动做详细的介绍，并在最后对整个阶段做相关的分析与讨论。

活动一：勇敢面对害怕——创意点子大聚会

从整个主题的发展来看，第一部分主要讲述什么是勇敢，与勇敢紧密相连的是害怕，幼儿心中害怕的事情有哪些？通过很多游戏活动，幼儿对勇敢有了一个初步的认识和了解。第二部分，基于第一部分调查了解到的幼儿害怕的事情，想出不同的办法去克服困难或问题。这是勇敢内涵的第二层含义。

（一）活动的选择

维果茨基提出“最近发展区”的概念，他认为教学应该走在儿童的发展的前面，教学内容应该使儿童跳一跳够得着。教育教学的目的是促进每一个儿童的发展。针对勇敢主题，当教师与幼儿明确了自己害怕的事情及存在的问题后，应该寻求方法去解决，促进幼儿的发展。每个人心中都有害怕的事情，不同阶段不同的人存在不同的惧怕的事情。对于中班幼儿来说，亦存在一些比较典型和集中的惧怕的事情和东西。品格教学的主要目的之一就是帮助幼儿切实解决家庭生活及幼儿园、社会生活中存在的比较典型的问题。

在“我害怕的事”调查活动中，调查显示幼儿害怕的事情集中体现为五类。接下来的很多活动和游戏也是为了帮助幼儿克服害怕心理。如何克服害怕，如何变得勇敢，一直是值得思考的问题。那么在问题与想要的结果之间有一个非常必要的转化，这个转化就是解决问题的方法。这些一直是T老师进行品格教学思考的问题。“创意点子大聚会”活动主要是通过夹心蛋糕形式展示幼儿解决同一问题的不同方法及不同问题的不同解决思路。

（二）活动实施

在活动之前，教师发放家庭作业单（2），请家长协助幼儿共同完成。家庭作业单（2）主要要求幼儿在家长的引导下，针对自己最害怕的一件事想出克服害怕的创意点子。教育不仅要促进幼儿智力的发展，更要引导幼儿学会解决问题与冲突，较好地适应社会生活。该活动分为三个环节：

一、回忆“幼儿害怕的事夹心蛋糕”

二、分享幼儿完成的作业单（2）

1. 你最害怕的一件事是什么？

2. 是用什么好办法来帮助你克服害怕的？创意点子的名字是什么？

三、小组合作画“创意点子夹心蛋糕”

在下面的图片中，研究者看到小朋友面对自己害怕的事情都进行了积极的思考，试图想出解决问题的方法。在这些家庭作业单中研究者亦看出幼儿在解决问题时有着更好的想法，他们的这些方法颇具创新性和想象力。

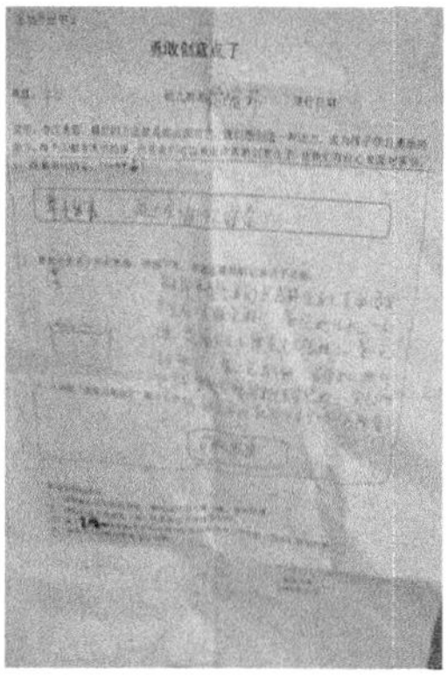

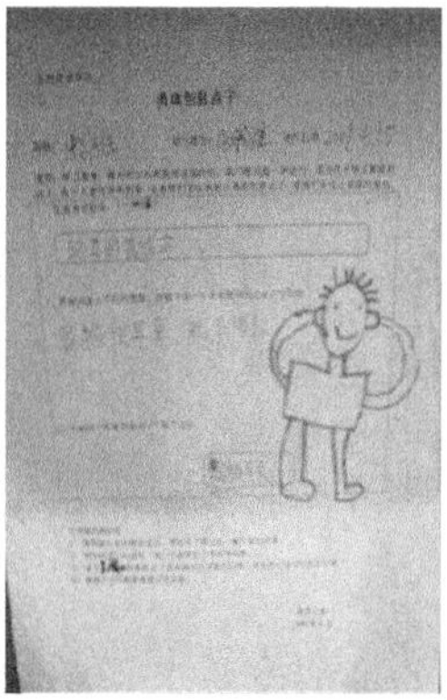

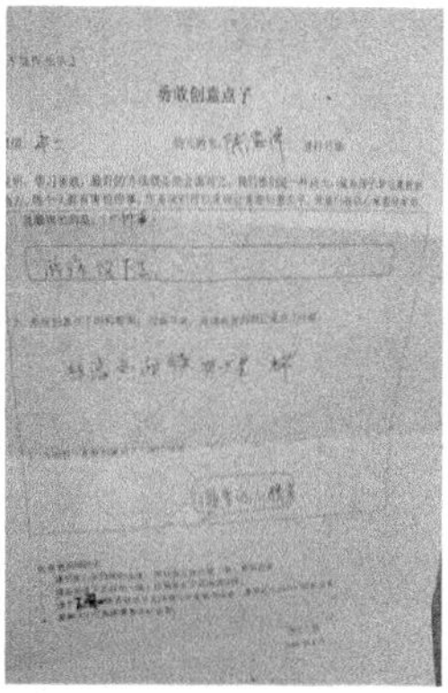

品格的学习是不分时间、场地的。对合作、善良、尊重这些以前学习过的良好品格也可以同时进行实践与练习，实现多种品格的综合渗透。合作对于中班下学期的孩子来说，可能存在一定困难。但 T 老师一直认为中班的孩子在合作方面还是可以进行尝试的，当然前提是需要教师的引导。

夹心蛋糕策略是品格主题教学及其他主题教学常用的教学策略，它有着一目了然和拓展思维的优点。教师本身对其使用非常娴熟，幼儿虽然熟悉，但是没有尝试做过。从活动的效果及幼儿的作品看，通过这次活动幼儿掌握了制作夹心蛋糕的基本方法。在活动中针对不同的害怕的问题，如何去克服？中班幼儿多数使用语言进行表达，但用绘画方式去表达未做过的事情是有一定难度的，所以最后 T 老师用语言辅助幼儿去表达克服不同的害怕的创意点子。

活动二：三只羊过桥

《三只羊过桥》的故事非常有趣，并且对幼儿表现良好行为有很正面的影响。故事中大山羊、中山羊和小山羊要过桥去吃草，但在过桥时都碰到了大野狼，三只羊分别凭借自己的智慧安全过了桥，为幼儿树立了好榜样。活动过程有三个环节：

一、教师讲述故事一遍

师：三只羊过桥去吃草，结果碰到了大野狼，他们说了什么，做了什么？结果怎样呢？

二、设计三只羊和大野狼的动作，老师和幼儿一起分饰角色，练习台词。

小组扮演，教师旁白，幼儿扮演三只羊和大野狼（见图 8-4）。

三、讨论：三只羊过桥和勇敢有什么关系？

幼 1：小山羊和中山羊虽然看到大野狼有点害怕，但是他们还是敢和他说话，说服大野狼不要吃他们。

幼 2：大山羊很勇敢，他敢和大野狼比力气。

总结：遇到伤害自己的事情或要求，要敢于拒绝别人，敢于说“不”。也要像大山羊一样有信心，敢接受挑战，用自己的智慧想出好办法。

图 8-4 角色扮演

通过三只羊过桥的角色扮演，幼儿对故事中大、中、小三只羊与大野狼的矛盾冲突及双方的对立状态有了更深的理解和体验。

活动三：勇敢是什么

“勇敢是什么”是“三只羊过桥”的延伸活动。“三只羊过桥”的情景故事主要是通过小朋友的表演、体验和感受使幼儿对勇敢有更深、更多的认识。第一周，从服务提名及其他活动中了解到：幼儿对勇敢的理解还比较肤浅、片面。其原因在于勇敢作为一种品格和心灵习性，它是一个比较抽象的、有深层内涵的品质。这对四五岁的幼儿来说，还是比较难以理解的，幼儿也比较缺乏生活经验。但随着主题活动的不断开展，教师设计和实施了一系列与勇敢紧密相关的游戏、故事、歌曲及其他手工活动，这些幼儿比较喜爱、能够理解和接受的活动将勇敢的内涵具体化，通过具体的故事想象及实践操作，幼儿对勇敢有了更深的理解和体验。

“勇敢是什么”恰恰是之前一系列活动效果的一个集中体现和显现。这个活动由三只羊过桥的情景表演导入。让幼儿说一说，勇敢是什么？故事中的勇敢就是像大山羊一样有信心，敢挑战大野狼，打败它；勇敢就是像小山羊、中山羊一样敢说“不”，拒绝大野狼。那么请小朋友说一说，你认为勇敢是什么？

最后让幼儿将自己对勇敢的不同理解用绘画的形式画下来，制作成“勇敢小火车”。幼儿经常在自由活动时间去讨论、去说一说，使这些口诀成为勇敢品格学习的标准和楷模，让幼儿去实践和练习（见图8-5、图8-6）。

图8-5　勇敢品格口诀

图8-6　幼儿练习勇敢品格口诀

勇敢是……

勇敢是摔倒了不哭，自己爬起来。

勇敢是不管药多苦，也要喝下去。

勇敢是流血了不哭，请大人帮忙。

勇敢是手工剪错了，还要继续努力剪。

活动四：品格主题歌曲《我是勇敢小战士》

从家庭作业单（1）、家庭作业单（2）的反馈情况来看，中二班小朋友害怕打针、打雷、下雨……教师于是根据小朋友害怕的内容创编了歌曲《我是勇敢小战士》，希望每次唱响这首歌曲时都能带给幼儿鼓舞和勇气，使幼儿变得勇敢。

T老师根据幼儿日常生活中害怕的事情第一次尝试创编歌曲，在很多同事的帮助下终于创作出旋律优美动听、内容浅显易懂的歌曲，深受幼儿喜爱。中班幼儿在遇到棘手的事情时可能还会鼓励自己和同伴，而歌曲的创编与学习是对自我与他人的鼓励。在生活、学习过程中遇到问题时就会想到这首歌，因为这首歌总能给人力量和鼓舞。

活动五：品格冥想活动

引导想象教学策略一般选择在安静活动或者其他任何需要休息的地方。有的班级会把品格冥想策略放在午睡时间，有的班级会放在下午安静活动时。品格冥想教学策略强调帮助教师营造一个比较安静、放松的环境。因此，T老师把品格冥想活动放在午睡时间，以便孩子更能集中精力听故事。

进行品格冥想的过程如下，以“勇敢”品格为例：

现在我们将进行一次特殊的旅行。先让我们为旅行做些准备吧！闭上眼睛，在床上（或地上）躺好。深深地吸一口气，屏住气，然后轻轻地呼出气。再深深地吸一口气，屏住气，然后轻轻地呼出气。（教师演示）绷紧你的手臂，举起它们，然后抖动手臂以放松。绷紧你的腿，举起它们，然后抖动以放松。

孩子们脱好衣服，盖好被子，安静地躺到床上。现在我们将进行一次特殊的旅行。首先，我们为旅行做点准备吧！闭上眼睛，深吸一口气，屏住气，然后轻轻地呼出气。再深呼吸，屏住气，然后轻轻地呼出气。

绷紧你的手臂，然后放松。绷紧你的腿，然后放松。

我们正走进一个黑洞。到处是漆黑的一片，只有前方有一个亮点。那是什么呢？真想去看看啊，可是这么黑，好可怕啊！这时候有一个声音提醒我们："勇敢一点，大胆地往前走，你会看到光明的。"对，我们是勇敢小战士，手拉手向前走。刚走一会儿，突然发生一个巨大的声响，"啊呜……"，突然心中有一种冷冷、紧紧的感觉，原来那叫害怕。害怕的时候，我会想要逃跑或者躲起来；我想要有人抱抱我；我想让害怕的感觉赶快消失；我想要哭，可是我们都忍住了。壮壮胆，勇敢地看看大石头后面究竟是谁。仔细一看，原来是可爱的小辛巴。小辛巴，让我们一起走出黑暗，找到光明吧。我们一边唱歌，一边讲故事，走了不知多少路，发现那个亮点越来越大，越来越亮。终于我们来到了洞口，外面一片光明和美景。山洞里隐隐传来声音："祝贺你们找到了光明，变得更勇敢了！"

我们的勇敢旅行结束了，回到了舒服的床上。好好回味刚才的旅行，祝你们做个好梦。

【讨论与分析】

（1）品格主题教学活动的安排与实施情形

李介至、邱绍一提到品格教育是一项长期的道德教育过程，需经过持续的教学、示范、学习与实践，以涵化个人心性①。勇敢的内涵可以从不同的角度通过多种不同的方式进行建构与理解。但对于幼儿的学习，那些真实的、情境化的体验和经历更能帮助幼儿内化品格的含义。品格教学活动一定要贴近幼儿的生活经验，如害怕黑暗、害怕比赛、害怕打针、害怕小动物、害怕打雷下雨等。品格教学强调多种方式的感受和体验，如针对不同的问题，我们尝试使幼儿有不同程度的体验和感受。引导幼儿面对不同的问题，运用自己或大家的智慧去解决问题、克服困难。

第二阶段的品格教学过程中，T老师意识到幼儿是品格学习的主体。以往道德教育中，教师往往很少让幼儿本人来进行思考，反而常常对幼儿进行道德的教诲与规训。但是品格模式下的品格教学强调幼儿在品格学习过程中的主动思考、积极建构及在道德实践过程中的作用。T老师在进行品格教学时为幼儿提供尽可

① 翁毓旋. 台北市小学低年级教师实施品格教育课程之个案研究［D］. 台北：台北市立教师大学课程与教学研究所，2008：10.

能多的思考机会，并且让他们尽量去发挥，不去过分干涉。

在“创意点子大聚会”和“勇敢是什么”的活动中，可以看到幼儿思考、认知、建构品格的过程。孩子们以其特有的方式表达对问题的解决，或通过语言，或通过手工制作，在想象的世界与思维的世界中翱翔。

（2）品格教学策略的运用情形

这一阶段，T老师的教学主要运用了夹心蛋糕、角色扮演与品格冥想策略。

① 运用夹心蛋糕策略，培养幼儿发散思维与合作意识

夹心蛋糕策略是品格模式中比较有特色和价值的教学策略。夹心蛋糕策略主要是由教育者、其他教导者或幼儿向班级同伴提出一个简单而又引人思考的问题，让全班幼儿每人提出一个建议、看法或解决方法，教师将幼儿的答案或方法按类别分层记录在一个蛋糕图形上，直到所有的幼儿都发表了意见，最后教师画上奶油和蜡烛，表示大家共同完成了“夹心蛋糕”的制作。制作“夹心蛋糕”的目的是让幼儿学会动脑思考，开拓发散思维，学会倾听同伴、学会合作。同时，图像化的表示及幼儿喜爱蛋糕的生活经验，往往使孩子非常期待“蛋糕”的完成，所以他们总是很积极地参与。

在“勇敢”主题中T老师共使用了两次夹心蛋糕策略。第一次主要是由教师主导来进行操作的。在主题第二个活动统计调查“我害怕的事”中，T老师由绘本故事《弗洛格吓坏了》导入，讲述自然界中有很多小动物也有一些害怕的事。那么小朋友都有哪些害怕的事呢？今天我们来说一说。每个小朋友都依次说到了自己害怕的事情，有的相同，有的不同。T老师敏锐地把小朋友们害怕的事情分类填写在制作的“夹心蛋糕”上，这样，幼儿简单地叙说之后，T老师将其整合，形成了一些分类的概念，使他们混沌的经验逐渐明晰起来，有利于幼儿在大脑中形成关于害怕事情的认知地图。同时，这样清晰明了的概括，也为接下来的活动做好了铺垫。

主题中第二次使用夹心蛋糕策略是在“创意点子大聚会”活动中。该活动主要是T老师倡导学生进行大胆尝试，创作“夹心蛋糕”。第一次让幼儿学习使用“夹心蛋糕”来共同合作解决问题。中二班的品格主题教学已有一年多的经验，无论是幼儿还是教师都对夹心蛋糕策略非常熟悉。但是让幼儿自己学习制作“夹心蛋糕”还是有一定的难度，虽然没有经验可循，但T老师最后仍决定进行大胆尝试。

访谈中T老师说：

让幼儿进行夹心蛋糕制作这一想法和创意是受到梅教授影响。梅教授说：

“品格模式中有很多教学策略，而这些教学策略幼儿都已非常熟悉，而可能的情况下，亦可让幼儿进行尝试制作。”我个人在上学期写过一篇关于幼儿合作的文章，很多教师认为合作学习的最佳培养期在大班，而我通过上网查找资料，并对自己班级幼儿进行观察，发现中班幼儿的各种能力都随之增强，所以我认为中班是培养幼儿合作能力的关键期。

在“小组合作制作‘夹心蛋糕’”环节里，T老师让幼儿两三个人自由组合为一组，选定一个问题，请两个小朋友想方法，另一个小朋友用图画的形式记录，最后画上蜡烛完成美味的“夹心蛋糕”。如图8-7所示是一组小朋友在解决“害怕一个人睡觉”时完成的夹心蛋糕，共制作了四层夹心蛋糕，意味着想出了四种解决的方法。第一层蛋糕：睡前听好听的故事；第二层蛋糕：早睡早起，养成好的生活习惯；第三层蛋糕：晚上开个小灯；第四层蛋糕：听催眠曲。

图8-7 “勇气”蛋糕

在中班儿童的最近发展区内，让幼儿去尝试、经验一下，学习与同伴共同合作制作“夹心蛋糕”，这是一个有益的探索。这个探索同时扩展了孩子的思维，让幼儿明白以后碰到问题时要勇敢地面对，想出不同的办法去解决问题。在这个过程中幼儿学会了交流，并乐意用自己的智慧去帮助别人解决困难。该活动在促进幼儿合作、交流及解决问题方面都很有成效，但是幼儿用绘画方式记录方法的能力还比较欠缺，需要老师的指导和提示。

在绘画活动结束后，老师把幼儿共同合作制作的“夹心蛋糕”贴在墙上。在自由活动、安静活动时间，小朋友都会主动地观察其他小朋友的作品，而绘画的小朋友可以充当解说员来为同伴介绍自己的“夹心蛋糕”都是由几层“蛋糕”构成的，每层“蛋糕”上是什么样的方法。这样给幼儿提供了一个充分展示自我、表现自我的机会。

② 运用角色扮演策略，发展幼儿移情能力

角色扮演的目标是希望学生能站在不同的立场去思考问题，设身处地扮演一个不属于自己的角色，通过不断地练习，体会和感悟故事带给人的力量及解决问题的方法。品格内涵的理解与内化不仅需要定义与要求的教授，更需要幼儿通过具体、生动、形象的故事及角色扮演去涵化。

“三只羊过桥”的角色扮演活动激发了幼儿学习的兴趣与积极性，在自由活动时间幼儿都会主动去表演区尝试。角色扮演确实促进了幼儿对勇敢内涵的理解，在随后的“勇敢是……”活动中，幼儿都能结合自身生活实际，说明自己认为的勇敢是什么。

“三只羊过桥”活动从主题整体的脉络发展来看，是放在第二阶段的：怎样面对害怕。故事主要讲述小、中、大三只羊是怎样面对大野狼，勇敢地过桥的。这与第二阶段的主要目标是一致的。在整个故事中，大野狼就代表孩子们害怕的东西，而三只羊就相当于小朋友。这个故事告诉我们，当我们面对害怕时应该选用不同的方法勇敢地面对。情景表演和“冲突桥”使得幼儿更生动、形象地理解整个故事，理解勇敢的含义：面对害怕的事情时要动脑筋，想出很多办法去克服害怕的事情。

③ 运用品格冥想策略，提升幼儿道德想象力

品格冥想策略，是引导儿童想象、憧憬与品格实践相关的积极场景和图景以涵化及深化心灵习性，并激励学生实践与表现良好品格。

品格冥想活动的材料一般是根据品格主题来改编或创编的。同时，要考虑到主题进展的情况。品格冥想活动的材料主要有两种。第一种是教师根据主题的进展情况及活动的开展情况自主创编的故事。故事必须暗含与品格主题相关的内容。创编的故事最好能够涉及主题进行过程中的一些活动内容，使其能够前后联系，也便于幼儿较好地理解和吸收。在“勇敢”品格主题中上面的《寻找光明》故事就是T老师根据主题进行的一些活动进行创编的。

第二种是根据主题的进展情况，对一些关于品格主题的绘本故事进行修改，使其更符合孩子的生活经验，让孩子比较容易接受。在这个主题中，T老师主要运用了《弗洛格找宝藏》《哇，变色了》《波力不怕》等关于勇敢的故事。这些材料主要是在原文的基础上，把一些幼儿不太容易听得懂、不太理解的话语换成幼儿更容易接受和理解的语言，但大体内容是与原文一致的。孩子们给出了积极的反馈：“我特别喜欢老师给我们讲的故事，每次中午睡觉之前，T老师都会给我们讲一个故事，这次的狮子王的故事我特别愿意听。”“狮子王的故事，我们经常看动画片，老师在给我们讲的时候，好像我们也成为辛巴的好朋友，和他一起游戏。”

3. 第三阶段：勇敢实践：我是勇敢小战士

T老师认为品格的养成不能只靠讲授，还需要实际体验并反省。为此她设计了很多让幼儿亲身体验与参与的活动。T老师希望幼儿通过对害怕事物在心理上、思想上的不畏惧，敢于去面对困难，面对自己不想去做的事情，这对幼儿来说也是一个进步，同时也是很好的一种品质。

T老师在最后一个环节更多地设计了让幼儿主动参与、积极实践与体验的活动。T老师期望通过这些集中的、典型的令幼儿害怕的现象，帮助幼儿树立自信，变得勇敢起来。“打雷闪电我不怕”“生活知识闯关游戏”主要通过游戏问答及故事讲述的方式，让幼儿科学地了解打雷闪电现象形成的原因及克服害怕的一些方法与技巧。而“小三毛送信”“才艺展示”则让那些平时非常胆小、性格内向及害怕体育运动的幼儿得到足够的锻炼，在同伴及教师的鼓励下，他们个个变成了勇敢的小战士。

下面，研究者将对第三阶段的三个活动做详细的介绍，并在最后对整个阶段做相关的分析与讨论。

活动一：才艺展示

“才艺展示”活动主要是针对那些害怕上台表演的小朋友而开展的勇敢体验活动，T老师想借此时机帮助这些孩子走出第一步。T老师要求小朋友根据之前学习过的创意点子，帮助幼儿走出表演的第一步。教师布置舞台，准备话筒，营造表演的氛围。

活动二：小三毛送信

T老师在调查“我害怕的事”活动中发现很多幼儿害怕比赛，害怕输掉比赛，害怕体育运动。勇敢主题进行到现在，该活动的目的就是希望孩子活学活用，运用一些合适的方法努力克服心中的害怕，体验到比赛的乐趣。

游戏活动开始之前，T老师用“邮递员”叔叔送信引入比赛，贫困山区的邮递员叔叔送信很辛苦，要经过许多小山、小河、小桥，穿过山洞才能把信送到主人手中。今天的小朋友都很愿意扮演邮递员，让我们开始比赛吧，看看谁送的信最多、最快。

活动三：家庭体验活动

体验勇敢

亲爱的家长：

你们好！

下周是我们“学会勇敢”主题的体验周，旨在引导孩子运用创意点子去克服害怕的事，并感受到成功克服的快乐。在幼儿园我们将针对孩子较集中的几个害怕问题开展相应的体验活动，如小三毛送信——克服害怕比赛，才艺表演——克服害怕上台表演等。而有些害怕的事需要在家体验，希望得到家长以下几个方面的配合：

体验一次：

1. 一个人走进黑房间
2. 晚上一个人睡觉
3. 主动和陌生小朋友交朋友

并说说或以绘画的方式记录孩子是尝试第几次时获得成功的，运用了什么点子克服害怕，体验后的感觉是什么。完成体验任务的请在后面打上五角星，反馈到老师处，将得到“学会勇敢”结业证书。

另外，请协助孩子准备一个节目，以便下周一、二表演。

中二班

图 8-8　“勇敢”品格主题家庭作业单

幼儿品格教育从来不只是幼儿园的工作，品格教育更需要家长的积极配合。从某种程度上说，家庭品格教育的配合比幼儿园的品格教学更为重要。幼儿园品格主题课程中，T 老师针对幼儿集中害怕的比较典型的事情设计并组织相关活动，如“才艺展示”“小三毛送信”等。在家庭中家长亦应协助教师做好相应工作，使品格教学的成效更为显著。如图 8-8 所示，教师在主题开始之初发放家庭作业单，要求幼儿在品格主题实施过程中能逐步完成三项挑战，变成真正的勇敢小战士。为激励幼儿能够按时、合格地完成任务，T 老师告诉幼儿，在主题结束之后教师要发放结业证书（见图 8-9），证明你在“勇敢”品格主题学习过程中挑战成功。

图 8-9　“勇敢”品格主题课程结业证书

【讨论与分析】

（1）品格主题教学活动的安排与实施情形

T老师在规划品格主题活动之前深深认识到衡量幼儿品格学习成效的关键是幼儿的表现和实践。为此，她设计了多种品格实践与练习，期望透过游戏活动、体育活动、家庭体验活动能让幼儿在行动中产生良好行为。

在访谈中T老师这样讲道：

以往的道德教育大多是渗透在其他领域教学中的，道德教育的方式一般都是通过故事与游戏进行的。故事或游戏的道德教育很大的一个局限性是由于时间限制，对幼儿道德教育的学习效果的检测和评估仅仅表现在某一节活动之中，而对于幼儿在一日生活的其他环节及在家庭中的道德表现并不了解。这就限制了教师对幼儿道德行为的全面、客观、真实的评价。而独立课程的品格主题课程教学将幼儿品格学习的评估扩展到每日教学环节，扩展到教室、活动室、户外活动场所及家庭中，而教师本身由于目标的引导也会提高幼儿品格评估的敏感性。在品格主题教学中对幼儿的评估主要表现为对其在活动中的表现、在日常生活及家庭中的实践表现的评估。只有真正落实在生活实际中的“勇敢”行为，才能真正帮助幼儿克服心中的害怕、恐惧，让幼儿尝试解决问题和挑战自我。

（2）品格教学策略的运用情形

在本阶段，T老师用到的品格教育策略主要有体验实践策略及同伴楷模策略。

① 运用体验实践策略

许多学者都认可，唯有透过实践的练习，才能影响幼儿在今后在生活实际中的道德品格，并让幼儿在真实参与与决定的过程中，不断提升道德素养。许多学者认为只有将规范与要求直接运用到幼儿的生活实际中，他们才可能将品格认知逐渐内化，在过程中培养良好的道德习惯。

② 运用同伴楷模策略

国外一些研究指出儿童的同伴关系影响其发展与学习，并深刻影响其社会能力的发展。这也指出了同伴关系对于儿童发展与学习的重要性。在同伴互动过程中，可以形塑幼儿的道德行为（见图8-10）。

图8-10 品格学习中的同伴互动

在“勇敢”品格主题之“才艺展示”环节中，天天不敢上台表演，在教师和同伴的鼓励下，她邀请佳佳上台和她一起表演。天天在佳佳的帮助下完成了挑战比赛（见图 8-11）。

图 8-11　勇敢展示才艺

而在歌曲《我是勇敢小战士》中有一句“我是勇敢小战士，打针吃药我不怕”。在幼儿园进行体检时，在幼儿的手指上取一点血是会让幼儿感到有点害怕的，当时有一个孩子在唱这首歌，他本来是鼓励自己，结果全班小朋友都跟着一起唱了。

【小结】

从“勇敢”品格主题实施情况分析，幼儿实践与社会服务是三个阶段里最薄弱和欠缺的，这与附属幼儿园没有社区依托有直接关系。同时品格实践、道德行为的实践需要社会大环境的支持。从幼儿园课程理论的设置来看，幼儿的社会实践、动手操作、亲身体验等活动被其他课程领域所占用和挤压。尽管如此，从“勇敢”品格主题活动的展开与分析获知，与传统的幼儿道德教育相比，品格主题课程以其系统性、整合性、长期渗透性而收到较好效果。从品格主题实施的情况看，T 老师所设计的活动都较好地结合了幼儿生活经验与体验，有助于解决幼儿生理、心理上的矛盾冲突，推动幼儿的品格、社会性等多方面的发展。

三、品格主题教学与评量策略的运用

品格主题教育的整合性不仅表现在内容整合上，还表现在时间与空间的整合上，即在进行品格主题学习期间，采用一种全浸润的方式，使幼儿生活与学习的各个环节与内容中都渗透着品格教育的要素。由此，除了正式的集体教学活动外，区角及日常的生活环节中都要考虑品格教育的实施。下面，笔者将从品格主题教学策略及评量策略两个方面分析和讨论 T 老师“勇敢”品格主题与日常生活教育结合的成效。

（一）品格主题教学策略的运用

特蕾莎在《助人者的习性——助人手册》一书中一共列出了服务提名、夹心蛋糕、随机教育、反思、品格冥想、冲突桥等十余种教学策略①。其中服务提

① Langness, T. Habits of Helpers [M]. The United Stated of America: Full-Circle Learning. Topanga, 2005: 28-45.

名、冲突桥、随机教育是三种日常教学策略。在“勇敢”主题实施过程中，T老师亦运用了这几种策略。

1. 运用服务提名策略，培养幼儿他人意识与服务意识

大量的实践研究证明，仅仅依靠劝导、灌输与讲述不能有效促进幼儿养成良好品格和行为，必须经常训练幼儿做出善良的行为或成为善良的人。而倡导公共服务则可有效督导幼儿成为善良的人。公共服务可提供机会给幼儿来拓展他们的生活经验，通过争做服务提名者，幼儿学会为班级服务、为教师服务，甚至为更远的人们服务。在进行服务的过程中，经由与他人的互动，幼儿可以培养良好的特质，例如关心他人、合作、勇敢、尊重、诚实等，而且更容易养成良好的生活习惯，成为学会关心的人。而这种关心人、尊重人的良善行为亦可提高幼儿的公民责任感，进而促进幼儿学术课程的学习。

顾名思义，服务提名提倡一种服务精神与服务意识。T老师按照品格模式中服务提名中要求的程序进行，根据日常生活的需要每天提名七名幼儿为“服务之星”：椅子管理员、图书管理员、玩具管理员、学习管理员、吃饭管理员、餐巾纸管理员、时间管理员。“服务之星”的选举集中在早上或下午的时间进行，服务项目则贯穿在每天的日常生活中。

服务提名策略是幼儿比较熟悉的一种教学策略，自小班起，该班一直在使用这个教学策略。在品格主题教学的时间里，服务提名的内容主要是围绕勇敢品格进行操作的。通过这样一种选举和投票的形式，幼儿可以学会观察实践勇敢行为的幼儿，学会实践勇敢品质。

在整个勇敢品格主题教学中，通过教师对幼儿的提问及师生讨论，幼儿逐渐认识到勇敢品格的深层内涵。通过课堂活动的观察及访谈，笔者了解到：主题进行的第一周幼儿提名实践过勇敢行为的同伴时，观察到的是善良行为但不属于勇敢行为，可能只是好好吃饭、上课认真、静静看书、画画很好等，他们对于勇敢是什么并不理解。但是随着主题的深入，他们对勇敢慢慢地理解和吸收，更多地观察到同伴的勇敢行为和表现。在做每一个勇敢品格主题时，孩子对品格内涵的理解都有这样一个逐步深入的过程。这也同学习本身的特点是一致的。

主题之初的服务提名

师：现在我们进行服务提名。首先我要提两个问题，你们好好想一想再提名，看看你提名的小朋友是否符合这样的标准。第一个问题：你提名谁？第二个问题：你为什么要提名这个小朋友？他做了什么勇敢的事情？

幼1：我提名悠悠。

师：你为什么要提名她？

幼1：因为她上课很认真。

师：这是勇敢的表现，还是遵守纪律的表现？

师：所以这次提名失败。

幼2：我提名嘟嘟。

师：为什么要提名嘟嘟？

幼2：他上次跑步的时候摔了一跤都没有哭。

师：对的，嘟嘟的表现就很勇敢，所以这次提名成功。（师在黑板上写上嘟嘟的名字）

幼3：提名洋洋。

师：为什么要提名洋洋？

幼3：因为他画画很好。

师：画画很好，是勇敢的表现吗？

幼3：不是。

师：如果说，他很敢画画，这样勇敢吗？

幼3：勇敢。

师：洋洋画画很好，是因为他敢画。有的小朋友都不敢画画，这样他就不勇敢是吗？所以，这次提名有效。

幼4：我提名果果。

师：为什么？

幼4：果果很讲礼貌。

师：很有礼貌是勇敢的表现吗？

幼4：不是。

师：不是，但是你既然说到了，我就写上去，不过下次一定要提名勇敢的小朋友。

…………

T老师认为幼儿良好品格的形成不是一朝一夕的事情，通过每日的服务提名，可以为幼儿在日常生活中实践品格提供一个平台和机会，让幼儿在日常生活的点点滴滴中养成良好的品格习惯。同时每日的服务提名都可以检核和测评幼儿对“勇敢”内涵的理解程度。

笔者从访谈资料中获悉，服务提名策略在其他主题中也是会用到的，但是不是很频繁。晨间谈话环节包容性比较强，服务提名无法替代晨间谈话活动。相对来说，晨间谈话能够给幼儿更多的表现自我、分享自我和集体学习的机会。品格主题学习中，我们结合晨间谈话，引导幼儿有意识地去理解和关注同伴的勇敢行为，以延续和深化幼儿对品格的理解。

服务提名能帮助幼儿更深入地思考与学习。T 老师认为：

你必须实实在在地观察别人，你观察的时候对他有一个评价，你的评价不是随便的评价，你要去思考，你这个判断属不属于勇敢行为，如果是勇敢行为，他是怎么样表现出勇敢的，你要把这个事实经过描述清楚，一个是语言的表达，一个是对勇敢品格内涵的理解。

品格模式自身建立在全球服务意识上。在学校的品格教学中同样注重服务项目与服务行动。服务不仅仅限于班级、家庭成员中，服务意识与服务行为也可与周围的班级、朋友、陌生人、需要帮助的人发生联系。品格教育的最终目的是促进好品格的践行与落实。品格模式下的服务项目引导教师与学生将品格学习过程中的歌曲、游戏、话剧等通过表演展示给人们，给人们带去美好的感受。还可将亲手制作的手工艺品赠送给那些需要的人。

2. 运用冲突桥策略，培养幼儿移情及协商能力

冲突解决是个体社会化中必需的一项社会交往技能。它包括表达个人需要、倾听他人解释、愿意让步和处理侵犯的能力。在小组讨论中笔者获知中二班的冲突桥策略是几个班级中运用得最好的。该班自小班起一直在使用冲突桥策略，并且在教室里张贴着一个“握手桥”的标志，每当幼儿之间出现争吵、矛盾及攻击性行为时，教师便引导双方各自站在“握手桥”的两端，分别说出各自的感受、想法和解决此事的方法，在表达个人需要的过程中，幼儿自身的愤怒与委屈都大大减少，并最终以握手言和而达成一致。

冲突桥策略的运用可以有不同的方式。中班幼儿的冲突随着同伴良好关系的建立而逐渐变少。但与“勇敢”品格主题有关的冲突依然存在，即勇敢与害怕的冲突。幼儿还无法将其感受表达出来，鉴于此，T 老师借助故事中的人物形象，将“勇敢”与“害怕”的心理描写得惟妙惟肖。

幼儿通过故事讲述后的角色扮演，深刻体验大山羊、中山羊及小山羊在面对大野狼时紧张害怕的心情，同时明白，大野狼并不可怕，只要动脑筋想办法就一定可以战胜它。大山羊通过比力气战胜了大野狼；中山羊和小山羊利用智慧说服了大野狼。

文学作品中不同角色的扮演，可以帮助幼儿学会换位思考，站在他人立场体

验和感受，并在体验和感受基础上达成互惠互利的共识。

3. 运用随机激励策略，鼓励幼儿面对害怕，增强克服困难的勇气

布雷尼尔森（Brynildssen）认为："品格教育最好的方法就是让孩子接触广泛而多元的文学，以多元化的文学内容启迪孩子对品格的真意的了解，在教材中呈现多元化的核心价值、文化、态度，启发学生的道德观念、公民素养，以整合其品德的发展。"① 多元化的文学教材可借由历史上或当今的英雄人物的故事，作为幼儿学习良好品格的示范。例如，《魔奇魔奇树》中的豆太非常贴近中班幼儿的生活实际，为幼儿提供良好品格的榜样。

在调查统计"我害怕的事"活动中，重要的是让幼儿善于发现和面对自己害怕的事情。但对于幼儿来说，他们的认知能力、表现能力存在很大差异。平时比较善于表现的幼儿较容易说出心中害怕的事情；而对于平日里胆小、害羞的幼儿却是个极大的挑战。

在活动中就出现了一位非常胆小的孩子：

T老师点到悠悠：

师：悠悠，你害怕什么？

悠悠：（不发言。）

师：你不会害怕的，说吧。

师：肯定不会的，来说一说，你害怕做什么？

悠悠：（仍然不说一句话，手挠着头发。）

师：大家都在很安静地听。说一说，你害怕什么？

师：你们知道为什么她不敢说呢？她这里写着"害怕举手发言"。

师：一个是害怕举手发言，还有什么？还害怕什么？

师：还要我帮你吗？都要我帮你说吗？我已经帮你说过一个了。

师：那我帮你写上去了

师：害怕举手发言，害怕作业没有及时完成。

师：今天你的表现很好啊，你作业完成得很好。

师：悠悠这么害怕，大家一定要安静，给她力量。

师：今天是我帮助你的，下次你要自己来完成，好吗？

悠悠：（点点头。）

---

① 苏芸慧. 小学教师品格教育课程实施之个案研究［D］. 台北：台北师范学院课程与教学研究所，2004：45.

品格教育要求教师不断给予幼儿正面的鼓励、赞扬和示范指导。T老师在整个活动中不断地鼓励悠悠，让她感受到教师的尊重、关爱。只有在这种爱的氛围和气息中，幼儿才敢走出第一步，变得勇敢。观察整个品格教育过程，T老师不断给予正面的表扬、鼓励与引导是幼儿表现和实践勇敢行为的动机。

【讨论与分析】

服务意识及问题解决能力的培养，是品格模式特别强调的目标，因而，服务提名与冲突解决是两项特别的日常教学策略。每一个品格主题都需仔细规划与实践。在本主题的实施过程中，T老师对服务提名之运用，很好地促进了幼儿观察他人勇敢品格表现的意识，培养了幼儿的他人意识，并帮助幼儿深入理解品格学习与日常生活服务实践的联系。同时，对冲突解决策略的运用，也显示了形式多样化的方式，本主题中并没有用专门的走冲突桥的方式来进行冲突训练，而是将冲突训练融入了角色扮演之中，让幼儿结合故事内容进行冲突解决的学习，使孩子更好地掌握了应对挑战的方法。这显示出老师在教学中根据幼儿特点灵活创造教学策略的呈现模式的能力。

品格文化的营造是品格模式课程中T老师非常重视的一个策略，这一策略的运用既体现在各种物质环境与精神环境的营造上，也体现在教师日常教学中的品格敏感性上，即T老师能够根据孩子的需要随机进行品格主题学习的引导，促进孩子品格学习的深化。在随机激励策略中，T老师很好地运用这一策略帮助一个孩子挑战自己，学会了自制。这说明T老师的品格教育敏感性在日渐增强。

（二）品格教学评量策略的运用

由于品格习得的内隐性与长期性，特蕾莎对幼儿参加品格主题学习后的发展与变化的评估，采用的是长效评估与家长及教师观察评估相结合的方式，即通过在各主要品格主题学习结束后幼儿的社交和学习或艺术技能是否提高来评估幼儿是否在学习中真正受益①。因而，对于一个品格主题学习的评估，主要也是由教师及家长通过观察来进行的，但其评估的内容主要是从品格主题目标的落实与达成出发，如前所述，实施勇敢主题的目标有三：一是通过讨论知道勇敢就是能面对自己的各种困难和害怕；二是通过观察与学习能学会表达和分辨自己的害怕；三是通过各种创意体验与练习来增强克服困难的勇气。教师也就从是否更深入理解了勇敢的内涵、是否能分辨与表达害怕与勇敢、面对害怕的勇气是否增长这三个方面来评估。

---

① Langness. T. Habits of Helpers [M]. The United Stated of America: Full-Circle Learning. Topanga, 2005: 51.

1. 根据幼儿行为的变化观察幼儿品格学习情形

品格行为变化是幼儿品格学习的直接表征。T老师非常注意在品格主题教学中引导幼儿去练习品格主题，并注意观察其行为变化。在日常生活中，T老师非常留意每个儿童发展过程中存在的优点和缺点，不断给那些自信心不强、不敢大声说话的孩子鼓励和表扬。利用慈爱的眼神、爱护的动作给不同孩子以激励。她不断利用各种方式帮助幼儿表现和表达良好的品格和习性。

典型案例：笑笑和他的椅子

笑笑总是坐不住椅子，很爱看书的他课上到一半会偷偷溜到图书角看书。主题开展的初期，老师和笑笑进行了一次认真的谈话。师：“笑笑，老师发现你上课的时候坐不住椅子，要偷偷地去看书，你觉得这是一种什么行为呢?”笑笑：“我是在逃避，逃避上课。”师：“那你觉得逃避是勇敢的行为还是胆小的行为呢?”笑笑：“是胆小的行为。”师：“你希望自己成为勇敢的人还是胆小的人呢?”笑笑非常肯定地说：“勇敢的人!”师：“我知道你现在碰到了一个困难，如果你克服了上课在椅子上坐不住的困难，那你就是一个勇敢的人了，你愿意努力吗?”笑笑大声说：“我愿意!”师：“那老师看着你的努力和行动哦!”在后来的上课过程中，老师特别关注笑笑的上课情况。刚开始还需要提醒“笑笑，你可不要逃避上课哦，做勇敢的人还是胆小鬼呢?”每当这时笑笑就会乖乖地回到椅子上。到主题开展的后期，笑笑已完全克服了这个困难，不离开椅子了。

2. 根据幼儿的绘画作品观察幼儿的品格学习情形

绘画是幼儿表达自己品格情感与品格理解的一种重要方式，因而T老师常常在主题学习中布置相关绘画任务，既发展幼儿的艺术表达能力，也能借此观察幼儿的理解与体验。下面是一些典型的例子（如图8-12至图8-14所示）：

第一幅图表示：我和爸爸去爬山，觉得有些累了，但我还是坚持爬完。

图8-12 幼儿绘画作品（1）

第二幅图表示：我摔倒了，妈妈很紧张，我痛得冒汗了，但我没哭。

图 8-13　幼儿绘画作品（2）

第三幅图表示：中二班小朋友集体制作的班级标志——狮子王，很威猛，很勇敢，它是勇敢的标志。

图 8-14　幼儿手工作品（3）

由此可见，“勇敢”品格主题的学习对不同的孩子存在不同层面与方面的影响。每个孩子在面对同一问题时可能有不同的感受、想法与表现，教育的作用即帮助幼儿学会表达自我的想法、意见，并学会用自己独特的方式与他人交往，形成自己独特的人格特质与自信心。

3. 从幼儿的语言反馈了解品格学习情形

T 老师在进行“勇敢”品格主题课程设计时通过故事、游戏、歌曲等不同教学方式帮助幼儿理解勇敢的内涵，以故事感受、角色扮演、歌曲学习等多样化的方式帮助幼儿认识勇敢品质在幼儿阶段的行为表现并实践勇敢品质。T 教师通过课堂问答的方式了解幼儿对勇敢内涵的理解和扩展。

以“三只羊过桥”的延伸活动“勇敢是什么”为例，这个活动是在“勇敢”品格开展的第二周进行的，通过两周品格主题课程的学习与理解，幼儿能结合自身的生活实际和经验，对勇敢提出自己的理解。以下是幼儿对“勇敢”的理解（见图 8-15）：

勇敢是打雷、闪电我不怕。

勇敢是敢吃自己不喜欢吃的东西。

勇敢是上课想玩玩具，忍住不玩。

勇敢是虽然怕观众笑话，还是勇敢上台表演。

……

图 8-15　勇敢口诀

T 老师在访谈中提到这样一个问题：

有一次，我们幼儿园要开学体检。我们班有一个小男孩，抽血的时候，每次都会很害怕，我就告诉他，你是勇敢小战士，把他拉过来之后，他自己说：我是勇敢小战士，我怕什么呀。他学会鼓励自己。在他的影响下，其他小朋友也变得勇敢了。

幼儿品格学习的成效往往在某一瞬间、某一事件上体现出来，那份感动、那份惊喜让老师们心中乐开了花。

4. 通过家长观察与评价了解幼儿品格学习情形

T 老师认为家长的观察与评价也是了解幼儿品格学习情形的重要途径。品格主题开展过程中，T 老师设计了一系列让家长协同参与的作业，通过这些作业，家长可以看到孩子的变化，对孩子的品格学习进行过程性评价。下面是 T 老师设计的系列作业：

第一次家庭作业：说说心中的害怕

班级：　　　　　幼儿姓名：　　　　　进行时间：

说明：每一个人都有害怕的事情，小孩有，大人也有。而学习勇敢，首先我们要学会面对害怕，敢于说出心中的害怕。为了了解孩子心中的害怕（引出所有害怕或恐惧的事），帮助孩子勇敢面对，请协助孩子完成此调查表（用文字或绘画的形式记录）并于________年________月________日前交于班主任处。

 我害怕的事：

 妈妈害怕的事：

 爸爸害怕的事：

第二次家庭作业：勇敢创意点子记录表

班级：　　　　幼儿姓名：　　　　进行日期：

给爸爸妈妈的话

学习勇敢，最好的方法就是能去面对它。我们想创造一种动力，使之成为孩子学习勇敢的助力。每个人都有害怕的事，但是我们可以来设计勇敢创意点子，使我们有信心面对害怕。

请爸爸、妈妈配合做到：

1. 请用耐心及同理的态度，帮助孩子说出他（她）害怕的事。

2. 请协助孩子完成他（她）的勇敢点子具体物创作。

3. 请于________年________月________日前将勇敢点子具体物和此记录表带至幼儿园与小朋友分享。

1. 我最害怕的是：

2. 勇敢创意点子的构想图，请画下来，并请爸爸妈妈记录点子功能。

3. 为我的“勇敢创意点子”取个名字。

第三次家庭作业：体验勇敢

亲爱的家长：

你们好！

下周是我们“学会勇敢”主题的体验周，意在引导孩子运用创意点子去克服害怕的事，体验成功克服困难的快乐。在幼儿园，我们将针对孩子较集中的几个害怕问题开展相应的体验活动，而有些害怕的事需要在家体验，希望得到家长的配合与支持。

请根据孩子的害怕事件，结合孩子设计的克服害怕的体验点，用说说或绘画的方式记录孩子的体验与实践情形。孩子是尝试第几次时获得成功的？运用了什么点子？克服了什么困难？体验后的感觉是什么？完成体验任务的，请在后面打上五角星，并反馈到老师处，完成体验的小朋友，将得到“学会勇敢”的结业证书。

幼儿姓名：

害怕事件	克服害怕事件的方法	体验次数及成功次数	体验感受

【讨论与分析】

通过研究，笔者发现T老师主要运用了观察评估与作业评估两种方式对幼儿的品格学习情形进行过程性评估。笔者认为这两种评估方式既有利于将评估作为进一步调整教学的依据，也能较好地了解幼儿个体学习的情形，但这两种评估方式对幼儿总体的学习状况的了解显得有所局限，不能进行总体的比较与评估。由此，笔者认为如果能够结合量化评估，可能会对幼儿的品格学习情形有更全面的了解。因而，在以后的研究中仍需进一步考虑如何建立恰当的、具体可操作实施的评量系统和评量工具。

另外，在评价的主体与内容上也有待进一步拓宽。从台湾同仁的相关研究中我们发现，他们的品格教育评价指标一般包括两个重要方面：一是中小学及幼儿园自我检核评价指标；二是教育行政主管机构有关品格教育评价系统。这一思路对我们很有启发。品格模式下的品格教育课程也不仅仅需要班级、教师自身对幼儿的评价，还包括从外围角度来评价整个幼儿园的品格教学效果、品格教学质量等。对于这一点，台湾同仁做出了许多探索，我们可以参考他们的研究，在教学评价指标制定过程中可借鉴台湾品德教育评价指标体系。

四、影响教师实施品格主题课程的因素

自1981年教育部下发《幼儿园教育纲要（试行草案）》开始，幼儿园开始五大领域的教学，但道德教育未单独设科，只是采用融入其他领域或随机教育的方式。以下内容主要探讨T老师在其实施品格教育的历程中的影响因素，研究者将从教师因素、师幼互动因素、家庭因素、课程因素等四个方面来阐述与分析T老师品格主题课程实施之影响因素。

（一）教师因素

根据研究者调查发现协同合作小组的成立与时间因素是影响T老师品格主题课程实施的主要因素。品格教育小组的研讨活动是推动T老师品格主题课程实施的动力支柱，而时间不足则是其实施品格主题课程的一大阻力。

1. 协同合作小组的成立

美国“品格教育伙伴”组织指出，学校教职员工必须成为一个学习型的组织与道德的社群①。该园共有7位教师，平均每两周举行一次品格主题研讨会。品格主题研讨会一般一学期要进行4~5次。品格主题研讨会的主要功能在于：第一，在学期之初探讨该学期每个班级计划实施品格教学的方向和主题，共同分享在幼儿品格教育方面的心得体会、方法和内容等；第二，集中解决在品格主题进行过程中遇到的问题，包括每个班级品格主题建构的基本思路和框架及在实施品格主题的过程中存在的一些困惑和问题；第三，共同分享各个班级在实施主题教学的过程中的一些好的方法和活动的效果，为品格教学不断积累经验。

品格合作协同小组通过不同身份角色、不同个体的讨论与交流，不断帮助教师增强反思能力，以提升教师品格主题课程设计与实施的能力。笔者根据研究者自身的长期跟踪及对教师的访谈，研究分析协同合作小组对教师实施品格教育的助益。

欧用生指出教育社群是因一群人为达到共同的目的，成员持续而紧密交互作用而形成的团体，教师所建立的社群，在平等、温暖的基础下，进行专业对话，

① 方思贞. 幼稚园实施品格教育之行动研究［D］. 台北：台北教育大学幼儿教育学系，2007：77.

彼此反省、批判、分享，达成共同的理解①。该幼儿园协同合作小组是由在不同年龄段执教的一线教师及幼儿园领导共同自发组成的教育社群。T老师加入品格教育协同合作小组后，更加自信地坚持品格教学，并通过这种教学方式使自身教学能力不断提高，看到幼儿良好的品格行为倍感欣慰。

我第一年进行品格教学时，因为对品格模式的理念、原则及品格教学的特色、方法等不是很理解，大部分是按照《助人者的习性——品格手册》上的资源筛选组织活动。刚开始对这样的品格教学也没有太多的想法。但在做第二个品格主题“耐心”时，我和主班教师就开始把自己的想法融入教学中，原创的东西慢慢多起来。但是在做第三个品格主题“善良”时，当时我作为主班教师受到很多因素的影响，活动无法深入下去，非常焦虑，曾经想到过放弃。但就在那次，梅教授及同事在研讨会上给予我极大的帮助与支持，使我更深入、系统地认识品格模式，也看到了自己进行品格教学的优势。在那次主题教学中，我也感受到前所未有的成就感，这坚定了我一直进行品格教学的信心。

从T老师加入协同合作小组的感受可知，协同合作小组对她实施品格教育是一种助力。经由教师们的团队合作，大家一起设定主题目标、规划教学活动、分享彼此的经验，不仅改进了品格教学，而且提升了教师的品格教学能力。协同合作小组成员间的彼此交流、关心一直鼓舞着T老师坚持品格教育的实施。

2. 备课时间不足的压力

A幼儿园是一所重视科研的幼儿园，幼儿园不断举行科研和比赛活动。幼儿园为促进教师专业成长及提高教师科研能力，积极倡导教师探索、开发园本课程与特色课程。因此，幼儿园非常认同每个班级所进行的品格主题教学。这为品格主题教学的落实提供了政策上和时间上的保证，避免了不同课程相互挤压给教师带来的负担。

T老师每学期都会集中一个月时间开展品格主题活动。尽管协同合作小组的其他成员也会设计不同年龄段的品格主题活动，但由于每个班级的情况及教学自身的特色不同，因此，教师需要系统思考并设计适合本班级的品格教育课程。从协同合作小组成员的亲身讲述中可知，即使有些课程活动存在资源共享，但因幼儿年龄特点及班级情况的不同，仍需要每位教师付出更多的时间与精力。

① 苏芸慧. 小学教师品格教育课程实施之个案研究［D］. 台北：台北师范学院课程与教学研究所，2004：194.

T 老师是一个自我要求非常严格的教师，她非常重视品格主题课程的准备。她认为丰富的课程内容、多样化的教学方式更容易帮助幼儿理解和习得良好的习性。她会利用课余时间去搜索有关品格主题的故事、活动、资料，并对搜集到的资料进行筛选、转化，同时准备相应的教具、材料等。每一次品格主题教学 T 老师总是尽心尽力地去准备，比其他教师投入更多的时间与心力。品格主题思路的建构是品格主题教育顺利实施的关键因素，因此，品格主题框架与思路是教师需要花更多时间去思考和建构的。在对 T 老师的访谈中，笔者了解到：品格主题的建构需要很强的计划性。T 老师在结束上学期的主题活动时就已经决定来做“勇敢”主题。T 老师说：“在学期伊始，我就开始在看书的时候关注与勇敢有关的点子、想法，把看到的一些好的案例或设计记录下来，收集到一起。在整个主题建构的不同阶段里有不同的想法，我就会不断地改进、调整、实施。”“勇敢”品格主题基本框架制定需要教师相当长时间的积淀与积累。

当主题框架基本成形后，根据主题的框架再进行详细的活动设计。在进行活动设计时，教师要进行环境的创设与布置，进行教学活动的准备，考虑活动与活动之间的衔接，对具体活动进行设计与组织，根据影响活动实施的众多因素进行适宜性的教育。每一个活动的设计都需要教师花费很多的时间和精力。主题中的每一个活动都是从其他的活动中借鉴和改编的，资料的处理和分析都要从主题的内涵及逻辑思路、中班幼儿的特点出发进行调整和设计，活动的设计与具体实施中存在着很多的不确定因素。T 老师表示，虽然在课程实施前做了充足的准备，但由于考虑不周、精力有限及教学中随时出现变动，仍有一些教学活动实施效果不佳。

（二）师幼互动因素

T 老师能持续进行品格教育，除了与她自身的品格教育信念及协同合作小组的支持有关外，幼儿在学习过程中的反馈与进步也是一直支撑 T 老师主动实施品格教育的因素。

每次有新老师来我们班时，都会问孩子们：“你们是哪个班的小朋友?”他们都会同声回答：“善良之家。”有时我们班有些孩子吵架了，他们会主动走到“冲突桥”上解决问题，两个人最后握手言和。而有些小朋友会经常问我：“T 老师，我们什么时候再做‘夹心蛋糕’啊?”每次看到小朋友对品格主题教学这么热情，我就觉得一切辛苦都值得。

研究者从教室中观察到幼儿也会被T老师认真的教学态度及全身心投入的品格教学所深深感动与影响。因此，良好的师幼互动是课程实施成功的一项重要影响因素。良好的师幼互动过程中，对教师而言，幼儿的积极主动的学习与反馈可增强教师品格教学的信心；对幼儿而言，教师丰富的教学活动及言传身教可增强幼儿学习的积极性和感染力。

（三）家庭因素

品格教育需要学校教育与家庭教育的相互配合，才能实现良好的教学效果。中二班幼儿家长对于T老师实施品格教育均持支持与鼓励的态度。

家长1：那天接送孩子，我看到小朋友们都站在教室的一角在用手指着什么，在交流着什么，我一看是“勇敢小火车”，每张画上都有老师的文字说明：勇敢是摔倒了不哭，自己爬起来；勇敢是不管药多苦，也要喝下去；勇敢是一个人睡觉；勇敢是手工剪错了，还要继续努力剪；勇敢是虽然害怕观众笑话，还是敢上台表演……当时看到这些非常感动，这些不好的行为都是孩子日常生活中经常出现的，我们做家长的都没有很好地解决这些问题，而老师们这么用心地做到了。真的很感谢老师。

家长2：前段时间，小小（化名）带回来一张家长作业单，上面要求调查家长与幼儿害怕的事情。当时也没在意，帮小小填上了。小小问我：“妈妈，你害怕什么呀?”我说：“我害怕长胖，我害怕生病。”后来接下来的一天晚上回家的时候，小小对我说：“妈妈我们一起走路回家吧，这样我们一起锻炼，你就不用怕长胖，也不会生病了。你要和我一样变得勇敢。我们老师说，只要变得勇敢，你就不会害怕生病，害怕长胖了。”当时我从孩子嘴里听到这些话非常吃惊，非常感谢老师能教给孩子这些好品格。同时这也是对家长提高自身修养的一个督促。

家长的正面反馈固然让T老师感动欣慰，但实际生活中，也有些家长对品格课程关注程度不够，他们更多注重幼儿的技能、智力、学习情况而不在乎品格发展的情况。T老师实施品格教育的动机是她个人的教学信念，并不会因为家长正面或负面的意见而有所动摇。

家庭教育相对于幼儿园教育来讲，具有率先性、随意性、全面性、潜移默化性及个别性等特点。家庭是幼儿出生后成长的第一环境，在头三年的生活中占主要地位。同时，幼儿进入幼儿园后，更多地接受集体生活习惯、规则等的训练，而家庭的教育更多地指向个别孩子的教育，对幼儿各个方面的教育具有针对性。幼儿社会教育具有实践性、长期性、渗透性、潜移默化性等特点。而这种长期渗透和教育的过程中，非常重要的是家长与幼儿园保持一致的教育理念和价值观。因此，家长工作和家长配合是幼儿园进行品格教育的重要影响因素。

在与家长的访谈中笔者了解到：家长们都认为对幼儿进行品格教育是非常重要的，认为在幼儿园进行的品格教育对幼儿的影响非常大，具体表现在幼儿在家时懂得帮助父母做一些力所能及的事情、当父母没有时间陪伴自己或者没有信守承诺时能够理解父母、小脾气逐渐减少、能够主动关心父母和其他长辈等，并且在参加一些活动时能够表现出优良的品德。因此，父母非常认同幼儿园所进行的品格教育。

研究者从家庭作业单的回收、有效作答及与家长的联络和交流中获知：总体来说，该班的家长都非常积极配合完成家庭作业单，但家庭作业单的作答效果因家长的重视程度不同而不同，品格教学的效果也不同。虽然家长在理念上赞同幼儿园的品格教学，但是实际中由于工作忙没有时间或不知道如何进行教导等，对幼儿品格的实践和练习无法在家庭中形成有效监督，在幼儿品格实践方面造成很大空缺，严重影响了品格教学的效果。

（四）课程因素

在品格教育课题研讨中教师们多次提到进行品格主题教学面临的最大难题：没有现成的适合的品格课程资源可利用。目前大部分的研究主要集中于理论的探讨与经验的梳理，具体、可行的品格主题课程与计划相对来说较为缺乏。虽然多元化的美德项目及价值教育计划在国内的幼儿品格教学中也在实践与发展，但按照幼儿教育课程领域设计的完全适合幼儿园学校教育的品格教学课程和计划不多见。

任何一个品格主题都要由教师自己进行主题的设计、建构和实施，对于刚进入品格主题教学的新教师来说确实存在很大的困难。就如T老师所说：

如果有一个参考的东西（就像《幼儿园领域课程指导用书》一样），对我们来说肯定是相对简单的，我可以在它的基础上进行改编，因为它的基本构架已经在那里了。但是现在我们很多主题是没有任何东西可以借鉴的，我们需要自己寻找（自己建构主题的基本框架），这个难度肯定是大的。

在访谈过程中笔者了解到，T老师对“勇敢”品格主题的建构与实施并未感到太大压力与负担。这与其自身素质及其他多方面的因素有关。首先，这次的“勇敢”主题有一定的活动设计作为参考（参照杨淑雅《幼儿品格主题之课程活动设计》之勇敢品格篇）。教师可以在这个基础上设计，有些活动稍加改动便可直接运用。其次，T 老师在品格主题教学与实践中积累了丰富的经验。在特雷莎教授做第一次“品格工作坊”时，T 老师就一直在参与。在品格教学之初，她主要是基于《助人者的习性——品格手册》的一些活动来进行模仿和实践。在模仿阶段，她主要是理解品格模式是怎样运行的，思考和探索怎样设计不同领域的活动，怎样处理活动与活动之间的衔接，怎样去运用这些有效的教学策略。在创造阶段，T 老师作为配班老师在整个教学过程中开始融入自己的想法和构思，逐步结合本园、本班实际进行设计和组织活动。在此过程中 T 老师逐渐吸收品格教学的精髓，并在此基础上有所调整和改变。第三个阶段 T 老师开始抛去品格模式的具体内容，而是借鉴其主题设计的框架和思路及有效的教学策略自主搜集资料，建构适合本班幼儿的品格主题课程。

最后，任何品格主题教学要取得成功，一定需要教师在设计和实施之前仔细推敲、慎重选材，不断调整其思路。而且教师自身的反思能力和实践能力是非常重要的。在访谈中，A 幼儿园课题组组长金园长经常对 T 老师进行评价：“T 老师是一位有着丰富教学经验的老师，最重要的是她是一个善于思考、善于反思的老师，这两年做品格主题也好，其他主题也好，幼儿园领导都非常放心。”

但总体来说，品格教育作为儿童社会领域教育的一个重要内容，从品格课程设计、开发到具体实施都颇具挑战性，且幼儿的品格教学有其特殊的要求与原则，因此，T 老师在课程资源相对缺乏的条件下能够这样持续不断地做下来并取得良好的效果是非常不易之事。随着知识和信息的快速流通，品格教育课题组也在不断地寻找和引进国外及我国台湾地区的一些课程计划为我们所用，相对来说也会减轻教师收集资料、理论梳理及主题建构的压力与负担。

五、优化品格主题教学的建议

（一）幼儿品格主题课程可进行 3~4 周的时间

T 老师及其他进行品格主题教学的老师一致认为：每学期选择一个品格主题集中进行为期一个月的系统教学是非常必要的。当然在幼儿园条件允许的情况下也可以进行 2~3 个品格主题教学，主要考虑每个幼儿园的教学压力和实际情况。品格模式下的品格主题教学更强调品质与成效而非数量，它强调的是利他性和服务项目的练习，强调每一个品格主题都能深入幼儿内心，在其心灵深处留下印刻。

（二）以品格第一的原则整合幼儿园的教学活动

品格第一代表在所有的课程领域与活动中，品格处于主导地位，是教学的中心。品格目标统摄其他各个领域的活动，而且其他的学科领域、艺术领域、冲突解决及社区服务等环节中都要渗透特定的品格，只有与品格息息相关的教学活动才能成为课程的内容。一个品格主题课程要持续一个月的时间，在这个月的时间里所有的教学活动并不是孤立的，而是相互联系的。一个品格习性的学习要经过长期、持续不断的渗透、学习、练习与实践才能产生良好的效果。集中时间的品格教学使品格更具深度，对于品格的理解也不仅仅限于幼儿生活的表面，而且能解决幼儿、家长存在的不良道德习惯和习性。

（三）教师的以身作则与引导示范是品格教育的重要原则

教师是儿童生活中不可替代的重要他人，对于儿童心理与人格发展有长期且深远的影响。教师以身作则，成为幼儿品格学习的楷模与示范。教师将以课程教学的方式用自身内化的知识与经验来影响幼儿的品格学习。教师通过不断省思与规划潜移默化地影响儿童后天品格的发展。

笔者从访谈中了解到 T 老师对品格教育有坚定的信念，她认为品格是一个人成败的关键。教师的品格教育信念是她坚持不懈进行品格教学的动力。很多新教师在实施品格主题教学时都会想到放弃，在课程的规划与实施阶段总会遇到很多问题和困难，只有那些对自身、对整合教学模式抱有信心的人才会最终收获品格教育的成功与喜悦。目前该幼儿园的品格教学是独立的课程，除此之外，品格教育也可通过融入其他课程来开展。在幼儿园未进行品格教学的时间里，这些有品格教学经验的教师对品格与道德的引导比其他教师更敏感、更有效。

T 老师因依个人的成长经验而形成教学意象，她尤为强调幼儿的潜在学习，强调以身作则，以身教、言教、境教为幼儿做好引导示范工作，师幼共同体验生活经验，了解彼此所处的情境，透过关怀、团结、和谐的班级氛围，在潜移默化中使幼儿的品格得以养成。T 老师非常重视结合日常生活中的事件进行随机弹性教学，认为唯有在真实的情境里，才能帮助幼儿切实解决生活中的问题，才能使知行合一得以实现。

（四）协同合作小组的自发性组建有利于个体经验的共享及个人反思，减轻教学负担

现行幼儿园教育领域中道德教育并未单独设科，多数教师采取融入其他领域课程的教学方式或随机教育的方式。除此之外，亦可由协同合作小组共同开发设

计单独的品格主题课程进行独立教学。教师借由协同合作小组进行教学经验的分享、讨论与互动，共同协商解决教学中存在的问题。协同合作小组的形式增强了教师自身的教学反思能力，使得品格教学的专业知识不断充实，专业素养不断提高。

（五）多样化的教学策略能够提升幼儿学习品格的成效与积极性

品格模式之所以备受信赖，是因为其强调学生全身心投入的学习方式。幼儿由于其所具备的身心特点，更需要教师运用多样化的、艺术化的方式进行引导与教导。在品格主题开展与实施过程中，通过故事的讲述帮助幼儿理解品格的深层含义，同时让幼儿说出自己的观点与想法，可通过品格小游戏及角色扮演为幼儿提供实践与服务的机会。服务提名策略通过鼓励赞美的方式表扬和肯定幼儿的良善行为，使其产生安全感与自信心，强化良好的美德习惯。夹心蛋糕策略旨在发展幼儿的发散性思维，营造幼儿自由、民主参与的氛围，增强团结合作能力，有利于幼儿创造力和凝聚力的发展。而冲突桥策略则有意让幼儿学会换位思考，学会移情，让幼儿学会站在不同的角度去思考问题，学会人与人之间交往的技巧和技能。

（六）幼儿园积极号召家长和社会成员全方位参与品格教育工作

确保品格教育卓越成效，必须以幼儿园、家庭及社区的广泛合作为基础。幼儿园品格教育应该积极争取家长和社区作为品格教育的合作伙伴。家庭和社区共同努力形成良好的道德氛围和有力的监督机制，监督幼儿与教师在实际生活中表现出良好的品格和美德。家庭和幼儿园要积极配合，为幼儿提供实践良好心灵的机会和条件。

构筑有效品格教育的关键是学校、家庭和社区三位一体的“道德共识”的形成。在我国，道德教育缺乏实效性的一个重要原因在于学校、家庭及社区三种重要场所之间缺乏有效合作，缺少道德共识①。因此，幼儿园的品格教育应当最大限度地争取家长和社区的支持，实现三者的互惠互利。幼儿园应该在争取社区的积极参与的基础上，同家长建立广泛、有效的联系，引导和指导家长参与幼儿品格的学习和习得过程，鼓励家长积极参与品格课程的开发和建构。

实施品格教育最早、最有影响力的场所是家庭，因此，幼儿园及教师应积极做好家长思想工作，提升家园合作的成效。家长虽普遍能认可品格教育的重要

① 罗迪. 美国品格教育特点及其启示［J］. 中山大学研究生学刊（社会科学版），2004（3）：135.

性，也十分支持幼儿园开展品格教学，但有些家长言行不一，给幼儿园的教学带来很大阻力。在进行品格教学之前，幼儿园应多做家长工作，让家长在思想上予以重视，并较好地配合完成家庭作业单、家长反馈表等。将教学计划书向家长公布，让家长了解教学的目标与进程，并能与教师配合协助在日常生活中监督孩子的行为表现。家长与幼儿园双管齐下，全面提高品格教育的成效。

积极争取家长在幼儿品格发展和幼儿园品格教育中的热情配合，有很多工作要做。首先，在幼儿初入学时，通过家长会和家长委员会向家长传达品格教育的重要性，争取与家长在幼儿品格教育观念、理念及课程教学上达成一致。其次，对家长进行价值观调查，了解和确认家长对自己孩子的品格培养的项目和内容。重视家长在幼儿园品格教育教材及课程开发方面的监督和评价作用，形成家园一致的教育要求和氛围。再次，积极鼓励家长在家庭里向孩子传授良好的品格，为家长在家庭中进行引导和监督提供一定的材料和资料，及时有效地巩固幼儿园品格教育的效果。最后，应当营造一种家园合作的氛围，使幼儿园和家长能够有效地解决价值观冲突，使幼儿园、家长和社区形成一致的价值观念。

第三部分

家庭中的学前儿童品格教育

第九章　学前儿童家庭品格教育的现状与改进建议

家之兴替，在礼义，不在富贵贫贱。

——［宋］陆九渊

优良的品格是一个人的灵魂，是做人的根本，幼儿时期是人生的起步阶段和品格形成的重要时期，这一时期的品格教育对人一生的发展有决定性影响。而家庭是儿童的第一个社会生活环境，是个体社会化最主要也最重要的场所，家长则是其首任教师。早期家庭品格教育是个体道德社会化的起点，是整个人生教育最基础、最重要的一环，对个人的成长具有现实意义。良好的家庭品格教育对促进年轻一代良好品德的形成和发展具有重要作用，特别是在教育已全面向纵深发展的今天，强调家庭品格教育在未成年人成长中的作用，更有其特殊而深远的意义。

本章通过对 Z 省 L 市 7 所幼儿园 100 名家长的问卷调查，了解家庭品格教育的状况，并探讨影响品格教育的家庭因素及家庭品格教育中存在的问题，尝试探讨家庭品格教育的指导策略，以为学前儿童品格教育的开展提供指导和支持。

一、家庭品格教育的意义与特点

（一）家庭品格教育的意义

“名副其实的教育，本质上就是品格教育。”① 这是马丁·布贝尔于 1939 年发表的一篇演讲词的开篇之句。虽然我们的传统教育一贯重视品格培育，在当代教育中国家也强调在中小学开展法治教育、道德教育、理想教育，但受应试教育体制的影响，很多学校一味重视知识教育，德育开展实际上是流于形式、走走过

① ［奥］布贝尔. 品格教育［C］//任钟印. 世界教育名著通览. 武汉：湖北教育出版社，1994：1314.

场。就家庭来说，多数家长关心的也只是孩子的学业，至于孩子怎么为人处世，怎么和人相处，家长往往关心得不够。也就是说，我们的教育在一定程度上只做到了“授业、解惑”，却忽视了“传道”这最为重要的一环。优良的品格是一个人的灵魂，是做人的根本，它比所谓的天赋、知识及分数都重要。如果说通过教学是把一个人变得聪明的话，那么品格教育就是再把这个人变得优秀。假如把孩子的人生旅途比作一艘航船的话，那么品格教育就是这艘航船的“指南针”和“方向盘”。因此，加强未成年人的品格教育应成为家庭、学校、社会共同关注的问题之一。

幼儿时期是人生的起步阶段和品格形成的重要时期，这一时期的品格教育对人一生的发展有决定性影响。而家庭是人一生中最早接受教育的地方，是个体社会化的起点和重要场所。蔡元培先生曾说：“家庭者，人生最初之学校也，一生之品性，所谓百变不离其宗者，大抵胚胎于家庭之中。”① “家庭教育在未成年人思想道德建设中具有特殊重要的作用”②，特别是在教育已全面向纵深发展的今天，强调家庭品格教育在未成年人成长中的作用，更有其特殊而深远的意义。2001 年中共中央印发的《公民道德建设实施纲要》指出：“家庭是人们接受道德教育最早的地方。高尚品德必须从小培养，从娃娃抓起，要在孩子懂事的时候，深入浅出地进行道德启蒙教育；要在孩子成长的过程中，循循善诱，以事明理，引导其分清是非，辨别善恶。要在家庭生活中，通过每个成员良好的言行举止，相互影响，共同提高，形成好的家风。”早期家庭品格教育是个体道德社会化的起点，直接影响到儿童道德品质的优劣，对其个人的成长具有现实意义，同时儿童作为我国公民的重要组成部分，是祖国未来的栋梁，良好的家庭品格教育对社会的进步和发展又具有长远意义。

（二）家庭品格教育的特点

家庭品格教育，是指父母或其他年长者在家庭里对儿童青少年形成有益于个人和社会的德性品质的培育、引导和熏陶，从而使他们形成相应的道德观念、道德情感和道德习惯，并使遵守这些道德规范和行为准则成为他们自觉的需要。

相对于学校品格教育和社会品格教育来说，家庭品格教育在儿童道德社会化方面，有其独有的特点和优势，可以概括为以下几个方面：

---

① 邓佐君. 家庭教育［M］. 福州：福建教育出版社，1995：20.

② 中共中央国务院关于进一步加强和改进未成年人思想道德建设的若干意见[EB/OL].(2004-03-23)[2021-05-09].https://www.gmw.cn/olgmrb/2004-03/23/content_7262.htm.

1. 情感性

家庭教育理论认为，在家庭教育中，教育者（父母）与受教育者（子女）有天然的血缘亲情关系和供养关系，教育者与受教育者更具有情感互动优势，因而更容易产生“教育共振”效应。由此可见，家庭品格教育在少年儿童德性品质形成过程中所起到的作用的全面性、权威性和及时性是不可低估的①。

2. 灵活性

家庭品格教育没有固定的模式，没有规定的教材，家长对儿童青少年的品格教育不受时间、地点、场合、条件的限制，遇物则诲，相机而教，利用一切可利用的机会对孩子进行教育，并可以因人而异，因时因地而异，采取灵活多变的方式。

3. 渗透性

家庭生活方面的各个因素，都会对孩子起潜移默化的渗透作用，成员之间的关系、文化氛围、生活习俗、家长的爱好、待人处世等都会耳濡目染地渗透到孩子心灵中去，特别是父母的思想言行对孩子的影响尤为深刻，正所谓“言传身教”。即使不太重视家庭品格教育的父母，对其子女的影响也是客观存在的。

4. 终生性

“家庭是孩子们永远眷恋，且永不停课的学校。”② 每个人从出生到终老，都离不开家庭。家庭品格教育不仅在人生的初始阶段给人以引导和培养，而且当儿童入学以后，甚至毕业进入社会以后，父母和家人仍然对他们的品格产生一定的影响。虽然家庭教育的作用在不同阶段不一样，但始终伴随着人的一生。家庭教育的终生性特点决定了家庭品格教育影响的深刻性。

5. 针对性

家长同儿童青少年之间的特殊关系，使得孩子有什么想法更愿向家长倾吐。孩子在自然状态下，少有戒心，因而思想作风、行为习惯表现得最真实、最充分。所以，与之朝夕相处的家长对孩子的品行、脾气摸得十分透彻，这为家长更有针对性地进行品格教育提供了条件。

6. 反复性

家庭品格教育往往寓于日常生活琐事之中，家庭生活日复一日年复一年地进行着，家庭生活中的琐事也不断地出现，品格教育就在这种重复和反复中不断地进行。而良好品格的养成，并非一朝一夕之功，不经过反复的训练和强化是难以

---

① 王凌皓. 中国教育史论［M］. 长春：吉林人民出版社，2000：155.

② 滕永华. 走出家教的误区［M］. 北京：地震出版社，1993：32.

形成习惯的。家庭品格教育反复性的特点正好适应了良好品格的养成需要反复练习、强化的需要。

7. 复杂性

家庭品格教育中担任教育者一职的往往不仅仅是一人，家庭成员之间对儿童青少年的品格教育要求不一致，经常陷入“教而无效，放而不忍”的困境，这就构成了家庭品格教育的复杂性。家庭品格教育成效受家长自身素质影响，而家长不是专业的教育者，素质有高有低，对儿童青少年品格的影响有积极面也有消极面，这也是其复杂性的另一方面体现。

二、学前儿童家庭品格教育状况

（一）家长对学前儿童品格教育的认识状况

1. 家长对儿童品格教育的重要性认识

观念是行为的先导，在某种意义上说教育理念决定教育行为，家长只有认同品格教育的重要性与必要性，儿童家庭品格教育的实施才成为可能，家长在品格价值上的倾向性，对子女品格发展具有重要的影响。那么，家长对儿童品格教育的重要性认识状况如何呢？

由图 9-1 可知，调查中大多数家长认同儿童品格教育的重要性，比例达 83.5%，且 50.5%的家长赞成儿童品格需特意培养。

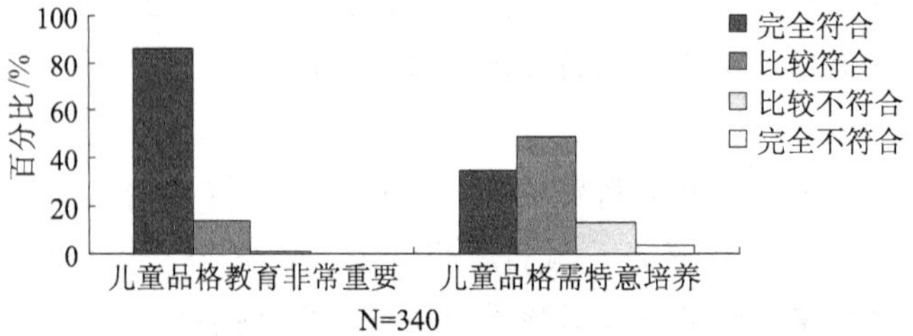

图 9-1　家长对儿童品格教育的重要认识

与以往在“重智轻德”方面调查结论有所不同的是，家长对孩子良好品格的关注与要求更高了，调查样本中只有 19.7%的家长认为“学习好”比“品德好”对孩子的发展更为重要，31.5%的家长担心孩子品格太好，在社会上会吃亏。研究者认为这与对象的年龄特点不无关系，学龄前儿童没有课业负担和升学压力，家长对幼儿的培养目标大多定位于良好习惯的养成，因此，对良好品格的培养比知识的掌握更为关注。而学龄儿童不停地经历考试、升学，家长在一次次成绩排名的强烈刺激下，在因一分之差与梦想大学失之交臂的外在压力下，往往对儿童的学习表现出更多的关心，在德育和智育的天平上，家长们的重心渐渐发生偏移，这也在一定程度上影响了家长对学习与品德的重要性排序结果。因此，幼儿期进行品格教育是极佳的时期，幼儿可塑性强，家长重视程度高，若能有意识地实施儿童家庭品格教育，成效会较显著。

2. 家长对家庭品格教育的评价

许多学者提出家庭教育存在普遍误区，诸如：重物质关心轻精神关怀，重智育轻德育，重言传轻身教，教育方法简单粗暴，缺少有效的道德教育手段，等等①。那么，家长自身对家庭品格教育的评价情况如何呢？

由图9-2得知，只有7.9%的家长对家庭品格教育非常满意，61.2%的家长对孩子在家庭中所受的品格教育是较为满意的，可见家长的自评与学者们的他评之间还存在一定差距。而对自己是否具备教导孩子发展良好品格的能力评估，结果是正负参半，50.6%的家长对自己的品格教育能力较为自信，仍有49.4%的家长对自己能否胜任品格教育职责缺乏信心，在实施家庭品格教育时感到无所适从。笔者的调查数据表明，高达96.8%的家长非常希望得到有关家庭品格教育的指导。也就是说，在家庭品格教育的指导方面，还有很多开展工作的空间，要提高家庭品格教育的成效，家长需要“外援”的指导。

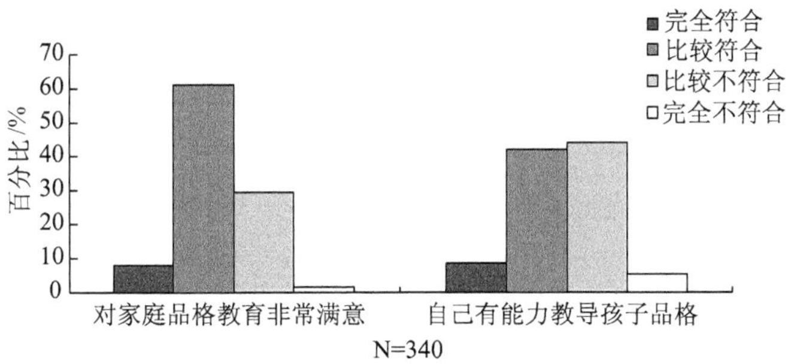

图9-2 家长对家庭品格教育的评价

3. 家长对品格核心价值的认识

好的品格是一种美德，这种美德是个人或群体所共同认定并遵守的价值规范，是人类优良的特质，品格教育的目的就是要启发这些良好的美德与情操，让幼儿能运用于日常生活之中并彻底实践。

里克纳认为，品格教育最重要的目的是教导孩子了解并建立其自身的核心价

① 赵惜群. 论家庭教育在未成年人思想道德建设中的误区及对策［J］. 理论月刊，2005（1）：148-149.

值，核心价值界定了个人在民主社会中应尽的责任与义务，保障应有的权利并肯定人类的尊严与价值。里克纳相当重视核心价值在品格教育中的作用与地位，他甚至断言，如不教给孩子核心价值概念，那么品格教育终将彻底失败。根据品格核心价值范畴的相关研究，我们从对自己、对他人、对社会、积极态度四个方面对家长进行了调查，调查结果如表 9-1 所示。

表 9-1　家长对品格教育核心价值的认识状况

范畴	核心价值	平均数	标准差	Z 分数	排序
对自己	诚信	0. 829	0. 377	2. 26	1
	认真	0. 453	0. 499	-0. 76	24
	勤奋	0. 579	0. 494	0. 26	10
	自律	0. 365	0. 482	-1. 47	30
	勇敢	0. 562	0. 497	0. 11	11
	自控力	0. 394	0. 489	-1. 23	28
	责任	0. 809	0. 394	2. 10	2
	知错就改	0. 517	0. 500	-0. 24	15
	自我反省	0. 391	0. 489	-1. 26	29
	吃苦耐劳	0. 482	0. 500	-0. 52	19
对他人	合作	0. 468	0. 500	-0. 64	22
	尊重	0. 682	0. 466	1. 08	6
	助人	0. 456	0. 499	-0. 74	23
	孝顺	0. 656	0. 476	0. 87	7
	分享	0. 441	0. 497	-0. 85	26
	宽宏大量	0. 482	0. 500	-0. 52	19
	团结协作	0. 523	0. 500	-0. 19	13
对社会	善良	0. 591	0. 492	0. 35	9
	感恩	0. 715	0. 452	1. 34	5
	正直	0. 506	0. 501	-0. 34	16
	文明礼貌	0. 635	0. 482	0. 70	8
	勤俭节约	0. 521	0. 500	-0. 22	14
	创造	0. 412	0. 493	-1. 09	27
	明辨是非	0. 497	0. 501	-0. 41	18
	持之以恒	0. 453	0. 499	-0. 76	24

续表

范畴	核心价值	平均数	标准差	Z 分数	排序
积极态度	自信	0.729	0.445	1.46	4
	乐观	0.735	0.442	1.51	3
	进取心	0.559	0.497	0.09	12
	乐思好学	0.482	0.500	-0.52	19
	挫折忍受力	0.503	0.501	-0.36	17

表 9-1 显示：

由根据 Z 分数进行排序所呈现的结果可知，家长最关注的是“积极态度”和“对自己”范畴的品格核心价值，“对他人”和“对社会”范畴的品格核心价值次之。由此显示，面对纷繁复杂的社会，家长一方面希望孩子能够保有积极上进的人生态度面对激烈竞争，一方面要从心出发培养良好品格，心性的改变会带动行为模式，品格教育要由内而外地养成，只有将品格教育的核心价值深植儿童的内心，才能使之扩展于儿童外显行为之中，即成于中形于外，而后才能以美好的行为与人相处，行有余力则关怀社会，这一点和我国传统修身、齐家、治国、平天下的思维不谋而合，也和西方传统有美好的自我才能成就大我是一样的道理。

进一步看，家长认为 21 世纪的孩子最需要培养的良好品格，位列前三的分别是诚信、责任和乐观，文献资料显示，诚信与责任是古今中外学者共同重视的品格核心价值，可见这两样品格具有其普世性。列居前十位的还有自信、感恩、尊重、孝顺、文明礼貌、善良、勤奋，其次依序为勇敢、进取心、团结协作、勤俭节约、知错就改、正直、挫折忍受力、明辨是非、吃苦耐劳、宽宏大量、乐思好学、合作、助人、持之以恒、认真、分享、创造、自控力、自我反省、自律。

诚信列居榜首，被奉为家长最期盼儿童拥有的品格，这与李佳莹的调查结果完全一致，也与黄希庭主持的原国家教委博士点基金项目“当代中国青年的价值观”课题调查结果相一致，260 名大学生道德目标价值观中“最有价值”的十个项目中诚实位列榜首①。因为在中国传统的教育价值观中，诚实作为一种美德被提倡和宣扬由来已久，“人而无信，不知其可也”、“民无信不立”，以此来要求后代的言行，我们从小听着《狼来了》的故事长大，因此，家长都能意识到不能纵容儿童撒谎习惯的养成，并把培养子女诚信的品德作为家庭教育的重要任

① 黄希庭．当代中国青年价值观与教育［M］．成都：四川教育出版社，1994：165.

务。而乐观品格位居第三，足见家长面对当今社会激烈竞争的空前压力，对年轻一代越来越多出现心理问题与过激行为的担忧，以及对子女有良好心态以应对纷繁复杂问题的殷切期盼。

感恩和孝顺的排序分别为第五和第七，显现中国传统的思维仍受重视，孝顺父母才能友爱兄弟，进而才能与人和睦相处，感恩惜福，才能与人为善，感谢社会，才能关怀他人、服务社会，所以感恩和孝顺这两种品格核心价值是大家所普遍认同的。

自控力、自我反省和自律排在最后三位，这是由幼儿年龄特点决定的，4~7 岁的幼儿，正处于皮亚杰道德认知发展阶段的无律阶段——他律阶段，以及科尔伯格道德发展论的道德成规前期，此时期儿童道德意识尚未成熟，不能做自主的道德判断，只是被动遵守规范，道德行为的引发是有条件的、被动的、外铄的。因此，对于年幼儿童而言，通过自律内省的方式养成良好品格要求过高，但随着年龄的增长，道德认知发展为他律阶段——自律阶段，家长对儿童内省的要求会越来越高。

（二）学前儿童家长实施品格教育的现状

1. 家庭品格教育的影响因素

任何一个人，从他呱呱坠地的那一刻起，就受社会环境的影响，经历了一个由生物性的“自然人”到社会性的“社会人”的深刻转变，这个转变过程被称为个体的社会化，个体社会化是多种环境因素作用的结果。品格是人在社会环境与教育影响下通过自己的道德实践逐渐形成的，儿童品格的养成也受到多种环境因素的交互作用。

（1）家长对影响儿童品格形成环境因素的认识（见表 9-2）

表 9-2　家长对影响儿童品格形成环境因素的认识

问题	影响因素	平均数	标准差	Z 分数	排序
您认为孩子的价值观受谁的影响最大？	（1）家长	0.847	0.360	1.47	1
	（2）同伴	0.556	0.498	0.59	3
	（3）老师	0.797	0.403	1.32	2
	（4）电视媒体	0.300	0.459	−0.19	4
	（5）网络	0.109	0.312	−0.76	6
	（6）书	0.200	0.401	−0.49	5
	（7）公众人物	0.068	0.252	−0.89	7
	（8）其他	0.015	0.121	−1.05	8

表9-2显示：

由根据Z分数进行排序所呈现的结果可知，家长认为影响孩子品格形成的因素中，排在最前列的是家长和老师，其次为同伴和电视媒体，而网络、书、公众人物对幼儿品格的影响力比前些因素都小。形成这样的排序与学龄前儿童的特点有密切关系，幼儿受其年龄特点、认知水平、生活经验等方面的局限，接触网络、书籍的频率不高，也较少关注社会上的公众人物，因此，网络、书、公众人物对幼儿品格的影响力比其他因素都小。

在幼儿的世界里，与之朝夕相处接触频繁的是家长与老师，而且家长与老师在幼儿心目中的权威性是毋庸置疑的，因此，无论是有意识地培养，还是潜移默化地影响，家长与老师都是影响儿童品格形成的最重要因素。儿童目睹成人如何生活，如何与他人相处，会慢慢累积成人所给予的身教，所以老师和家长是孩子生命中重要的典范，必须以身作则，成为良好品格的示范。正所谓“近朱者赤、近墨者黑”，幼儿好模仿的特点，决定了同伴和电视媒体对儿童品格形成的一定影响力，幼儿普遍有观看卡通节目的习惯，而家长对节目内容的评价正负面皆有。

（2）家长对影响家庭品格教育成效因素的认识

造成家庭品格教育困境的影响因素有两大方面：其一是内因，即家庭自身的影响因素，包括不知道怎么教、难以持之以恒、想法与行动有差距、小孩不听、没时间和精力、家人教育意见不一致、监管人自身的品格缺陷等因素；其二是外因，即家庭外的影响因素，包括电视媒体不良示范、社会乱象干扰、学校和教育当局不重视、重智轻德的高考教育体制、公众人物的不良示范等因素。家庭品格教育成效的影响因素的调查结果见表9-3。

表9-3 家庭品格教育成效的影响因素

影响因素		平均数	标准差	Z分数	排序
家庭内因素	（1）不知道怎么教	0.432	0.496	0.44	3
	（2）难以持之以恒	0.485	0.501	0.70	1
	（3）想法与行动有差距	0.485	0.501	0.70	1
	（4）小孩不听	0.359	0.480	0.08	4
	（5）没时间和精力	0.321	0.467	-0.11	5
	（6）家人教育意见不一致	0.238	0.427	-0.51	6
	（7）监管人自身的品格缺陷	0.094	0.292	-1.21	7
	（8）其他	0.009	0.094	-1.63	8

续表

影响因素		平均数	标准差	Z 分数	排序
家庭外因素	（1）电视媒体不良示范	0.724	0.448	1.86	1
	（2）社会乱象干扰	0.553	0.498	1.03	2
	（3）学校、教育当局不重视	0.371	0.484	0.14	4
	（4）重智轻德的高考教育体制	0.444	0.498	0.50	3
	（5）公众人物的不良示范	0.262	0.440	−0.40	5
	（6）其他	0.021	0.142	−1.57	6

表 9-3 显示：

由根据 Z 分数进行排序所呈现的结果可知，制约家长教导幼儿品格成效的家庭内因素中，排列前三的分别是难以持之以恒、想法与行动有差距、不知道怎么教，而监管人自身的品格缺陷对儿童品格教育成效的影响排在最后。由此不难看出，家长在认同品格教育重要性与积极意义的理念下，“非常有心”对儿童进行良好品格的教导，“然心有余而力不足”，尽管能首先做到以身作则来正面影响儿童，但因为对品格教育的实施缺乏策略与方式，所以，造成家庭品格教育的最大内在困扰，调查中有 86.8%的家长迫切希望得到家庭品格教育方面的系统专业的培训与指导。由此可见，为提高儿童品格教育的实效性，有关方面加强对家庭品格教育的针对性指导是非常必要的。

在家庭外因素中，电视媒体的不良示范、社会乱象的干扰、重智轻德的高考教育体制成为家长教育孩子良好品格的最大障碍。中国儿童中心组织进行的中国少年儿童素质状况调查表明，城市儿童周一到周五平均每天看电视 57.8 分钟，周末则时间更长。发挥电视媒体优势促进儿童健康成长本无可厚非，但并不是所有的电视节目都适合他们观看。缺乏辨别力和判断力的儿童，会对电视所提供的貌似“真实”的情境完全接受而不加选择地模仿。“现在的电视节目适宜孩子观看的实在是太少了，动画片针对的群体本是少年儿童，可现在动画片里充斥着暴力、爱情、金钱等，像《奥特曼》《蜡笔小新》对孩子影响很坏。”A 家长的话具有一定的代表性。因此，家长采取必要的干预手段，控制和帮助孩子有选择而又适度地观看电视，并指导他们正确理解电视内容，以及全社会共同营造有利于品格塑造的良好环境，对教导幼儿品格意义深远。

家长们对社会现实也存在颇多的无奈，间接影响家长及孩子的价值观、成才观。“现在的社会上，孩子们的攀比风气也比较严重，谁的妈妈在烟草公司上班，一年挣二十几万，谁家住复式房子，孩子们都了解得清清楚楚。我侄子在××小学寄宿，每周五他爸爸开着 QQ 汽车去接，后来他叫爸爸不要去学校接他，原因是同学都是奥迪、宝马接送，最差也是马自达，爸爸的 QQ 汽车太丢人了。”“分，分，学生的命根，这句话一点不假，重点中学的入学考、择校考、高考，哪个不是靠分数说话，一个学生的品格表现再好，只要分数线不达标，也是吃闭门羹的结局。”……

一方面，家长存在对实施品格教育的“无措感”，另一方面，家长存在对改变家庭外影响因素的“无奈感”，因此，家长最期望提供品格教养协助的对象为幼儿老师。调查结果显示，83.5%的家长希望家园多联系，亲师多沟通，老师能结合孩子的品格行为，给出有针对性的培养建议。他们认为，老师对儿童、家长的了解，使得老师对家庭品格教育的指导最有针对性，也最富实效性。同时，老师对儿童具有特殊的影响力，有 82.4%的家长认为老师对孩子实施品格教育的成效高于家长的实施成效，正如 A 家长所说的“老师一句话胜过家长十句话”，所以家长对幼儿园增设品格教育课程的呼声非常高。调查中 95%的家长希望幼儿园能相应地增设品格教育课程，通过家园合作，双管齐下，提高儿童品格教育的成效。因此，幼儿园在儿童品格教育中所扮演的角色与必须承担的责任，是幼儿园全体教师应该深思的。

2. 家庭品格教育的策略

美国伦理与幼儿品格促进中心（Center for the Advancement of Ethics and Character）提供幼儿品格教育全方位的实施方法，称为幼儿品格教育之六 E（six E's of character education）。（1）示范：身教。（2）解说：言教，借由道德对话，使幼儿更加了解品德的本质与精神。（3）规劝：幼儿难免会遭受挫折或面对选择出现彷徨，幼儿品格教育则可发挥规劝进而引导的功效。（4）校风或伦理环境：境教，以营造整体道德气氛来形塑幼儿品格。（5）经验：做中学。（6）追求卓越：设定目标努力以赴，使幼儿能知善、爱善、行善并止于至善。何丽君和陈正祥提出“五教”，指的是言教、身教、境教、动教和制教。刘春琼和杨韶刚提出八种品格教育策略：尊重儿童、积极引导、提出要求、教养和支持、帮助理解、为儿童做出榜样、帮助儿童管理情感、民主教育。约翰·坦普里顿基金会资助的一项研究“品格教育中发挥作用的主要因素是什么?”的研究结论是，可通过以下方式有效促进学生的品格发展：（1）对学生的尊重和关爱；（2）积极的角色榜样；（3）给学生发挥自主性和影响力的机会；（4）积极思考、争论与合作的机会；（5）使命和标准；（6）提供社会技能训练；（7）提供参与社会道德的机会；（8）父母和社区的参与。夸美纽斯在《母育学校》中专门针对家庭道德教育发表了看法，他认为：有什么样的播种，就会有什么样的收获；成长时若未受过管教，长大就会缺乏德行。夸美纽斯提出了以下管教措施：示范、教导及告诫、惩罚。洛克在《教育漫话》一书中，对德行的培养提出以下主张：注重早期教育，反对溺爱，慎用体罚和训斥。

综合上述品格文献，研究者从典范学习、环境塑造、做中学三个方面提出品格教育的实施策略。那么，幼儿家长实施品格教育的策略状况如何呢？调查结果如表 9-4 所示。

表 9-4　家长实施品格教育的策略

策略		平均数	标准差	Z 分数	排序
典范学习	自己言行做好表率	0.753	0.432	1.76	1
	榜样力量（生活、故事、影视作品中的典型）	0.438	0.497	0.37	5
	名言警句，了解公认的美德	0.118	0.323	−1.05	13
环境塑造	鼓励法、奖励法、激励法	0.600	0.491	1.08	3
	遇事随机教育，讲道理	0.744	0.437	1.72	2
	一定的惩罚措施	0.315	0.465	−0.18	8
	直接灌输哪些事能做、哪些事不能做	0.297	0.458	−0.26	9
	严厉制止不当行为，引导纠正	0.450	0.498	0.42	4
	换位思考	0.376	0.485	0.09	6
做中学	有目标地加以训练	0.138	0.346	−0.96	12
	多创设实践的机会	0.226	0.419	−0.57	10
	在游戏中进行教育	0.324	0.475	−0.14	7
	当孩子有求于家长时，家长提出交换的条件	0.191	0.394	−0.73	11
	其他	0.006	0.077	−1.55	14

表 9-4 显示：

由根据 Z 分数进行排序所呈现的结果可知，家庭品格教育的实施策略中“环境塑造”最为常用，“典范学习”次之，最后为“做中学”。由此显示出品格教育的实施方式是由环境来塑造儿童，进而以典范来进行楷模学习，最后再通过做中学的实践方式来获得品格，形成经验的累积。

进一步看，家长最常用以身作则的方式来教养幼儿品格，其次为遇事随机教育和使用鼓励、奖励等正面强化的教育策略，而名言警句、条件交换、有目标的训练和注重实践的品格教育策略的使用频率普遍不高。“孩子模仿能力很强，不管好坏都会学，所以我和他爸爸在孩子面前都比较注意自己的言行。”“孩子本身的道德认识已很高，他心里清楚怎么做是对怎么做是错，只是不一定能付诸行动，因此遇到具体事情时再进行随机教育效果才好。”“小孩嘛，都喜欢听好话，如果儿子不跟小朋友抢玩具，我就说儿子很能干，会谦让，老师知道了肯定会奖励大苹果哦，这招很奏效的。”“很少会惩罚，顶多批评两句，家里就一个宝贝，我舍得动粗，爷爷奶奶也不肯呀，还是引导为主。”由此可见，家庭品格教育的实施策略侧重于榜样的影响作用和对幼儿行为结果的强化作用，家长期望在潜移默化中，让儿童获得熏陶而改变品格特质。

3. 家长获取品格教育讯息、提升品格教育能力的方式

随着社会的进步和教育的普及，重视对子女的教育已经成为家长的共识，许多家长主动学习家庭教育知识，提高自身育人素质。那么，家长获取品格教育讯息、提升品格教育能力的现况如何？调查结果见表 9-5。

表 9-5 家长获取品格教育讯息、提升品格教育能力的方式

获取品格教育讯息、提升品格教育能力的方式	平均数	标准差	Z 分数	排序
（1）阅读相关的书籍、报纸、杂志	0.709	0.455	1.50	1
（2）上网查阅相关信息、资料	0.459	0.499	0.51	4
（3）实践中摸索、总结	0.482	0.500	0.60	3
（4）老师指导，学校培训	0.356	0.479	0.09	5
（5）同事间、朋友间的交流	0.709	0.455	1.50	1
（6）听讲座	0.147	0.355	−0.74	8
（7）咨询专家	0.103	0.304	−0.92	9
（8）电视宣传	0.165	0.371	−0.67	7
（9）长辈的传承	0.185	0.389	−0.59	6
（10）其他	0.009	0.094	−1.29	10

表 9-5 显示：

由根据 Z 分数进行排序所呈现的结果可知，父母获取教养品格讯息、提升品格教育能力的方式，主要是阅读相关书籍、报纸、杂志和同事间或朋友间的交流，占比高达 70.9%，其次为从实践摸索、网上资料和幼儿园的指导培训中而来，而通过专家、讲座、电视宣传的途径提升教养能力的所占比例最小。“平时都是同事和朋友间交流得多，我们班有个 QQ 群，这个平台很好，大家虽然很少见面，但经常会在群里互相传授经验。”“听家教讲座的机会很少，两年前听过

知心姐姐卢勤的一次讲座，收获很大，热血沸腾，当场买了好几本书回家学习。”“现在任何一个职业都需要上岗前培训，而且要取得上岗证，只有家长职业没有岗前培训，我们很需要有人指点迷津。”由此可见，家庭品格教育能力的提升方式以自学、自悟为主，而“他教”极少，这与家长渴求获得“外援”加强家庭品格教育方面系统专业的培训与指导，形成极大的矛盾，也就是说，要改善家庭品格教育的状况，适时构建指导家长有效实施家庭品格教育的体系和渠道，应成为全社会各界所共同关心的重大问题。

（三）家长对儿童实施品格教育的成效状况

儿童品格行为的表现水平，从一个侧面反映出家庭品格教育的成效，因此，本部分旨在分析利用《家庭品格教育成效量表》所获取的数据，探讨并反思家庭品格教育的成效。对 340 个儿童品格表现样本进行聚类分析，结果如图 9-3 所示。

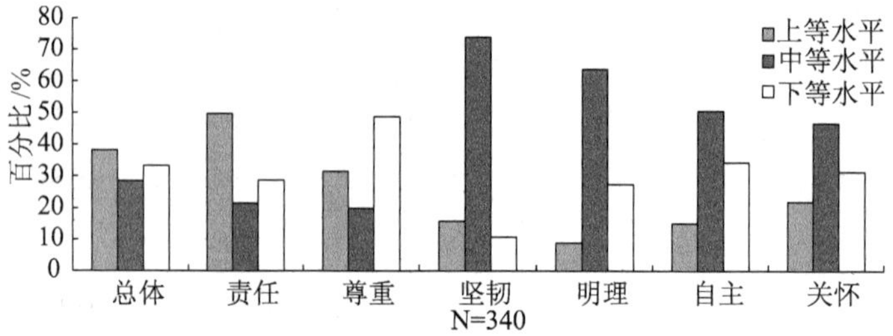

图 9-3 儿童品格行为的表现水平

由图 9-3 得知：

总体而言，品格表现处于上等水平的儿童占 38.2%，品格表现处于中等和下等水平的儿童分别占 28.5%和 33.3%，揭示出在总体水平上，幼儿品格表现属于好、中、差的样本数基本处于平分秋色的局面，有 61.8%幼儿的品格表现仍差强人意，或者说这部分幼儿的家庭品格教育的成效不尽如人意，需要从家庭品格教育的诸多相关因素入手加强改进。

进一步看，在六大品格因子中，责任是教育成效最理想的层面，责任层面品格表现处于上等、中等和下等水平的儿童，分别占 49.7%、21.5%和 28.8%，将其与总体水平相比较，不难看出，责任层面幼儿品格表现属于好的样本数远远高于总体水平属于好的样本数，而责任层面幼儿品格表现属于中、差的样本数均明显低于总体水平属于中、差的样本数。在各等次的样本群中，责任层面的表现水平均优于总体表现水平。分析其原因，这与家长对责任品格的认同度与重视度不无关系，观念是行为的先导，在“家长认为21世纪的孩子最需要培养的良好品格”的调查中，“责任”名列前茅，正是因为家长对责任品格核心价值高度认同，并彻底实践于对幼儿的日常教导中，才取得幼儿在责任层面品格表现的显著成效。这也提示我们，要塑造幼儿良好的美德与情操，承担家庭教育主体责任的家长应高度重视核心价值在品格教育中的作用与地位，并有意识地将之外化于具体的教育行为中。

尊重是教育成效最不均衡的层面，也是教育成效最不理想的层面。从数据上看，尊重层面品格表现处于上等、中等和下等水平的儿童，分别占31.5%、19.7%和48.8%，尊重品格表现属于好、差的样本群呈现出严重两极分化的局面，体现出家庭在尊重层面的品格教育成效非常不均衡。而且尊重品格表现差强人意的样本数高达48.8%，其比例接近一半的儿童数，“遇到熟人主动打招呼，经常使用到‘请’‘谢谢’‘对不起’之类的礼貌用语”这一最基本的尊重行为，却存在如此不可思议的负面结论，值得每个家庭深思。是教育者的疏忽，抑或是教育行为的无效？这值得每个家长去反思。

坚韧、明理、自主、关怀层面品格表现处于上等水平的儿童，分别占15.6%、8.8%、15%和21.8%，处于中等水平的儿童分别占73.8%、63.8%、50.6%和46.8%。可见坚韧、明理、自主、关怀层面的儿童品格表现大多数处于中等发展水平，而如家长所愿形成好的品格表现的儿童所占比例均不高，均远远低于总体水平属于好的样本数，有待家长进一步加强培养。之所以呈现出这样的态势，究其原因与儿童的年龄特点有关，4~7岁的儿童，正处于从他律到自律、从利己到利他的发展阶段，此时期儿童道德意识尚未成熟，不能做自主的道德判断，易出现认知与行为脱节的情况。若家长有目的地对儿童欠缺的品格进行有针对性的品格教育，对儿童良好品格的形成更为有利。

【小结】

本研究对Z省L市城乡7所幼儿园的100名家长进行问卷调查，得出以下结论：

（1）家长普遍认同有目的地对幼儿实施品格教育，但家长自身缺乏信心与有效的行动策略，希望得到专业指导与培训，期盼幼儿园能开设品格教育课程。

调查中有99.7%的家长认同幼儿期进行品格教育的重要性，83.5%的家长赞同有目的地开展儿童品格教育的必要性。49.4%的家长对自己能否胜任品格教育职责缺乏信心，在实施家庭品格教育时感到无所适从。高达86.8%的家长迫切希望得到有关家庭品格教育方面的专业指导与培训。家长最希望得到幼儿园老师的协助，并殷切期盼幼儿园能开设品格教育课程。

（2）家长认为，21世纪的孩子最需要培养的良好品格主要有诚信、责任、乐观、自信、感恩等。

家长对重要儿童品格教育核心价值的排序显示为，最关注“积极态度”和“对自己”范畴的品格核心价值，“对他人”和“对社会”范畴的品格核心价值次之。家长认为21世纪的孩子最需要培养的良好品格，位列榜首的是诚信，占总数的82.9%，位列第二、第三的分别是责任、乐观，分别占80.9%和73.5%，列居前十位的还有自信、感恩、尊重、孝顺、文明礼貌、善良、勤奋，而自控力、自我反省和自律排在最后，仅占总数的39.4%、39.1%和36.5%。

（3）在家庭实施品格教育的影响因素方面，家长认为家长和教师对幼儿品格形成的影响最大，缺乏有效的品格教育策略及想法与行动的差距，以及媒体的不良示范是制约品格教育成效的重要因素。

家长认为影响儿童价值观的因素中，排在最前列的是家长和老师，分别占总数的84.7%和79.7%，其次为同伴和电视媒体，而网络、书籍、公众人物对幼儿品格的影响力比前些因素都小，仅分别占总数的10.9%、20%和6.8%。制约家长教导幼儿品格成效的家庭内因素中，排列前三的分别是不知道怎么教、难以持之以恒、想法与行动有差距，而监管人自身的品格缺陷对儿童品格教育成效的影响排在最后。在家庭外因素中，电视媒体的不良示范、社会乱象的干扰、重智轻德的高考教育体制成为家长教育孩子良好品格的最大障碍。

（4）家庭品格教育的实施策略中“环境塑造”最为常用，“典范学习”次之，最后为“做中学”。家庭品格教育的实施策略侧重于榜样的影响作用和对幼儿行为结果的强化作用，75.3%的家长采用自己言行做好表率的品格教育策略，74.4%的家长采用遇事随机教育策略，60%的家长使用鼓励、奖励等正面强化的教育策略，而名言警句、条件交换、有目标的训练和注重实践的品格教育策略的使用频率普遍不高，分别占总数的11.8%、19.1%、13.8%和22.6%。

（5）家庭品格教育能力的提升方式以自学、自悟为主，而“他教”极少，70.9%的家长通过阅读相关书籍杂志和同事或朋友间交流的渠道，其次为从实践摸索、网上资料和幼儿园的指导培训中而来，而通过专家、讲座、电视宣传的途径提升教养能力的所占比例最小，仅分别占总数的10.3%、14.7%和16.5%。

（6）家长对不同性别儿童的家庭品格教育、不同家庭结构的家庭儿童品格教育均不存在显著性差异。家长对中大班儿童的品格教育成效显著优于小班儿童。对非独生子女的家庭品格教育在价值认识、教育成效方面均显著优于独生子女。母亲对儿童品格教育的成效显著优于祖辈。相处愉快、互相关心的家庭氛围在儿童品格教育的价值认识方面，显著优于相处平和、关心不够的家庭。不同受教育程度的家长对儿童品格教育存在显著性差异，相比较而言，高教育程度家长优于低教育程度家长。不同家庭教育方式的家庭品格教育存在显著性差异，相比较而言，民主型的教育方式优于溺爱型、权威型和放任型，是家庭品格教育最理想的一种教育方式。

可见，家长的良好的文化素养、民主型教育方式、相处愉快互相关心的家庭氛围对家庭品格教育的实现有积极的影响作用。

（7）责任层面的教育成效最理想，礼貌层面的教育成效最不均衡，也最不理想，坚韧、明理、自主、关怀层面的儿童品格表现大多数处于中等发展水平。家长在了解儿童品格表现优劣处的基础上，有目的地对儿童欠缺的品格进行有针对性的品格教育，对儿童良好品格的形成更为有利，成效更为显著。

三、不同背景变项家庭品格教育的差异情形

本部分旨在探讨儿童性别、年龄段、子女数，以及家长的受教育程度、家庭角色、家庭结构、教育方式、家庭氛围等变项中，家庭品格教育在认识、实施和成效方面的差异情形，现将研究结果分述如下。

（一）家长对不同性别儿童实施品格教育效果的差异性

首先按儿童性别将家长分为两组，使用独立双样本 T 检验的方法，考察家长对不同性别儿童的品格教育有无明显差异，T 检验的结果如表 9-6 所示。

表 9-6　家长对不同性别儿童的品格教育的差异性

检验变量	儿童性别	N	平均值	标准差	T
认识	（1）男	161	57.55	5.148	1.142
	（2）女	179	56.91	5.287	
实施	（1）男	161	39.60	15.180	1.128
	（2）女	179	37.77	14.737	
成效	（1）男	161	91.58	12.188	−0.357
	（2）女	179	92.06	12.432	

df=(338).

表 9-6 显示，家长对不同性别儿童的品格教育不存在显著差异。研究结论表示，无论是养育男孩还是女孩，家长对不同性别儿童的品格教育均无不同，均希

望其孩子有良好的品格，这也说明现如今男女平等的观念已深入人心，家长对男孩女孩的教育都一视同仁。

（二）家长对不同年龄段儿童实施品格教育的差异性

按儿童所处的年龄段将家长分为四组，考察家长对不同年龄段儿童的品格教育有无明显差异，F 检验的结果如表 9-7 所示。

表 9-7　家长对不同年龄段儿童的品格教育的差异性

检验变量	儿童年龄段	N	平均值	标准差	F	LSD 检验结果
认识	（1）托班	36	56.42	5.552	0.481	
	（2）小班	107	57.60	4.931		
	（3）中班	109	57.15	5.201		
	（4）大班	88	57.15	5.201		
实施	（1）托班	36	39.17	13.597	0.715	
	（2）小班	107	36.89	13.471		
	（3）中班	109	39.59	17.196		
	（4）大班	88	39.35	14.260		
成效	（1）托班	36	92.03	10.798	5.665***	（3）（4）优于（2）
	（2）小班	107	88.01	11.083		
	（3）中班	109	93.27	12.776		
	（4）大班	88	94.61	12.302		

df=(3,336)　$*p<0.05$. $**p<0.01$. $***p<0.001$.

由表 9-7 可知，家长对不同年龄段儿童的品格教育存在显著性差异，表现为在教育成效方面，中大班儿童优于小班儿童。研究者认为这与幼儿园教育的作用和儿童心理发展水平有很大关系。首先，随着年龄的增长，教育对孩子行为的影响也随之增强；其次，儿童心理程度随年龄增长愈趋成熟，道德认知水平也逐渐提高，能以一定标准来判断是非，继而决定自己的行为；再者，幼儿的行为大多数是通过模仿习得的，年龄越大，模仿机会越多，而且随着生活范围的扩大和交往经验的增多，幼儿能识别更多信号。因此，年长儿童的品格教育成效优于年幼儿童。

（三）独生子女与非独生子女的家庭品格教育的差异性

目前，我国独生子女数量猛增，但非独生子女仍客观存在，阿德勒认为“出生顺序的差别会形成一个人对生活的不同看法和不同的人格，例如，长子往往是权力欲望的幻想者，老二往往是竞争者、超越者，排中间者通常是被压迫者或协调者，幺子则往往是特立独行者或失败者，而独子则常常是权力的追求者”①。那么，独生子女与非独生子女的家庭品格教育是否存在差异呢？调查结果如表 9-8 所示。

表 9-8　独生子女与非独生子女的家庭品格教育的差异性

检验变量	是否独生	N	平均值	标准差	T	LSD 检验结果
认识	（1）独生子女	256	57.77	5.101	3.493**	（2）>（1）
	（2）非独生子女	84	55.51	5.256		
实施	（1）独生子女	256	39.39	14.496	1.645	
	（2）非独生子女	84	36.31	16.143		
成效	（1）独生子女	256	92.70	12.157	2.301*	（2）>（1）
	（2）非独生子女	84	89.17	12.428		

df=(338)　* $p<0.05$. ** $p<0.01$.

表 9-8 显示，独生子女与非独生子女的家庭品格教育存在显著差异，表现为在认识和成效方面，非独生子女优于独生子女。本次调查中，由于非独生子女样本数不大，因此，未做进一步的不同排行子女的家庭品格教育差异分析，有待同行们进一步研究。

独生子女问题早已成为社会关注焦点，相关研究也颇多。国外早在 19 世纪末就展开了对独生子女及其教育的研究，研究主要有两派不同的观点和结论。一派强调独生子女的消极方面和弱点，认为独生子女是天生的“问题儿童”，并系统地列出独生子女的特异性，对独生子女的个性、成长持悲观态度。美国心理学家霍尔就说过：“是独生子女，仅这一客观事实本身，就是一种疾病。”② 另一派则强调独生子女的积极方面，认为独生子女是天生的“优等儿童”，独生子女一切都优于非独生子女。我国有关独生子女的研究结果不尽相同，多数研究发现独生子女问题较多，许多方面不如非独生子女。有研究认为，独生子女较非独生子

---

① ［奥］阿尔弗雷德·阿德勒．儿童的人格教育［M］．彭正梅，彭莉莉，译．上海：上海人民出版社，2006：13.

② 赵忠心．家庭教育学：教育子女的科学与艺术［M］．北京：人民教育出版社，1994：31.

女的学习和道德行为习惯普遍为差①。但是近年来，随着人们研究的深入化、科学化，人们发现独生子女和非独生子女相比较，在德、智、体方面的情况没有显著差异②。目前人们基本认识到：独生子女绝不是"问题儿童"，也不是"优等儿童"，而是"普通儿童"。他们不必然表现为任性、自私、不合群等，独生子女与非独生子女各有发展上的优势。独生子女所存在诸多的"问题"或诸多的"优点"并非来自独生子女本身的"特异性"，而是由他们的"独生"环境及父母的特殊教育造成的。"独生子女存在的问题从客观方面来讲是家庭缺乏特定的教育因素（无兄弟姐妹），从主观方面来讲是家庭双亲的教养态度教育方式上的错误。"③ 家庭教育者可以为儿童，尤其是年幼的儿童提供与同辈群体交往的机会来弥补兄弟姐妹环境的作用。而且，随着儿童入园、入校，独生子女由于缺少天然的交往网络在道德人格上可能存在的缺点，就会因为同学和同龄伙伴所构成的社会性人际交往网络变大而逐渐消失。

因此，独生子女的家庭对独生子女社会化发展既有有利的一面，又有不利的一面。独生子女存在的种种问题并非来自独生子女本身，家庭教育者的教育素养才是独生子女同时也是非独生子女良好品格素养形成的关键因素。所以，家庭教育中应有的放矢地发挥独生子女教育的优势，尽量避免独生子女教育的消极面，从而促进儿童更好地发展良好品格。

（四）不同家庭成员对儿童品格教育的差异性

家庭是一个共同体，家庭成员之间互相影响，每一位家庭成员都不同程度地行使对儿童的家庭教育，为了验证不同家庭成员对儿童品格教育是否存在显著性差异，现将研究样本按照家长角色分为三组，F 检验的结果如表 9-9 所示。

表 9-9　不同家庭成员对儿童品格教育的差异性

检验变量	家长角色	N	平均值	标准差	F	LSD 检验结果
认识	（1）父亲	92	57.21	4.630	1.198	
	（2）母亲	209	57.44	5.512		
	（3）祖辈及亲友	39	56.03	4.907		

① 高志方. 试论独生子女的社会化［J］. 教育研究，1981（6）：11.

② 赵忠心. 家庭教育学：教育子女的科学与艺术［M］. 北京：人民教育出版社，1994：332.

③ ［日］山下俊郎. 独生子女的心理和教育［M］. 骆为龙，陈耐轩，译. 上海：上海教育出版社，1982：74.

续表

检验变量	家长角色	N	平均值	标准差	F	LSD 检验结果
实施	（1）父亲	92	39.41	16.223	0.266	
	（2）母亲	209	38.52	14.069		
	（3）祖辈及亲友	39	37.38	16.682		
成效	（1）父亲	92	91.58	10.724	3.145*	（2）>（3）
	（2）母亲	209	92.76	12.734		
	（3）祖辈及亲友	39	87.44	12.742		

df=(3,336)　* $p<0.05$.

由表 9-9 得知，不同家庭成员对儿童品格教育存在显著性差异，表现为在教育成效方面，母亲优于祖辈。这一结论值得每一个把家庭教育责任转嫁于孩子祖辈的为人父母者重视与深思。

《中国新闻周刊》2004 年报道，一项关于“隔代教养”的全国范围调查结果显示：中国近一半孩子是跟着爷爷奶奶、外公外婆长大的，中国是现今世界上为数不多普遍存在“隔代教养”的国家。虽然我们不能否认祖辈家长在家庭教育中有其特有的优势，比如祖辈家长有爱心，没有工作的压力，时间和精力充裕，丰富的人生阅历使他们具有抚养孩子和教育孩子的实践经验，孩子由祖辈教养，年轻父母得以解除后顾之忧，专心致力于事业和工作等。然而，由于祖辈在生理和心理上必然带有老年人的特点，他们的价值观念、生活方式、知识结构、教育方式等与现代社会的要求或多或少有差别，而且孩子长期脱离父母，不利于建立良好的亲子关系，使亲子教育缺失。所以隔代教育对儿童品性发展的种种负面影响不容忽视。父母对子女的亲子教育是家庭教育中最基本的组成部分，缺少亲子教育的家庭教育是不完整的家庭教育，而隔代教育只能是亲子教育的补充而不是替代。缺少父亲的照料会使子女产生自卑和不安全感，没有母亲的关心会使孩子缺乏幸福感和亲切感，以上两方的任何一方缺少都会使孩子在前途的选择、人际关系的沟通上产生障碍。所以抚养孩子是父母的义务与责任，年轻的父母不管多么忙，都应抽点时间和孩子在一起，不能把对孩子的教育权、抚养权完全交给老人。

在“对孩子进行家庭教育的最主要人员”的调查中：父亲占 7.9%，母亲占 41.8%，将家庭教育责任转嫁祖辈或他人的占 7.1%，由父母亲共同实施家庭教育的仅占 43.2%。从此组数据不难看出，家庭教育中的“单亲教育”现象比较严重，家庭中承担教育责任的主要是母亲。在对幼儿的教育中，不同角色的示范、不同榜样的作用对其成长来说都是非常重要的。正如冰心曾说："母亲是夜晚的月光，孩子沐浴着母爱的月光进入梦乡；父亲是早晨勇敢的鲜艳的太阳，孩子在阳光照耀下走向世界。"① 但是现实情况是，由于工作繁忙等诸多原因，在家庭环境下，对孩子的教育与培养往往更多地由单个的家庭成员进行，这既包括了单亲家庭中出现的特殊现象，也包含了完整家庭结构中某些家庭成员对子女教育的忽视。在"单亲教育"的状况中，参与孩子家庭教育的往往是母亲，女性化的教育参与不仅在家庭教育中普遍存在，而且在幼儿园、小学中，女性教育者的比例均大于男性，这也是我国学前教育的一个弊端，这种现象造成了学前教育、小学教育甚至中学教育，学生的"女性化"心理与人格倾向，使学生承受挫折能力等"免疫力"有所降低。这种由社会发展和职业特点等造成的社会现象在一定程度上对幼儿品格的发展产生了不良的影响②。

让幼儿有一个良好的品格养成的开端，在家庭教育环境下，父亲与母亲的角色示范作用是同等重要的，完全由其中一方担当教育重任的做法是不可取的。来自母亲这一角色的细腻与温和与来自父亲这一角色的果敢、豪爽无论是对女孩还是对男孩的性格发展都是有益的，它们之间是互补的。

（五）不同教育程度的家长对儿童品格教育的差异性

父母亲的文化程度，是以家长所受的学校教育水平为指标的，它也是影响儿童品格表现的因素之一，父母知识处于较高层次的家庭在获取社会信息，感知和分辨事物的是非，以及教育子女形成良好品格或指导他们成才等方面无疑具有很大的优势。那么，不同教育程度的家长对儿童品格教育的差异情形如何呢？调查结果见表 9-10。

表 9-10　不同教育程度的家长对儿童品格教育的差异性

检验变量	家长教育程度	N	平均值	标准差	F	LSD 检验结果
认识	（1）小学	30	53.57	5.716	3.446^{***}	(4)(5)>(1)(2); (5)>(3); (3)>(1);
	（2）初中	69	54.91	5.101		
	（3）高中或中专	67	56.97	4.834		
	（4）专科	60	58.12	5.263		
	（5）大学本科及以上	114	59.23	4.288		

① 李琳. 当代中国城市家庭教育责任转嫁现象研究［D］. 长春：东北师范大学，2005：19.
② 徐莉炜. 基于儿童道德社会化的家庭教育功能研究［D］. 重庆：重庆师范大学，2007.

续表

检验变量	家长教育程度	N	平均值	标准差	F	LSD 检验结果
实施	(1) 小学	30	33.70	11.487	2.984*	(4) > (1) (2)
	(2) 初中	69	35.19	15.676		
	(3) 高中或中专	67	39.34	15.579		
	(4) 专科	60	42.58	13.983		
	(5) 大学本科及以上	114	39.52	14.908		
成效	(1) 小学	30	86.03	13.755	5.105***	(5) > (1) (2)
	(2) 初中	69	88.38	11.379		
	(3) 高中或中专	67	91.63	13.119		
	(4) 专科	60	93.38	10.797		
	(5) 大学本科及以上	114	94.75	11.834		

df=(5,334)　* $p<0.05$.　** $p<0.01$.　*** $p<0.001$.

由表 9-10 得知，不同教育程度的家长对儿童品格教育存在显著性差异。表现在认识方面，专科、本科及以上教育程度的家长优于小学、初中教育程度的家长，本科及以上教育程度的家长优于高中或中专教育程度的家长，高中或中专教育程度的家长优于小学教育程度的家长；在实施方面，专科教育程度的家长优于小学和初中教育程度的家长；在教育成效方面，大学本科及以上教育程度的家长优于小学和初中教育程度的家长。结论显示，家长的受教育程度是家庭品格教育差异形成的重要影响因素，相比较而言，高教育程度的家长更优于低教育程度的家长。

进一步看，父母的受教育程度影响其对内在困难的感受，高教育程度的家长使用教养策略的频率高于低教育程度者。高教育程度者较主动积极获取教养信息，因此，握有较多资源，在自己不知道怎么教、孩子不听、很难教等内在困难因素的感受上，也较低教育程度者来得弱。

家长因受教育程度不同，他们的价值观念、生活方式、知识结构、教育方式或多或少有差别。家长的受教育程度与其文化素养密切相关，一般情况下，若家长的受教育程度高，则其文化素养较高。但这也并不是完全绝对的等同关系，因为家长的文化素养可以通过各种学习和实践活动得以提升，有的家长由于种种原因并没有接受多少学校教育，但由于自身勤奋好学、博览群书，因而整体文化素养、教育素养也并不低。不过，从总体上来看，家长的受教育程度还是与其文化素养成正比例关系的，是影响儿童品格发展、道德品质形成的一个重要因素。

我国学者丁瑜的调查结果表明：高等文化程度的父母，其子女的品德表现优于中等文化程度父母的子女；而中等文化程度父母的子女又优于低等文化程度父母的子女①。上海卢湾区对5所学校117名“三好学生”做的调查也得出相同的结论：家庭教育者是大学和大学以上文化程度的，子女品德优良的占62.3%，品德差的比例为0；家庭教育者是小学和大学以下文化程度的，子女品德优良的占28.9%，品德较差的占10.4%②。由此可见，家长的受教育程度对儿童的品格具有重要影响。家长的文化素养高，就能较为准确地把握社会发展对人才道德素质的要求，重视子女儿童期的品格教育，选择合适的家庭教育内容；家长的文化素养高，就能具有较丰富的教育科学知识及较强的教育能力，通常能正确处理家庭成员间的关系，顺应儿童道德发展规律，倾向于采取民主型的教育方式；家庭教育者的文化素养高，就能较好地组织家庭生活，一般有良好的亲子关系，能为子女儿童期的道德社会化发展创设良好的家庭气氛，所以也就有利于儿童道德社会化顺利进行和良好品格的形成③。

当然，家长的文化素养与其子女的品格面貌并不是绝对的一一对应关系，家长受教育程度高、文化素养高的儿童并不一定比家长受教育程度低、文化素养低的儿童品格好。儿童品格的形成是众多因素共同作用的结果，家长的受教育程度只是影响因素之一。不过，总的看来，家长的受教育程度同儿童的品格发展还是密切相关的，家长提高自身的文化素养会有利于提高家庭品格教育的实效。

（六）不同教育方式的家庭品格教育的差异性

教育方式是指对孩子的教育中，家长所采取的态度和具体教育方法。家庭教育方式是否恰当、有效，对孩子能否养成良好的行为习惯、良好的思想品德、健全的人格和健康的心理素质都将产生十分重要的影响。过度的控制可能阻碍儿童做出选择、从错误中进行学习的能力及发展能力和自我效能感，但是太少的控制会使儿童没有目标、不愿遵守规则和惯例，或者是缺少对社会成熟行为的内化标准。

一般来说，家庭的教育方式主要有民主型、溺爱型、权威型、放任型等几种。不同教育方式家庭的儿童品格教育的差异情形如何呢？调查结果见表9-11。

① 鲁洁．教育社会学［M］．北京：人民教育出版社，1990：475.
② 赵忠心．家庭教育学：教育子女的科学与艺术［M］．北京：人民教育出版社，1994：139.
③ 徐莉炜．基于儿童道德社会化的家庭教育功能研究［D］．重庆：重庆师范大学，2007.

表 9-11　不同教育方式家庭儿童品格教育的差异性

检验变量	教育方式	N	平均值	标准差	F	LSD 检验结果
认识	（1）溺爱型	74	55.07	6.028	15.649^{***}	(3)>(1)、(2)、(4)；(1)、(2)>(4)
	（2）权威型	38	55.24	5.075		
	（3）民主型	224	58.42	4.462		
	（4）放任型	4	48.25	4.856		
实施	（1）溺爱型	74	36.73	15.819	2.954^{*}	(3)>(4)
	（2）权威型	38	35.08	16.190		
	（3）民主型	224	40.10	14.237		
	（4）放任型	4	25.25	15.262		
成效	（1）溺爱型	74	84.92	12.046	16.030^{***}	(3)>(1)、(2)
	（2）权威型	38	88.18	12.888		
	（3）民主型	224	94.88	10.919		
	（4）放任型	4	83.25	22.721		

$df=(3,336)$　$^{*}p<0.05$.　$^{***}p<0.001$.

由表 9-11 得知，不同家庭教育方式的家庭品格教育存在显著性差异。表现为在认识方面，民主型优于溺爱型、权威型和放任型，溺爱型和权威型优于放任型；在实施方面，民主型优于放任型；在教育成效方面，民主型优于溺爱型和权威型。结果显示，民主型的教育方式是家庭品格教育最理想的一种教育方式，值得广大家长重视并身体力行。

不同家庭教育方式的特点决定了对儿童品格形成的不同影响。采用溺爱型的家庭教育方式对孩子实施教育，就会放弃一些对孩子品德习惯培养的原则要求，一切以孩子的意志为中心，过分迁就孩子，很少发怒、纠正、惩罚子女，当子女出现不良品德倾向时仍采取包容的态度，一些不良的品德行为习惯便不自觉地侵蚀了孩子。这种教育方式下的子女品德行为中容易出现太看重个人的利益、不能很好与别人相处和关心他人的缺陷。采用权威型教育方式的家长，期望完全和立即的顺从，既不与孩子协商他们的期望，也不对他们的要求给出理由，而按照个人意愿进行强制性的灌输，对子女违反规则的行为表示愤怒，甚至采用严厉的惩罚措施。这种教育方式往往会阻碍儿童对道德规范的内化，降低儿童良知的发展，损害自尊心，容易使儿童形成怯懦、畏缩、抑郁、自卑、对抗、怀疑、无主见、随波逐流等性格特征，且不利于建立良好的亲子关系，会影响家庭教育效果，影响子女良好品格的形成。家长如果完全放弃对儿童良好品德行为习惯的规范要求，放任自流、任其发展，也会导致儿童品德行为习惯的某些缺陷。放任型教育方式下的儿童容易具有较强的冲动性和攻击性，不顺从，很少替别人考虑，缺乏对父母的依恋，再加上缺乏必要的道德指导，子女的品德有可能向畸形发展。

调查结论显示，民主型的家庭教育方式对塑造儿童良好品格最为有利。这种教育方式往往会形成和谐的亲子关系、良好的家庭气氛，容易使子女产生一种愉悦、安全感，以及形成富有同情心、与人为善、亲切的性格特征，从而促进子女道德感、成就感、良好社会适应和利他行为的发展，有助于子女道德社会化顺利发展和良好品格的形成。李天燕的调查结果亦证明了这一点：在民主型的家庭教育方式下，小学生品德行为习惯在总体上好的和较好的表现人数占了 91.26%，较差的表现人数仅占 1.36%；而在不正确的家庭教育方式下，小学生品德行为习惯在总体上好的和较好的表现人数都达不到 90%，分别为：溺爱型 77.81%、权威型 81.03%、放任自流型 76.67%，较差的表现人数都在 2%以上，分别为：溺爱型 5.12%、权威型 2.94%、放任自流型 10%①。由此可见，家庭教育方式对儿童品德行为习惯的影响是客观存在的，民主型的家庭教育方式有助于儿童良好品格的养成。

（七）不同家庭结构的家庭品格教育的差异性

家庭结构就是家庭成员的构成及其相互作用、相互影响的状态，以及由这种状态形成的相对稳定的联系模式②。随着时代的发展，家庭结构形式也在不断变迁。一方面，家庭日益小规模化，独生子女成为家庭核心，倍受呵护。因为每个独生子女家庭只有一个孩子，所以家长唯恐孩子会有闪失而处处加以防护。孩子失去了与同龄伙伴相处的机会，家庭也失去了对孩子进行道德教育的一个有效的阵地。另一方面，家庭结构逐步趋于多元化，单亲、离异、重组等特殊结构的家庭日益增多，给儿童的健康成长带来了一定程度的伤害。

不同结构的家庭儿童品格教育的差异情形如何呢？调查结果见表 9-12。

---

① 李天燕. 家庭教育方式对小学生品德形成的影响研究［D］. 重庆：西南师范大学，2001：19.
② 郑忠梅. 城市青年家庭：新的生活方式与儿童社会化［J］. 青年研究，1998（3）：6.

表 9-12 不同结构家庭儿童品格教育的差异性

检验变量	家庭结构	N	平均值	标准差	F
认识	(1) 普通核心家庭	232	57.00	5.144	0.886
	(2) 特殊结构家庭	13	56.69	5.313	
	(3) 主干家庭	95	57.81	5.409	
实施	(1) 普通核心家庭	232	38.67	14.228	0.060
	(2) 特殊结构家庭	13	37.23	14.458	
	(3) 主干家庭	95	38.74	16.797	
成效	(1) 普通核心家庭	232	92.48	12.279	1.017
	(2) 特殊结构家庭	13	90.46	11.080	
	(3) 主干家庭	95	90.43	12.501	

df=(2,337).

由表 9-12 得知，不同家庭结构的家庭儿童品格教育不存在显著性差异。

不同家庭结构对儿童品格发展的影响既有积极的一面，也有消极的一面。在核心家庭中，家庭成员少、情感亲近、关系密切，所以父母对子女的教育态度易达成一致；家庭关系简单，家庭成员矛盾冲突较少，利于形成和谐的人际关系和家庭气氛；双亲与子女高频度面对面互动，易于建立融洽的亲子关系。以上这些都有利于父母对儿童的影响与教育，为儿童形成良好品格创造了条件。但是由于核心家庭中受教育者人数少，因此，较易形成以儿童为中心的氛围；双职工的父母与孩子间的接触时间较少，使家庭教育影响力减弱，不利于儿童品格发展；家庭人际交往简单，社会互动的对象和内容比较单一，使儿童在角色意识、社会交往能力的形成上易出现困难，道德社会化发展也由此受到阻碍，难以形成良好的道德品质。

在主干家庭中，人口数量多、规模大，不易形成以儿童为中心的家庭氛围；家庭生活经验和人际关系较为全面，有利于儿童角色意识、社会交往能力的形成，以及关心他人、尊老爱幼等良好品德的形成；祖父母辈可以协助父母照顾、教育儿童，使儿童得到更多的爱和更多的教育。但是，在主干家庭中由于家庭成员多，在教育思想上容易出现不一致现象，教育态度、方式和教育内容很可能出现差别和矛盾。调查中有 52.4%的家长认为祖辈参与孩子的教养会减弱孩子的品格教育效果，23.8%的家长认为教导孩子品格的最大困难在于家人教育意见不一致，而且家庭成员多，容易引发家庭成员间的人际冲突，影响家庭的和睦气氛，从而制约家庭教育成效，对儿童品格形成造成不利影响。可见，核心家庭与主干家庭都有自己有利的方面和不利的方面，而且这种利弊都是相对而言的，这两种家庭结构的差异并不会直接导致儿童道德社会化水平与品格表现的差异。南京师范大学的研究也证实了这一结论："在总体上，大（联合、扩大、主干家庭）小（核心家庭）家庭规模不同的自然结构，并不导致儿童学习成绩和品德表现的显著差异，家庭规模的大小对于儿童品德表现的差异影响并不具有普遍的意义。"①

特殊类型的家庭主要指单亲家庭、重组家庭和离异家庭，这些家庭作为特殊的家庭类型，广泛存在于现实社会之中，它们的存在、发展对成长中的孩子产生了一定的影响。人们普遍认为在特殊家庭中，对子女的教育问题多多少少存在着偏差，从而影响了孩子的正向发展，使孩子心理上的积极因素被抑制，给孩子的心灵带来严重的创伤②。但也有研究者认为，特殊类型家庭在某些方面对儿童发展有利，一个和平的单亲家庭可能比那些父母不停争吵的家庭或父母一方虐待或不负责任的家庭要好得多，儿童更加独立自主等③。

综上所述，家庭结构的差异确实可能会对儿童品格发展产生不同的影响，但它并不必然直接导致儿童品格教育认识、实施与成效的差异，实际上有许多功能不良的双亲家庭，也有很多好的单亲家庭，制约儿童品格教育的最关键因素不是家庭结构，而是家长的教育素质。

（八）不同家庭氛围的家庭品格教育的差异性

家庭成员之间的关系如何，会直接影响家庭气氛，家庭气氛是一种潜移默化的教育力量。良好的家庭氛围是孩子温暖、安全的港湾，对孩子爱的情感的培养产生积极的作用，有助于孩子的健康成长。不同家庭氛围的家庭品格教育的差异情形如何呢？调查结果见表 9-13。

表 9-13　不同家庭氛围对儿童品格教育的差异性

检验变量	家庭氛围	N	平均值	标准差	F	LSD 检验结果
认识	（1）矛盾较多，经常争吵	13	57.38	4.331	14.921***	(3)>(2)
	（2）相处平和，关心不够	46	53.46	4.515		
	（3）相处愉快，互相关心	281	57.82	5.125		

① 鲁洁. 教育社会学［M］. 北京：人民教育出版社，1990：481.

② 陈一筠. 家庭与下一代［M］. 北京：社会科学文献出版社，1996：307.

③［美］麦克德维特，［美］奥姆罗德. 儿童发展与教育［M］. 李琪，译. 北京：教育科学出版社，2007：673.

续表

检验变量	家庭氛围	N	平均值	标准差	F	LSD 检验结果
实施	（1）矛盾较多，经常争吵	13	40.08	21.325	0.753	
	（2）相处平和，关心不够	46	40.98	15.912		
	（3）相处愉快，互相关心	281	38.18	14.470		
成效	（1）矛盾较多，经常争吵	13	91.23	12.604	2.043	
	（2）相处平和，关心不够	46	88.48	11.677		
	（3）相处愉快，互相关心	281	92.41	12.341		

df=(3,336)　$***p<0.001$.

由表 9-13 得知，不同家庭氛围的家庭品格教育存在显著性差异，表现为在认识方面，相处愉快、互相关心的家庭优于相处平和、关心不够的家庭。

家庭成员之间互相关心，相处愉快，就会形成温暖融洽的家庭气氛，从而使儿童产生幸福感、归属感，形成乐观的态度、积极向上的人生观、良好的心理面貌和道德品质；亲子关系融洽，儿童感受到父母的爱并产生信任感、安全感，父母就极易成为儿童的角色权威和重要他人，其言行逐渐成为儿童模仿的对象，有利于家庭品格教育的实施。同时，良好和谐的家庭人际关系还是父母保持家庭教育方式一致性、民主性的基本前提。在关系和睦的家庭中，父母之间可以根据儿童的特点，切磋最佳的教育方式，还可以在教育方式上优势互补，以减少教育的盲目性，从而促进儿童品格向理想方向发展。反之，如果家庭成员之间关系紧张失调，那么就会影响良好家庭氛围的形成，给家庭成员尤其是儿童带来很大的不幸。生活在父母终日吵架、打骂的家庭中，儿童发展受到的负面影响可想而知，精神上得不到温暖、慰藉，产生焦虑、紧张、挫折感、不安全感、自卑感及消极悲观情绪，严重的还会导致心理疾病，发生人格蜕变或情绪障碍，这些消极情感将给儿童道德社会化带来极坏影响。一些相关研究也证明，家庭人际关系紧张是青少年犯罪的直接原因①。同时，如果父母之间在日常生活中充满矛盾冲突，互不信任，在教育孩子上就不易达到和谐一致，不利于家庭教育的进行及儿童良好品格的形成。因此，融洽的家庭人际关系、温暖的家庭氛围对儿童品格发展具有重要意义。

① 丁瑜．家庭诸因素对学生学习和品德的影响［J］．南京师大学报（社会科学版），1985（4）：101-107.

【小结】

综上所述，不同背景变项家庭品格教育的差异情形如下：家长对不同性别儿童的家庭品格教育、不同家庭结构的家庭儿童品格教育均不存在显著性差异。家长对不同年龄段儿童的品格教育在教育成效方面存在显著差异，且中大班儿童优于小班儿童。独生子女与非独生子女的家庭品格教育在认识和教育成效方面均存在显著差异，且非独生子女优于独生子女。不同家庭成员对儿童品格教育在教育成效方面存在显著差异，且母亲优于祖辈。不同教育程度的家长对儿童品格教育存在显著性差异，在认识方面，专科、本科及以上教育程度的家长优于小学、初中教育程度的家长，本科及以上教育程度的家长优于高中或中专教育程度的家长，高中或中专教育程度的家长优于小学教育程度的家长；在实施方面，专科教育程度的家长优于小学和初中教育程度的家长；在教育成效方面，大学本科及以上教育程度的家长优于小学和初中教育程度的家长。不同家庭教育方式的家庭品格教育存在显著性差异，在认识方面，民主型优于溺爱型、权威型和放任型，溺爱型和权威型优于放任型；在实施方面，民主型优于放任型；在教育成效方面，民主型优于溺爱型和权威型。不同家庭氛围的家庭品格教育在认识方面存在显著性差异，相处愉快、互相关心的家庭优于相处平和、关心不够的家庭。

调查结果显示，家庭品格教育的差异性与儿童性别、家庭结构不存在必然联系，但是家庭氛围、教育方式、家长的职业和受教育程度等变项是造成家庭品格教育差异性的重要因素，其中，采用民主型教育方式、营造相处愉快互相关心的家庭氛围、家长有高教育程度对儿童良好品格的发展具有重要意义。从教育成效方面看，母亲优于祖辈，非独生子女优于独生子女，中大班幼儿优于小班幼儿。以上调查结论为当前家庭品格教育提出一个警示，以便更好地做到“扬长避短”，也为更好地改善家庭品格教育指出努力的方向。

四、改进学前儿童家庭品格教育的建议

本研究结合幼儿家庭品格教育的现状，为促进儿童良好品格的形成与发展，提出如下对策：

（一）优化家庭教育条件，奠定品格教育基础

1. 提高家长自身综合素养

父母是儿童最主要的品格教育者，有着教育孩童知善、爱善、行善的重责大任。家长要积极主动地承担起这份责任与义务，并通过加强学习，修炼自身，自

觉提升自己的综合素养，做到言足以为人师，行足以为人范，为儿童做出道德表率和榜样。同时，家长应树立正确的家庭教育观念，提高自身家庭教育科学知识水平和能力，成功扮演家庭品格教育者的角色。正如托尔斯泰所说：教育孩子的实质在于教育自己，而自我教育则是父母影响孩子的最有力的方法。

（1）家长应树立正确的教育观念。有什么样的家庭教育观念，就有什么样的家庭生活环境，就会培养什么样的人才。因此，家长首先要树立正确的价值理念，要重视儿童的品格教育，树立“德智并举”的成才观，不仅仅在无课业负担的幼儿期重视品格教育，对面临升学压力的学子们也应同样对待，未来社会所需要的人才是全面发展的人才。再者，家长要重视家庭所承担的品格教育责任，加强家庭品格教育的自觉性，切不可存有“教育的责任在学校”的错误思想，要充分发挥家庭教育的功能，对塑造儿童良好品格形成积极影响。

（2）家长应丰富自身的教育知识，提高教育能力。具备丰富的教育科学知识是具有较高教育能力的基础，因此，家长应该明确主动获取品格教育讯息、提升品格教育能力的重要性，有意识地通过书本、传媒、培训和指导、生活和教育实践等各种途径，努力掌握有关品格教育方面的知识，并积极地将这些知识运用到指导儿童品格发展的家庭教育实践中，反复实践、锻炼，从而有效培养儿童的良好品格。

（3）家长应成为儿童品格学习的典范。苏联教育家马卡连柯曾经告诫做父母的说：“你们自身的行为在教育上具有决定意义。不要以为只有你们和儿童谈话的时候，才执行教育儿童的工作，在你们生活的每一瞬间，都教育着儿童，甚至当你们不在家里的时候……你们怎样穿戴，怎样同别人谈话，怎样讨论别人，怎样欢乐或发愁，怎样对待朋友或仇敌，怎样笑，怎样读报——所有这些，对儿童都有很大意义。”① 父母的言行对孩子起着言传身教和人格的示范作用，家长自身崇高的道德品质是一种教育力量，影响子女良好品德和性格形成。父母勇于承担责任、率直、坦诚，孩子就不会撒谎；父母经常对生活细节充满感激，孩子就会对生活满怀欣慰；父母言辞充满进取心，孩子也会感到振奋。父母的德行无论是大还是小，都会映入孩子脑中，累积经验和好品格，孩子就会用他们的生命去放大，去发出光芒。因此，父母不但要表里如一，而且要言行如一，更要前后如一，以自己良好的品格行为榜样为孩子树立学习的典范，从而潜移默化地影响孩子良好品格的形成。古语云：“其身正，不令则行；其身不正，虽令不从。”可见身教更重于言传。

---

① 原永，李金叶．当代家庭幼儿教育［M］．北京：当代中国出版社，2001：1.

2. 营造良好家庭品格教育环境

家庭环境对儿童品格塑造有不可估量的熏染功能，南北朝的颜之推就非常重视环境对幼儿心理发展和品格形成的潜移默化作用。颜氏曰："与善友居，如入芝兰之室，与恶人居，如入鲍鱼之肆，久而自臭也……君子必慎交游焉。"① 良好的家庭品格教育环境将使儿童"如入芝兰之室，久而自芳也"。

（1）优化的家庭教育方式。家长采取不同的教育方式，对儿童的个性形成与品格发展会产生不同的影响。研究证明，民主型是一种较好的教育方式，有助于儿童良好品格的发展，其他教育方式类型都在不同方面存在问题②。因此，家庭教育中，既要舍弃那种"有求必应、事事包办"的全套服务方式，又要改变那种完全由家长灌输给孩子的纵向传递模式，也要绝缘于"放任自流、听之任之"的放羊式教育，应该采取民主的家庭教育方式。建立民主型的教育方式，父母要注意以下几点。首先，父母要给予儿童温情和适度的爱，提供一种关爱的、支持的家庭环境。其次，父母对儿童的良好品格行为要有较高的期望和标准，并把这种信息传递给儿童。再次，家长要让儿童知道规则存在的原因，解释为什么一些行为是可以接受的，而另一些行为是不可以接受的，从而帮助儿童理解和内化道德行为。最后，父母要尊重儿童的人格，孩子可以参与家庭决策，只有以平等民主的态度和科学的方法教育儿童，才能取得良好的品格教育效果。

（2）适宜的教育期望。教育期望是家长对子女的一种信赖态度，相信子女可以达到目标，包含家长对子女深厚的爱与殷殷期盼。家长的期望有强烈的暗示和感染作用，带有一种隐蔽的强化作用，家长对儿童合理、适中的教育期望有利于促进儿童的品格发展。调查中70.6%的家长认同，自己对孩子的期望通常会影响孩子的品格行为的表现。因此，家长首先自身要端正对品格教育的认识，即认同家庭品格教育的重要性与必要性，摆正对儿童未来发展期望的方向。其次，家长应考虑儿童的能力限度，把对子女的品格教育期望水平保持在一定区间内，不要过高或者过低。适宜的期望水平是略高于儿童的实际水平，高出的程度以儿童在大多数的情况下经过努力可以达到为准，这样，对儿童的品格发展就具备了挑战的意义。再次，家长应在了解儿童品格方面优缺点的基础上，有的放矢地提出期望。调查中86.2%的家长认为自己对孩子品格方面的优缺点非常了解，这是家长有针对性地进行品格教育的极有利条件，便于对儿童的品格缺陷方面有意识地

① 魏明霞．幼儿家庭品德教育的价值观倾向［J］．河南大学学报（社会科学版），1996（5）：96-99.

② 关颖．社会学视野中的家庭教育［M］．天津：天津社会科学院出版社，2000：154.

加以弥补。最后，由于家长的品格期望只有通过儿童的努力才能实现，所以家长应努力把自己的期望转化为儿童对自己发展的内在需求。

（3）良好的家庭氛围。民主、平等、和谐的家庭氛围，不仅可以使儿童感受爱，学会爱，还可以加强家庭内部的群体内聚力，保证家庭教育和影响的效果，从而促进儿童品格发展。首先，一个完整的家庭是基础，这既包括家庭结构的完整性，也包括针对“单亲教育”而言的要保证实施家庭品格教育的家庭成员的完整性。其次，家庭成员之间要建立良好的人际关系，彼此和谐相处，互相关爱，家庭成员真正做到人格上的平等、心理上的相容、情感上的融洽。再次，建立友好的亲子关系，可以使儿童向积极、主动、友好、安定方向发展，父母的影响力、亲和力、教育力也就越大。

3. 优化品格教育实施策略

学前儿童的学习以模仿为主，环境中成人是儿童模仿的主要对象。年龄越小的孩子受成人的影响就越大，所以承担品格教育重责大任的家长，应关注儿童道德社会化发展规律，并运用恰当的方法、手段，从而提高品格教育的成效。

（1）坚持正面教育原则。儿童分辨是非能力差，模仿能力强，最初的品格概念、是非标准均来自父母直接教育，父母除以身作则、榜样示范外，还要给予儿童正面引导，结合儿童总以直观具体的形象思维来认识客观世界的特点，通过观看动画片、电视节目，给儿童讲故事等直观的原则，为儿童积极地创造条件。因为媒介内容的复杂性，一些不健康、不利于品格发展的内容也充斥其中，家长在选择电视栏目和选购动画片、故事书时，应把好关，以保证对儿童的正面影响。

（2）尊重儿童主体性原则。品格教育是外部教化与个体自身内化相结合的过程，外部教化只是为个体品格发展提供了条件，只有个体真正接受并将其内化后，才能实现品格的发展。因此，家庭品格教育要发挥儿童的主观能动性，注重唤起和提高儿童的道德自主意识，家长除了告诉儿童“应该怎么做”之外，还要注重提高儿童的道德选择与判断能力和自我教育能力，使儿童积极努力地将各种规范、技能内化，使儿童道德发展由他律向自律转变，进而形成良好的品格。

（3）教育意见一致性原则。家长是影响儿童品格发展的重要他人，在教育过程中，保证家庭教育者的意见一致性至关重要，无论是父母之间，还是祖辈与父辈之间，几方在对儿童品格教育态度和观念上的一致性都是非常重要的。如果家庭教育者在对儿童发展上观念和态度不一致，容易导致儿童在品格发展中的无所适从，找不到自己的方向，使品格教育成效大打折扣。

（4）持之以恒原则。家长要认识到儿童年纪小，品德认识、情感意志和行为习惯的形成和发展是一个长期的过程，需要循序渐进、一以贯之地培养和塑造，认识儿童品德教育的连续性、渐进性原则①。养成孩子的良好行为习惯，不是一朝一夕的事情，会有很多的反复，家长要切实做到“导之以行”，“持之以恒”。

（5）注重实践原则。即强调做中学，使孩子切实达到言行一致。美好的品格和德行，是生活中点滴累积而成的，所以家长要特别注意在日常生活中对幼儿行为习惯的训练，使他们的道德认识体现在行动上，从而不断强化和巩固道德行为和良好习惯。家长要注意抓住日常生活中的各种机会，例如：家里来了客人，让孩子向客人问好、让坐，大人交谈时，教育孩子不插话，不吵闹，去一边玩。妈妈买回好吃的东西，爸爸不在家，妈妈可以启发孩子给爸爸留一份。家里买了小人书和新玩具，要让孩子和小朋友一起玩。当孩子与更小的朋友或老人在一起时，要让孩子懂得谦让和照顾。让孩子学着收拾家务，整理玩具，培养孩子的责任和服务意识。在训练孩子行为习惯的过程中，对正确的行为要加以肯定和鼓励，不足的地方要给予提醒，不良的习惯要及时加以纠正。

（6）教导结合原则。家长应该引导孩子的独立思考与价值判断，要避免教条式的直接灌输，与孩子之间的对话首重引导，还要采取开放式的引导。例如当孩子回家抱怨谁不跟他一起玩时，家长就可以和孩子谈，“你觉得是什么原因造成的？如果你表达你的感觉与想法会不会有帮助？是不是再用别种方式相处试试看？”这种对话方式比起教条式的宣说，对孩子内在品格的建立更有帮助，也可以建构孩子解决问题能力与挫折容忍力。

（二）构建专业支持系统，加强家庭品格教育指导

研究结论显示，目前家长面临的最大困难是不知道怎样教导儿童发展良好品格，而家长最期望的协助对象是幼儿园和教师。所以，幼儿园要切实担负起指导和推进家庭品格教育的重责大任，设立专门的部门，可通过创办家长学校、召开家长会、开展家长开放日活动、家访等途径，借由园报、网站、家长沙龙等平台，向家长传播正确的家教理念，组织品格教育相关培训，加强对家庭品格教育的指导，提高家长对家庭品格教育的认识和应用能力。

另外，还要借助政府和社会的力量设置专门的培训机构，如家庭品格教育辅导机构、家庭教育指导中心等，加大品格教育宣传力度，普及家庭教育知识，使家长树立正确的品格教育观念，掌握正确的品格教育方法；制定咨询制度，实施

① 卢乐珍．让道德启蒙融入幼儿生活［J］．学前教育研究，2004（9）：9-11.

指导计划，帮助在家庭品格教育中遇到困难的家长走出困境，并大力推广家庭品格教育的成功经验，为家庭教育的交流和学习提供一个良好的平台。同时，还可以学习和借鉴国外的成熟做法，例如：美国成立的地方品格教育组织达数十个之多；在德国，家庭教育指导工作是其社会公共服务的重要内容，以项目管理的形式鼓励支持社会团体、研究机构等参与家庭教育指导，开通网站、热线，发放资料，为家长提供免费的指导服务；巴西重视婚前指导，要集中 1~2 周学习婚后生活和子女教育方面的知识，考试合格才准许登记结婚。

（三）完善品格教育体系，形成全方位教育合力

品格与道德教育奠基于家庭父母，启动于学校师长，落实于社会人群。品格教育是一个由家庭教育、学校教育、社会教育构成的完整体系，学校和社会品格教育是家庭品格教育的强有力补充。

幼儿园应发挥其专业化、职业化等优势，增设品格教育课程，这也是调查中绝大多数家长所希望的。幼儿园可通过座谈会、家长信箱、家长委员会等渠道，认真听取家长对幼儿园品格教育的意见和建议，并有目的、有计划、有步骤地实施品格教育课程，以核心价值为单元，大力推行公认的好品格。除此以外，班级管理、自由活动、游戏等都是实施品格教育的契机，教师要适时提醒与制造机会让儿童参与品格实践，真正落实知行合一。幼儿园在品格教育的过程中，要注意家园之间的双向交流，著名教育家苏霍姆林斯基曾指出："学校和家庭，不仅要一致行动，要向儿童提出同样的要求，而且要志同道合，抱着一致的信念，始终从同样的原则出发，无论在教育的目的上、过程上还是手段上，都不能发生分歧。"① 家园良性互动才能发挥 1+1>2 的教育成效。另外，教师作为家长最期望的协助对象，在儿童品格教育中扮演着重要的角色。"亲其师而信其道"，教师对孩子的重要影响力是不容置疑的，甚至更甚于家长。教师要能敏锐地观察出幼儿的品格情况进而时常修正教学，通过身教、言教、心教来塑造儿童良好品格。

社会是人力、财力、信息等丰富的资源库，可以从多方面努力，大力推行品格教育。一是利用广播、电视、书籍、报纸、杂志、网络等媒介，大力推行品格核心价值，开展品格教育知识、方法等的宣传、普及工作。同时要加强文化市场的监管，对儿童书籍、动画片及互联网上的信息加强管理，对一些不健康、不利于儿童品格发展的内容及时禁止，加大惩治力度。二是社区要担负起推展品格的

① ［苏］苏霍姆林斯基．给教师的建议［J］．杜殿坤，编译．北京：教育科学出版社，1984：397.

责任。“学校必须把学生家长及社区成员也纳入到学生品格建设的努力中来。”①这对社区建设提出了新的要求与期望。社区可通过发行社区刊物或举办演讲会、讨论会等形式强调品格的核心价值，以社区的整体力量来教养孩子，集合社区资源推行“品格可贵”的观念，营造美好的社区品格教育环境。另外，举办家庭品格教育学习班与讲座、编辑与发放家庭教育参考资料、开展家庭品格教育咨询服务活动、推动家庭品格教育综合研讨活动等都是社会品格教育的有效途径。

① 林洁．提高学校品格教育有效性的基本原则［J］．当代教育科学，2003（10）：43-44.

后 记

《学前儿童品格教育丛书》的撰写是在学前儿童品格教育项目实践的基础上进行的。项目的开展得到了浙江师范大学杭州幼儿师范学院的领导和教师的大力支持。2006年，时任浙江师范大学杭州幼儿师范学院院长的秦金亮教授开启了与特蕾莎博士的中美合作研究项目，当时项目由秦金亮教授总体指导，我负责执行与协调，参与项目的还有英语组的蒋洁琪、严聪聪、邵晓丹、丁颖、王今，以及当时任职于学前教育系的刘黔敏、周红老师。是他们的无私奉献让品格教育项目的实践与推展能够持续进行。

合作期间，特蕾莎博士每年来杭州进行一次培训与幼儿园品格教育实践指导，参与培训的幼儿教师不下1000人，但由于品格教育实践的挑战很大，真正回去落实与实践品格教育的幼儿园并不多。最开始与我们一起实践品格教育项目的幼儿园主要有浙江师范大学杭州幼儿师范学院附属幼儿园、浙江省级机关北山幼儿园、杭州市绿城育华幼教集团，在与这些幼儿园合作的过程中我们培养了一批幼儿品格教育的种子教师，随着他们成长为幼儿园的管理者，他们带领着自己团队的老师继续实践幼儿品格教育。

2010年，品格教育项目的品格主题实践思路被借鉴到浙江省幼儿园德育教材《好孩子》的编写当中，有更多的幼儿园通过《好孩子》德育教材的使用，开始关注幼儿品格教育。2011年“学前儿童品格教育实践模式研究——基于和合学习理念的探索”获批教育部重点课题，更多的幼儿园加入品格教育的行列，杭州市西湖区文一街幼儿园、杭州市西湖区枫华府第幼儿园是后期参与品格教育的典型代表。这些幼儿园的园长和老师们结合品格教育理念开发自己的园本课程，把品格教育渗透于课程的方方面面。是这些愿意探索与改变的幼儿园老师们让基于和合学习理念的品格教育种子不断地生根发芽。

2015年，结合课题研究启动了《学前儿童品格教育丛书》的出版，丛书中《学前儿童品格主题案例》《学前儿童品格教育的园本探索》两书分别于2015年和2016年出版。2016年由于家人生病需要大量的时间去照顾，《学前儿童品格教育理论与实务》一书的撰写一直搁浅，直到今年才终于完成。

品格教育项目实践与研究中，我的部分研究生也参与其中，她们是胡秀娟、张丽文、乔丽、王素萍、林杏，本书第二部分幼儿园品格教育实务的相关内容即是在她们研究论文的基础上修改而成的。

本丛书的顺利出版离不开浙江师范大学、江苏大学出版社的大力支持，尤其是江苏大学出版社米小鸽编辑的热心鼓励与支持。

谢谢所有参与及支持品格教育项目实践及丛书出版的师友们！感恩与你们的相遇！

甘剑梅

2020 年 7 月